11/11/2023

A Pascal MAZ !
avec toute m...

Ministère "Jésus-Christ, La Source d'Eau Vive"
Pasteur Paul Daniel PELEKA-NKOUZA, le moindre de tous
Docteur Ès-Sciences Education, Psycho-Socio-Pédagogue
Tél. 06 51 58 09 48 - E-mail : papapeleka@yahoo.fr
https://lasourcedeauvive-sens.org

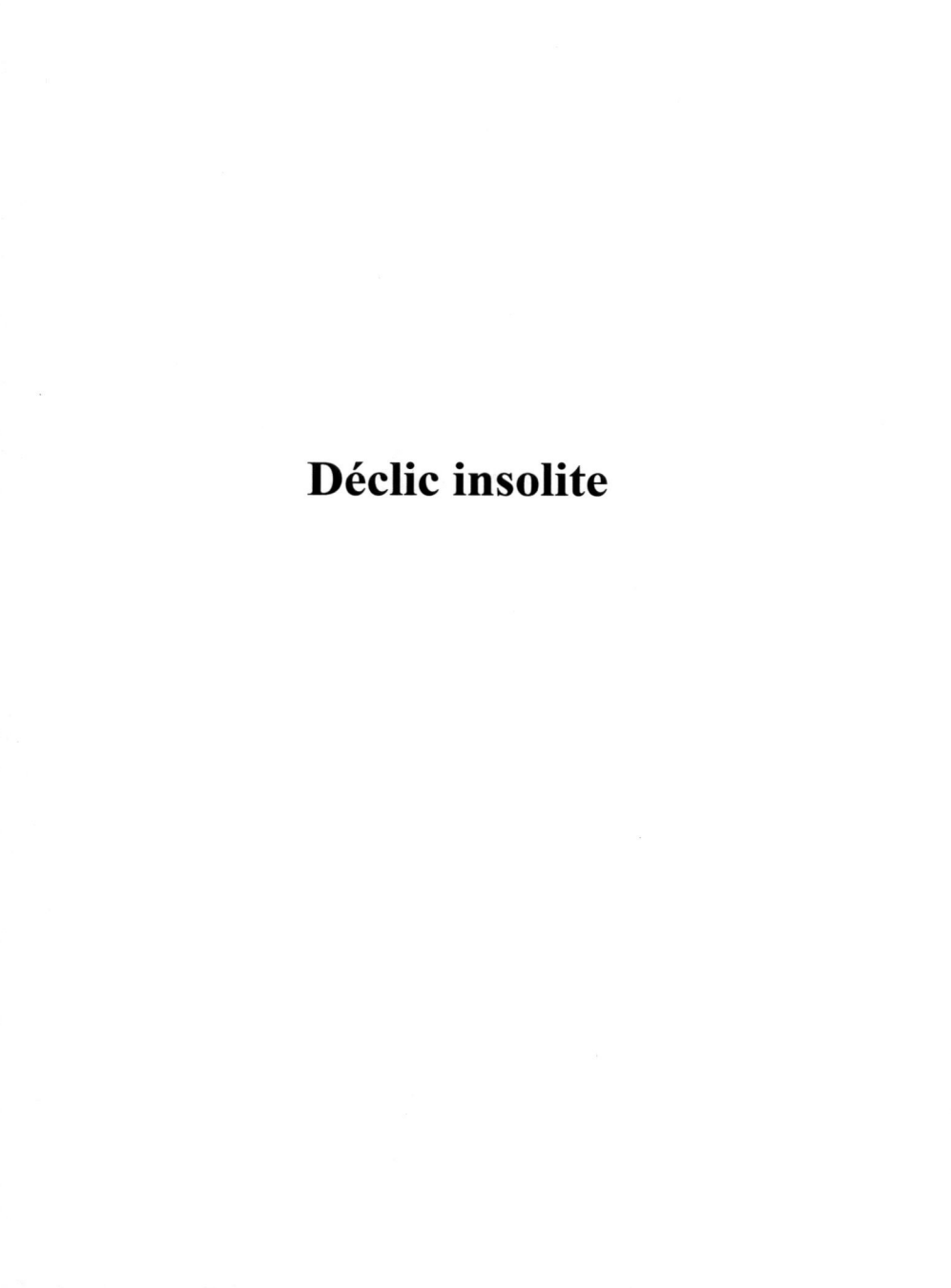

Déclic insolite

Paul Daniel Péléka-Mvouza

Déclic insolite
Essai

LE LYS BLEU
ÉDITIONS

© Lys Bleu Éditions – Paul Daniel Péléka-Mvouza

ISBN : 979-10-422-0467-9

Le code de la propriété intellectuelle n'autorisant aux termes des paragraphes 2 et 3 de l'article L.122-5, d'une part, que les copies ou reproductions strictement réservées à l'usage privé du copiste et non destinées à une utilisation collective et, d'autre part, sous réserve du nom de l'auteur et de la source, que les analyses et les courtes citations justifiées par le caractère critique, polémique, pédagogique, scientifique ou d'information, toute représentation ou reproduction intégrale ou partielle, faite sans le consentement de l'auteur ou de ses ayants droit ou ayants cause, est illicite (article L.122-4). Cette représentation ou reproduction, par quelque procédé que ce soit, constituerait donc une contrefaçon sanctionnée par les articles L.335-2 et suivants du Code de la propriété intellectuelle.

Avertissement

Déclic insolite, entre autres :

– Fait suite à mes timides observations sur l'état de délabrement de l'Église d'aujourd'hui en général, et plus particulièrement l'église dite « de réveil ou réveillée », observations publiées sous le titre : *Itinéraire d'un Moindre Serviteur Évangélique de Jésus-Christ* (2022 – Presses de l'Imprimerie BARRÉ 89 100 COLLEMIERS [ISBN : 978-2-917707-54-8])…

– Se penche plus foncièrement sur bien des problématiques qui ne cessent d'assombrir et de dénaturer vertigineusement la mission confiée par le Seigneur Jésus-Christ à ses servantes et serviteurs intègres…

– Contribue modestement à l'éradication de l'ignorance, le manque de volonté à lire, partager, comprendre et vérifier les saintes écritures pour savoir si ce que l'on dit, enseigne, demande aux disciples en milieu évangélique de « réveil ou réveillé » est exact, conforme aux enseignements et commandements de Jésus-Christ.

Malheureusement, ce manque récurrent d'intérêt pour la compréhension de la parole de dieu profite à bien des rapaces qui dépouillent de son contenu « la bonne nouvelle de Jésus-Christ » en inoculant un autre évangile…

– Exhorte, conscientise et invite les chrétiens en milieu évangélique de « réveil » ou « réveillé » à adopter le dynamisme des chrétiens de Bérée qui vérifiaient attentivement les saintes écritures pour savoir si ce qu'on leur disait était exact…

– Ouvre une brèche assez riche sur quelques timides traits sociologiques, éducatifs, pédagogiques et spirituels en milieu traditionnel ambiant de l'adolescence de l'auteur…

Introduction

L'évangéliste Luc, auteur des Actes des Apôtres, médecin de profession, disciple de Paul, rapportant le témoignage sur la disposition de cœur et l'esprit de recherche permanente de la vérité, la profondeur de l'amour du prochain et de la crainte de Dieu, la persévérance et le discernement, l'éveil et la vigilance, la prudence et la rigueur, la foi agissante et dynamique des chrétiens de Bérée, souligne :

Actes des Apôtres 17 : 11 « Ces Juifs avaient des sentiments plus nobles que ceux de Thessalonique ; ils reçurent la parole avec beaucoup d'enthousiasme et ils examinaient chaque jour les Écritures, pour voir si ce qu'on leur disait était exact. »

Quand on sait qu'à l'époque de l'Apôtre Paul, la Parole de Dieu était rarissime et pas du tout en libre-service comme elle l'est de nos jours avec :
• L'internet et sa panoplie de moyens de diffusion et de vérification ;
• Les réunions de prière : culte, intercession, veillée, séminaire,
• La bible : papier, électronique, application ;
• Les exhortations, les prédications, les écoles, instituts et universités de formation, l'on reste, assurément, sans voix et très admiratif de la foi agissante des chrétiens de Bérée qui vérifiaient si ce qu'on leur disait était exact, conforme à la vraie parole de Dieu…

Une pratique, un fonctionnement, un comportement de vérification et de recherche de la vérité qui font profondément défaut de nos

jours… En effet, aujourd'hui, bien des églises qui n'ont jamais reçu l'amour de la vérité sont frappées par un esprit d'égarement, comme le souligne l'apôtre Paul dans son adresse à l'église de Thessalonique :
2 Thessaloniciens 2 : 10 – 11 « 10 – Et avec toutes les séductions de l'iniquité pour ceux qui périssent parce qu'ils n'ont pas reçu l'amour de la vérité pour être sauvés. 11– Aussi Dieu leur envoie une puissance d'égarement, pour qu'ils croient au mensonge. »

En effet, bien des églises excelleraient dans le mensonge et l'homme, « dit de dieu à tort », serait devenu un « leader incontesté et envahissant, visionnaire unique et absolu » avec une onction salvatrice, permanente… On assiste à bien des abominations et à l'utilisation démagogique du nom de Jésus-Christ… Bien des « faiseurs des miracles et/ou des magiciens prestidigitateurs », fortement imbus de leur personnalité, prétendraient, fallacieusement, guérir de toutes maladies sous certaines conditions pécuniaires, et apporteraient des solutions à tous les problèmes des membres de l'église… C'est un secret de polichinelle, bien des faux serviteurs de dieu trop zélés, pervers et macabres, multiplient « prophéties et révélations » au nom de Jésus-Christ, dans le but d'en tirer profit :
– Dans telle église de tel pays, un dimanche matin, en plein culte d'action de grâce, devant toute l'assemblée avec enfants, mères, pères et familles entières, c'est un monsieur, « charlatan », probablement, qui fait la toilette intime à des femmes dites « stériles » pour une promesse de fécondité sécurisée par l'acquittement d'une imposante offrande financière de la part des époux…
– Dans telle autre église de tel autre pays, un dimanche matin, en plein culte dit « de miracles programmés et annoncés en avance », c'est un autre charlatan « faux serviteur de Dieu », probablement, qui demande un matelas et fait accomplir, à un couple en quête de bébé, l'acte sexuel en public, sécurisé par le versement d'une somme exceptionnelle de la part des époux…
– Dans telle autre assemblée, de tel autre pays, l'homme « dit de dieu à tort », impose les mains et demande en échange « bijoux en or,

foulards, cravates, chaussures, argent... » pour sécuriser la bénédiction...

– Dans telle autre église, de tel autre pays, c'est un « charlatan autoproclamé pasteur » qui initie un jeûne extrême à sec, insensé et non biblique « pour voir Jésus-Christ », jeûne qui fait mourir plus d'une centaine de disciples...

Et l'église, témoin de ces spectacles immoraux, insensés et rocambolesques, dit « amen » (c'est la vérité) par acclamation... Quelle abomination ! où est donc passée la vraie église du Seigneur Jésus-Christ, bâtie sur sa parole, rien que sa parole ? C'est de l'usurpation et usage de faux, véritable arnaque spirituelle avec, malheureusement, bien des dégâts familiaux et financiers discréditant fortement la réputation du nom de Jésus-Christ, de son corps (l'église), de ses servantes et serviteurs intègres. De tels hommes « dits faussement de dieu », sont arrivés au ministère chrétien évangélique par la ruse, et malheureusement, ils y sont encore très nombreux, devenant de véritables dangers ambulants. Ces « faux serviteurs de dieu », probablement « auto-proclamés », qui ne s'inquiètent pas de la déontologie même de l'exercice de leur ministère et de leur mission, deviennent inquiétants pour la pérennisation de la bonne nouvelle de Jésus-Christ et l'efficacité du sacerdoce... En vérité, le Seigneur Jésus-Christ a besoin des servantes et des serviteurs humbles ou mieux des ouvrières et des ouvriers appliqués, méticuleux, fidèles à la parole de dieu, pour exercer, selon la grâce octroyée, avec minutie et dextérité, dans sa si grande moisson *[Luc 20 : 2 ; Matthieu 9 : 37]*... Mais, hélas, dans un obscurantisme spirituel notoire, certaines servantes et certains serviteurs se sont octroyés des promotions abracadabrantesques :

– En devenant des leaders avides des honneurs, au lieu de modestes servantes et serviteurs de dieu ;

– En s'arrogeant des titres farfelus : untel qui était appelé comme pasteur serait devenu apôtre, untel appelé comme évangéliste serait devenu docteur... Ils ont oublié l'interactivité spirituelle pour le perfectionnement des saints en vue de l'œuvre du ministère et de l'édification du corps de Christ. *[Éphésiens 4 : 11 - 12]*

Aucun ministère n'est au-dessus de l'autre, chacun ayant une onction spécifique… ils sont complémentaires… et leur action n'est efficace que si et seulement s'ils exercent ensemble, de commun accord à l'exemple d'un centre hospitalier qui, pour une offre efficace et variée des soins aux malades, a besoin de faire travailler ensemble « infirmiers et divers spécialistes (cardiologue, néphrologue, rhumatologue, diabétologue, pédiatre…) »

Dans la vie courante, l'on aurait tort de penser que le cordonnier serait supérieur au couturier (et vice versa)… le cordonnier et le couturier étant utiles pour le bien-être de l'homme…

Le travail accompli par chaque apôtre, chaque prophète, chaque évangéliste, chaque pasteur et chaque docteur dépend entièrement de l'onction spécifique octroyée par le Seigneur à chacun d'eux… Les ministères sont complémentaires les uns des autres, et c'est un faux débat que de vouloir les hiérarchiser pour mettre un « superlatif néologiste » au-dessus de l'organisation pyramidale des hommes et non de dieu… L'exercice harmonieux du ministère évangélique étant une mission très délicate, les pages qui suivent en examinent quelques situations, pratiques et événementielles, susceptibles d'interférer sur la paix, la puissance, l'efficacité, l'amour et l'harmonie dans le « vivre ensemble » de la communauté chrétienne… Pour ce faire, il est fortement et spirituellement suggéré à chaque vrai « élu du Seigneur », de bien entretenir l'instrument que l'Éternel Dieu a mis en lui pour le perfectionnement des saints en vue de l'œuvre du ministère et de l'édification de l'église, corps de Christ… Bien entretenir les dons spirituels par une vie de consécration au Seigneur Jésus-Christ, une vie encline :
– À la persévérance ;
– À la lecture et la méditation de la parole de Dieu ;
– À la prière ;

– À la crainte de Dieu et à la repentance ;
– Au pardon ;
– À l'amour et la soif de la vérité…

Pour ce faire, chaque « vrai appelé de dieu à la responsabilité au sein de l'église, corps de Christ », devrait examiner et réexaminer sa pratique afin d'exercer, non pas selon la volonté permissive, mais bien selon la volonté parfaite de Jésus-Christ…

Chaque être humain étant, par définition et par routine, la résultante d'un conglomérat d'expériences vécues et/ou découvertes, *Déclic insolite* emporte les lecteurs dans un parcours foncièrement tributaire de la volonté parfaite de dieu… Et les saintes écritures de renchérir fortement :

Lamentations de Jérémie 3 : 37 - 38 « 37 – Qui dira qu'une chose arrive, sans que le Seigneur l'ait ordonnée ? 38– N'est-ce pas de la volonté du Très-Haut que viennent les maux et les biens ? »

Plus qu'un récit, c'est une vitrine richissime de problématiques et de scènes de vie en communauté chrétienne évangélique avec la description de bien des leviers…

Des concepts comme l'imposition des mains et la guérison des malades, l'appel de dieu pour le service et le ministère, la prospérité, la dîme, la prédication, le don de l'adoration et de la louange, le mariage entre un homme et une femme, la consommation des boissons fortes, l'immaturité spirituelle… sont examinés assez foncièrement.

Par ailleurs, un adage stipule que « chaque être humain viendrait de quelque part »… Il serait donc de bon aloi :
– D'une part, qu'une modeste lisibilité de la richesse éducative, sociologique et pédagogique en milieu traditionnel Koongo/Laari du Pool en République du Congo-Brazzaville (milieu ambiant d'enfance

et d'adolescence de l'auteur) essaie de meubler ce déclic à travers quelques notes timides et nécessaires…

– D'autre part, que quelques lignes associent timidement les lecteurs aux impondérables du cheminement et de l'accomplissement de la prédestination de l'auteur…

Première partie
Richesse éducative traditionnelle en milieu « Koongo/Laari » Pool, Congo-Brazzaville

Wa dia foua yika dio. (Le bon héritier fructifie et pérennise l'héritage reçu.)
                    Proverbe Koongo/Laari du Pool, Congo-Brazzaville

J'ai vu le jour à « Moundongo », village du nom de l'illustre chef de canton, district de Kinkala, Pool, Congo-Brazzaville, chef qui s'impliqua foncièrement dans la défense d'André Grénard Matsoua, éminent visionnaire de l'indépendance politique du Congo et de l'Afrique Équatoriale Française. J'ai grandi à « Makoumbou-Ma-Mpombo », village du nom du successeur de Moundongo, selon les us et coutumes des Koongo/Laari dont je me permets de dessiner, avec humilité, quelques valeurs culturelles, éducatives, sociales et pédagogiques… extraites, pêle-mêle, de ma thèse de doctorat.

En milieu traditionnel Koongo/Laari, l'éducation est informelle en ce qu'elle se traduit concrètement, par le fait que chaque événement, chaque geste sont des moments d'apprentissage, de formation et d'autoformation, d'éducation et d'autoéducation. Le cloisonnement à partir de l'âge que l'on pourrait être tenté d'emprunter pour expliquer l'éducation de l'enfance au troisième (voire quatrième) âge, suggérerait une plus grande prudence.

Dans la pratique, ce que l'enfant découvre et le moment qu'il le découvre ne sont pas rigoureusement pré-établis. Il pourrait bien découvrir et comprendre, en assistant à l'arbre aux palabres que le divorce est une étape du mariage avant qu'il n'ait découvert, par exemple, que c'est de l'inceste de connaître sexuellement sa sœur. La logique, dans cet exemple, serait plutôt que l'enfant sache avec qui et comment se marier, avant de savoir comment divorcer...

L'ethnie Koongo ferait partie des populations « Koongo » ou « Bissi Koongo » (originaires du Koongo) qui seraient venues de l'ancien royaume du Koongo ou « Koongo dia Ntotila » qui, fondé aux XIIe – XIIIe siècles, s'étendrait de l'Angola au sud du Congo Démocratique et du Congo-Brazzaville. Ce royaume aurait succombé vers 1660, laissant la place à des clans inorganisés. Ce qui justifierait de nos jours, la présence de ces populations « koongo » dans les Républiques de l'Angola, du Congo Démocratique (Kinshasa), du Congo-Brazzaville (où les Pygmées, premiers occupants des terres, auraient été étouffés et dépassés par la grande migration des Bantous...). De nos jours, les « Koongo » se répartissent en trois sous-groupes au Congo-Brazzaville :

Les Koongo du Kouilou :
– Vili ;
– Yoombé.

Les Koongo de la vallée du Niari :
– Béembé ;
– Doondo ;
– Kaamba ;
– Nkéengué ;
– Soundi ;
– Kouni...

Les Koongo du Pool :
– Laari ;
– Koongo-Nzaadi ;
– Koongo-Nséké ;
– Maniaanga ;
– Haangala ;
– Soundi.

Le « Kikoongo », la langue des Koongo du Pool, appartient à la famille des langues « Bantou » et compte plusieurs variantes :
- Kilaari ;
- Kisoundi ;
- Kihaangala ;
- Kikoongo-nzaadi ;
- Kikoongo-nséeké ;
- Kimaanianga.

De toutes ces variantes, le « kilaari » est, de façon spontanée, le « parler » le plus sollicité dans le Pool d'une part, la commune de Brazzaville et bien des villes du Congo d'autre part. C'est dire que le « Kilaari » compte de nombreux locuteurs éparpillés à travers tout le pays et que son aire d'extension est difficile à circonscrire.

Quelques valeurs culturelles de l'éducation traditionnelle « Koongo/Laari » du Pool

Le « **mfoumou kaanda** » (chef de lignage, chef de famille) est l'élément central de la société traditionnelle Koongo/Laari.

C'est un personnage apparaissant non pas comme imposé de l'extérieur, mais produit et exigé par le système social lui-même. Il devient en même temps « mfoumou haata » (chef de village) sous certaines conditions… Dans la majorité des cas, c'est un « oncle aîné » c'est-à-dire le plus « âgé » des frères de la « mère » qui occupe ces fonctions. L'évidence de cette autorité naturelle du frère aîné de la mère fait apparaître une première dysharmonie qui se singularise par la rupture de continuité entre le groupe lignager et le groupe local. Il y a contradiction entre le fait que le mariage est patrilocal en ce milieu, et le fait que le système familial, lui, est matrilinéaire. En demandant à la femme d'aller habiter avec son époux dans le village du beau-père, les Koongo/Laari engendreraient plutôt une société patrilinéaire qui se prononcerait en faveur de la prépondérance du lignage du père sur le

« kaanda » de la mère... Non, la réalité est différente en ce milieu où l'on accorde plutôt le pouvoir « décisionnel » au lignage maternel... Sur ce sujet, précisons bien que la prépondérance du lignage « maternel » ne signifie aucunement que « la mère », en tant que « femme » prime sur « l'homme ». C'est plutôt à travers son « sang » que la femme vit la prépondérance de son lignage qui, au bout du compte, reste géré par « un homme », son frère biologique... C'est dire que la femme Koongo/Laari, même si elle est l'aînée, n'accède que rarement, disons à défaut, à la « chefferie lignagère »... La tradition Koongo/Laari s'en justifie par le fait que la femme est d'abord et avant toute chose la procréatrice chargée d'assurer la survie du lignage par plusieurs maternités, donc une mère attachée à un foyer conjugal. Elle ne peut assumer en même temps les responsabilités de « mfoumou kaanda » qui exigent beaucoup de déplacements... L'une des tâches du « chef de famille » consiste à voler au secours des siens, chaque fois qu'il y est sollicité... Par ailleurs, la société traditionnelle Koongo/Laari, foncièrement phallocratique, octroie à « l'homme » l'autorité dans « l'assemblée » où la femme n'intervient qu'à travers un « oncle » ou « un frère ». A contrario, lorsqu'elle est « âgée », la « femme » a droit aux mêmes égards que « l'homme ». Ce qui rejoint la loi de la préséance de « l'aîné » sur le « cadet »...

La dysharmonie de cette société entraîne des conséquences non moins importantes dans la conduite des personnes.

Juridiquement, c'est au frère de la mère que l'on se réfère dans les affaires concernant la femme et les enfants au foyer :
– Maladie ;
– Décès ;
– Décisions importantes...

Mais cette accentuation de la matrilinéarité ne signifie pas pour autant que le père et ses parents n'ont aucune importance dans la vie de l'épouse et de la progéniture... En effet, même si la parenté par la mère est plus importante que celle par le père, l'époux jouit toujours d'une certaine autorité.

Économiquement, cette dysharmonie ne permet pas à l'enfant d'hériter des biens de son père et à l'époux de dépenser librement ceux de la femme au foyer.

Tout comme sur le plan idéologique, c'est aussi cette dysharmonie qui justifie la tenue du culte des ancêtres chez le « mfoumou kaanda » où se retrouvent tous les membres du lignage à certaines occasions, devant le « nzô baa nziita » ou sanctuaire des « biiba » (esprits), non loin du « mboongui » (aire publique)...

Ce comportement explique à suffisance pourquoi l'accès à la chefferie traditionnelle passe par la bénédiction des ancêtres, pourquoi le pouvoir a un caractère sacré, pourquoi il ne se brigue pas et pourquoi il n'est confié qu'à des personnes ayant une certaine maturité... En se rattachant ainsi à la sagesse, la chefferie traditionnelle Koongo/Laari est d'abord et avant tout un don, voire un choix du monde de « l'au-delà », monde des « biiba bia ba nkaaka » (esprits des ancêtres), monde qui s'adresse à l'individu dans sa vie. Le chef de lignage s'en fait fortement assister pour gérer au mieux la vie de ses sujets... La délicatesse d'une telle fonction en écarte le « jeune », parce que « sans maturité, donc sans sagesse et sans expérience ». Elle en écarte aussi la femme, parce que devant essentiellement procréer pour assurer la survivance et la pérennité du lignage... De ce fait, la « chefferie traditionnelle Koongo/Laari » est régie par la loi de la gérontocratie qui sacre le plus âgé et assigne à chacun sa place dans une société où, l'aîné passe toujours avant le puîné.

La soumission du cadet s'y singularise par une pratique sociale selon laquelle tout chasseur rentrant avec du gibier doit en remettre le gigot de poitrine à « l'aîné », Chef des terres lignagères où a eu lieu la partie de chasse...

Toutefois, sans remettre foncièrement en cause la part de respect dû à « l'aîné », il est urgent d'en souligner les dangers. Un tel respect « à sens unique », toujours de bas en haut, loin de conduire les sociétés traditionnelles africaines vers le changement auquel les appelle la dialectique socioculturelle, économique et politique, risque de les garder dans un conservatisme notoire.

En fait, le respect, comme l'éducation, ne devait plus être une chasse gardée pour les « aînés » seuls... En relativisant le concept « d'âge » et en extrapolant, l'on peut dire que l'on est « âgé ou vieux » lorsque l'on est en mesure de donner des ordres et de se faire obéir. Ce qui en écarte toute référence à « l'âge » absolu et au principe de séniorité selon lequel le vivant le plus proche du premier ancêtre a toujours la suprématie.

Mais déjà, la tradition Koongo/Laari en reconnaissant, à travers l'adage qui stipule *« ne pas croire qu'une grande barbe soit un signe de sagesse »,* que l'âge biologique d'un individu (c'est-à-dire la grande barbe) ne détermine pas forcément son degré de sagesse sociale, n'entrevoit-elle pas favorablement l'accession d'un « moins âgé » à la chefferie lignagère ?

De nos jours, le droit d'aînesse en tant que critère d'accession à la chefferie traditionnelle Koongo/Laari, tend à être supplanté par la compétence, accession certes encore renforcée par l'assistance des esprits des ancêtres, mais de plus en plus influencée par le savoir scolaire. C'est dire que la tradition et la sagesse Koongo/Laari ne sont pas insensibles au courant quelque peu « moderniste » secouant même les villages les plus reculés du Congo qui ne peuvent plus s'empêcher de se faire ériger des écoles... Savoir lire et savoir écrire deviennent alors, plus qu'une nécessité, une source même de sagesse pour la vie harmonieuse dans la société traditionnelle Koongo/Laari actuelle non fermée aux acquisitions du monde moderne.

C'est dire que le monde traditionnel Koongo/Laari d'aujourd'hui est convaincu qu'un chef sachant lire et écrire devient un atout pour l'avancée du village vers les idées novatrices. Dans cette vision des choses, les « moins âgés » ont plus de chance que les « plus âgés » pour accéder à la tête et aux responsabilités des affaires du lignage (ou du village).

Il n'est pas superflu non plus de préciser que l'accession à la chefferie reste une dignité réservée strictement au lignage, qu'elle est héréditaire de l'oncle au neveu, jamais de père à fils, à moins que le fils ait une mère esclave ou que l'oncle n'ait plus de neveu susceptible d'y prétendre.

D'ailleurs, le relais se fait sans trop de problèmes dans la mesure où le futur « mfoumou » (chef) est assisté dès la cérémonie d'investiture (et le reste de sa vie) par un « maléla », sorte de « prince héritier » choisi parmi ses neveux.

Une fois investi, le « mfoumou kaanda » est respecté de tout le lignage. Il assume à vie sa charge, car, ce n'est que très rarement, et en cas de réelle incompétence notoire, que le chef investi est « dégommé »…

Connaissant aussi bien ses droits que ses devoirs, le mfoumou kaanda :
— Veille à la prospérité des membres de son lignage ;
— Protège leur vie et leurs biens, car il est leur sécurité ;
— Lutte pour leur fécondité, car, en ce milieu, l'on n'est un homme ou une femme véritables que lorsque l'on est apte à procréer, prolonger et transmettre le sang du lignage.

La procréation en tant que participation au processus universel de la vie est, de ce fait le sens profond des initiations auxquelles sont soumis l'homme et la femme suivant le rôle qu'ils doivent jouer dans la société : être père ou être mère…

Le « mfoumou kaanda » symbolise aussi l'unité, la cohésion, l'harmonie au sein du lignage. Ce qui requiert de lui, la compétence à déjouer les mauvaises influences de la sorcellerie et à gérer les conflits pouvant perturber la sérénité du lignage. Lorsque le « haata » (village) ne regroupe essentiellement que des individus d'un même et seul lignage, c'est le « mfoumou kaanda » qui en devient « mfoumou haata » (chef de village).

Mais, cette organisation change pour les villages qui s'agrandissent avec l'adjonction d'autres lignages qui s'y installent. Dans ce cas, le lignage étranger ne peut, comme tel, revendiquer une indépendance sur un espace qui n'est pas le sien. Il accepte la chefferie du village d'accueil. Mais le chef de ce village d'accueil laisse au chef de chaque lignage étranger la latitude de gérer les affaires familiales de son groupe. De ce fait, le chef du village d'accueil a une double fonction :
– En tant que « mfoumu kaanda » (chef de lignage), il est responsable d'un « kibelo » (quartier), gère la vie de son lignage ;
– En tant que « mfoumou haata » (chef de village), il a une parcelle d'autorité sur les autres chefs de lignage et règle, dans son « mboongui » (aire publique) situé au centre du village, les litiges opposant les individus n'appartenant pas à un même lignage et tous ceux dépassant la compétence des chefs de lignage. Il se fait alors assister d'un ou de plusieurs chefs de lignage.

Dans cette « instance de juridiction traditionnelle », c'est le « mounaanga » (serviteur) qui annonce l'arrivée du chef. En fait, les « minaanga » (serviteurs) ne participent pas aux débats et à la prise de décision de jugement. Leur rôle est, pour l'essentiel, de veiller à l'installation des villageois à l'aire publique (avant l'arrivée du chef) et de maintenir la discipline dans la foule (pendant les débats). Ce qui ne les empêche pas de bénéficier d'un traitement particulier et de se réjouir de faire partie de la suite du chef.

L'autorité du chef est, de ce fait, incarnée par le « mboongui » (aire publique). C'est à ce lieu que le « visiteur » qui arrive dans le village se présente afin de s'adresser au « mfoumou » pour son logement ou sa nourriture, car, il revient au « chef » de régler tous les problèmes d'hospitalité. Pour ce faire, la tradition demande au « chef » d'être suffisamment riche pour mettre à l'aise les visiteurs et dépanner, en cas de besoin, les membres du lignage et/ou les villageois…

Par ailleurs, en tant que point de liaison du lignage actuel constitué par tous les membres vivants et du lignage de « l'au-delà » constitué par tous les membres morts, le « mfoumou kaanda » (chef de lignage) détient un pouvoir sacré reconnu par toute la famille à telle enseigne que c'est à lui que les « vivants » s'adressent pour les protéger.

C'est dire que si le « mfoumou kaanda » s'attendrit à cause du mauvais comportement d'un de ses sujets, les « esprits » des ancêtres s'attendrissent aussi…

Si le « mfoumou kaanda » est mécontent de ses « administrés », les esprits des ancêtres se mécontentent et cessent alors leur protection sur eux. Ce qui a pour conséquences de les exposer à la merci des « cancrelats », c'est-à-dire des sorciers, jeteurs de mauvais sorts…

On comprend alors pourquoi le chef de lignage se réfère au sacré pour se valoriser et pourquoi le lignage n'est pas concevable sans lui. De ce fait, personne n'ose contester l'autorité du « mfoumou kaanda », car, lui désobéir, c'est désobéir aux esprits des patriarches lignagers et sortir de la barrière de protection qu'ils constituent.

Quand l'on sait qu'un Koongo/Laari traditionnel sans la protection de ses ancêtres est un « être » sans défense et à la merci de toutes les forces du mal ou de la sorcellerie, il n'est que normal d'éviter de se heurter contre le chef de lignage.

Cette autorité spirituelle traditionnelle reconnaît aussi au « chef de lignage » le pouvoir de favoriser ou défavoriser :

- La guérison de certaines maladies ;
- La réussite ou l'échec d'une récolte, d'une partie de chasse ou de pêche...

Ce qui ne va pas sans lui poser des problèmes. En effet, tous les membres du lignage ne lui reconnaissent pas toujours que du bien. Il n'est donc pas à l'abri des ennuis et des tracas. On rapporte à cet effet que certains membres de lignage s'attirent sciemment des ennuis se disant que le « chef » versera les amendes à leur place. Quoique conscient de tels abus, le chef de lignage évite d'être antipathique de peur que son entourage refuse de se confier à lui, ce qui, sans conteste, ternirait son image d'homme d'ouverture et de tolérance.

La fonction de « mfoumou kaanda » est très difficile. C'est donc consciente de cela que la sagesse traditionnelle conseille à tout individu « recevant en héritage la direction d'une famille » (chef de lignage nouvellement investi) de se raser la tête en signe de deuil, c'est-à-dire se responsabiliser, se conscientiser de l'ampleur de la mission qui lui revient.

Quoiqu'il advienne, le « mfoumou kaanda » doit diriger avec douceur, car, s'il tyrannise ses sujets, ces derniers prendront peur et risqueront même de quitter le village pour aller s'établir ailleurs.

Le « mfoumou kaanda » doit être un « clair de lune » (c'est-à-dire quelqu'un de bon, de doux, de tolérant) et non les « rayons solaires » (c'est-à-dire quelqu'un de tyran, de violent). Il ne doit pas voir le « diable » (c'est-à-dire qu'il doit avoir un gros cœur capable de supporter et de savoir épargner la honte à ses administrés)...

En effet, si le « mfoumou kaanda » voyait le diable (c'est-à-dire s'il exposait en public tout ce qu'il savait et entendait), la famille se détruirait, se désunirait.

Le « mfoumou » (chef) en milieu « Koongo/Laari » est un personnage à qui les administrés se confient en toute quiétude. C'est fort de cela qu'il lui est interdit de se plaindre. Mais pourquoi il se plaindrait dans la mesure où cette fonction lui octroie bien des honneurs ? Et, comme ces honneurs lui viennent de la responsabilité lignagère et/ou villageoise, il lui revient de supporter le fardeau qu'impose sa fonction.

Toutefois, la responsabilité d'un lignage est loin d'être un dîner de gala en milieu Koongo/Laari. Le « mfoumou kaanda » y est préparé dès le jeune âge. Cette préparation est tellement méticuleuse que, le jour de son accession à la chefferie familiale, le « neveu » a des palpitations comparables à celles que ressent tout jeune Koongo/Laari lors de son premier coup de fusil. Mais, le temps aidant, il s'y habitue quand même.

Comment en serait-il autrement lorsque pour la tradition, être garçon, c'est être prédestiné aux responsabilités lignagères et les assumer comme le jeune verrat qui ne peut échapper au coutelas ?

En effet, le sort du garçon face à son rôle naturel de « mfoumou kaanda » rejoint symboliquement celui du « verrat » dans les pratiques traditionnelles de l'élevage en milieu Koongo/Laari où l'on tue le mâle dès qu'il grandit, sa viande étant toujours réclamée sur le marché.

La responsabilité lignagère requiert de la promptitude dans l'exécution des affaires du groupe social, voire de la disponibilité. À l'image du « rat palmiste » qui se relève immédiatement dès qu'il tombe d'un arbre, le « mfoumou kaanda » doit être prêt à voler au secours de sa famille, chaque fois qu'il est sollicité ou en sent la nécessité.

Le « responsable lignager », doit paraître aux yeux de ses administrés comme un homme fort et robuste moralement, sûr de lui, un homme dont chaque intervention attire respect, estime et admiration. Il doit éviter de se laisser prendre en faute dans toute entreprise. Il doit réfléchir suffisamment avant d'agir. Il doit se sacrifier, se dévouer pour son lignage qu'il doit tant aimer à l'image du singe des forêts qui meurt en serrant dans sa main le fruit dont il est friand.

En principe, même dans les cas de contradictions et de provocations notoires, le « mfoumou » doit avoir la maîtrise de soi.

Fait rarissime en milieu Koongo/Laari, certains règlements des litiges tournent à des bagarres auxquelles sont introduits bon gré mal gré le « mfoumou » et tous ses administrés... Cela ne devrait pas le surprendre, car, le « chef » s'y est préparé dès le jeune âge.

En effet, comme tous les jeunes garçons de son âge, le futur « mfoumou » s'initie, à l'insu des parents, au « makouboungou », sorte de fétiche qui :
– Donnerait une force extraordinaire au cours d'une rixe ;
– Rendrait insensible aux coups, voire invulnérable à l'arme.

Mais, le fétiche seul ne suffit pas, il faut avant tout être fort naturellement. C'est dire, par extrapolation, que la vocation ne suffit pas. L'exercice avec autorité de certaines professions exige, en sus de l'apprentissage, des prédispositions.

C'est l'éternel « débat » sur le primat entre l'inné et l'acquis...

La tradition Koongo/Laari assimile l'activité du « chef de famille » à celle de la paume de la main qui ne cesse de tenir le « manioc » (aliment de base en milieu Koongo/Laari). Ce qui peut traduire chez le « mfoumou », un sentiment d'affliction dans le sens où il a la charge d'un lignage élargi dont les exigences le placent parfois dans une impasse.

Pragmatiquement, il lui est impossible d'être partout où on l'appelle, ou de satisfaire tout le monde. L'élasticité de la famille traditionnelle ne lui facilite aucunement la tâche. C'est fort de cela que l'on pense, avec raison que s'il ne prend pas acte, le « mfoumou » sera toujours dans l'impossibilité de subvenir aux exigences de sa vaste famille... Par conséquent, à force de se préoccuper des problèmes et de l'éducation de tous les membres de la grande famille, le « mfoumou kaanda » court le risque de sacrifier l'éducation de sa propre progéniture...

Un langage franc et clair est vivement conseillé au « mfoumou ». Sur le sujet, les Koongo/Laari critiquent avec force le défaut qui consiste à se plaindre en l'absence des « administrés »...

En effet, un « chef » qui parle « sous les aisselles » (c'est-à-dire ne cesse de se plaindre de ses administrés, lorsqu'ils sont absents et ne peuvent l'écouter) perd la confiance de son groupe lignager. Il fait là, preuve de lâcheté et de fourberie comme cet homme qui est allé se plaindre, auprès de son épouse, de l'insuffisance de la part de viande que ses amis lui ont remise au cours du partage du gibier, suite à sa participation effective et dynamique à une partie de chasse...

Le « mfoumou kaanda » doit savoir se servir de ses mains, se nourrir à la sueur de son front, se vêtir et entretenir les siens à l'image de cet homme qui sait toujours se faire une petite place pour s'asseoir sur un banc, même réduit et déjà occupé par plusieurs personnes. Il lui suffit de savoir modifier intelligemment la position des premiers occupants (en les bousculant légèrement à l'aide de ses fesses). C'est dire, par extrapolation, que le « mfoumou kaanda » doit user de finesse pour se faire une personnalité...

Son pouvoir économique lui permet de :
– Gérer la « nsii » (terre lignagère) ;
– Organiser les « malaki » (réjouissances familiales) ;

– Subvenir aux besoins des membres de son lignage ;
– Être le « trésorier » de toutes ses « sœurs », car, la femme au foyer prête à son époux, mais donne à son « frère ».

Son pouvoir politique se singularise en ce que la tradition lui octroie le droit de prendre des décisions, en conformité avec les intérêts du lignage.

L'exercice de son pouvoir juridique lui permet de rendre la justice selon les us et coutumes de la société traditionnelle Koongo/Laari.

Quant à son pouvoir administratif, il lui reconnaissait, dans les temps très anciens, la responsabilité d'envoyer les troupes combattre l'ennemi en cas de provocation ou d'attaque. De nos jours, cette fonction administrative du chef consiste, pour l'essentiel, en la convocation et la présidence de l'assemblée familiale.

Le Chef de lignage est, de ce fait, un personnage très influent dont les ordres se situent dans la relation de l'être et de sa conscience avec le monde métaphysique et protecteur des « biiba bia ba nkaaka » (esprits des ancêtres).

La prépondérance dont il jouit étant soigneusement orchestrée par cette considération spirituelle, on peut relever néanmoins que la sentence du chef traditionnel Koongo/Laari est loin d'être un consensus, c'est-à-dire une décision qui aurait le poids réel de tout le groupe social.

En fait, avec qui se concerte le chef ? Ce n'est ni avec les jeunes, ni avec les femmes, mais uniquement avec les « les hommes âgés », c'est-à-dire les anciens. Dans ce cas, les décisions qui s'en dégagent semblent être plutôt celles d'un mini-groupe. Il n'y a pas de démocratie dans les conseils traditionnels africains, car, les anciens seuls en constituent une voie d'autorité, même si le village n'a pas de policiers... En effet, s'il est vrai que le village traditionnel africain ne compte pas encore des « policiers » en tenue, aussi bien formés et organisés que ceux des villes, il n'est pas moins vrai qu'il existe bel et bien dans les chefferies traditionnelles comme celle des Koongo/Laari, des serviteurs du chef qui font office d'agents de l'ordre. Ce sont les serviteurs qui conduisent manu militari, parfois, au « mboongui » (aire publique), tout sujet récalcitrant qui refuserait d'obtempérer à une convocation du tribunal coutumier. Le sujet en question avait l'obligation de leur verser une rétribution (ou frais de commission). Dans les temps très anciens, l'honneur revenait même à ces serviteurs d'enterrer « vivant », à la place du marché, le condamné à mort du tribunal coutumier, traditionnel.

En écartant le point de vue du jeune et de la femme, la décision du « mfoumou kaanda » qui n'écoute qu'une seule cloche, donc un seul son, celui des « hommes âgés » s'inscrit en faux contre les recommandations faites par la tradition « Koongo/Laari » à sa fonction qui doit plutôt manifester un intérêt et une écoute équitables pour les jeunes et pour les anciens, les hommes et les femmes. Il apparaît donc assez urgent que la tradition africaine s'appuie sur sa propre sagesse pour douter enfin de la légitimité des informations et conseils unidirectionnels.

Les relations entre villages sont régies par un respect réciproque et une hospitalité permanente.

Il n'est pas indispensable d'annoncer sa visite. On est toujours le bienvenu dans le village voisin. Le chef et ses sujets partagent volontiers leur manger, leur boire et leur couchette avec leur hôte…

Ces relations sont consolidées par :
– L'exogamie du mariage (l'homme prenant femme dans le lignage et/ou le village voisins) ;

– La maladie ou le décès (occasions de se retrouver ensemble, la tradition conseillant de fortes solidarités agissantes pendant ces événements).

Économiquement, les villages se regroupent en « zaandu » (marché) où se font les échanges…
– La « nsii » (terre lignagère) fait aussi l'objet des relations économiques. Les lignages avoisinants vont la solliciter pour ouvrir des plantations, y chasser ou pêcher.
– Les « malaki » (réjouissances familiales marquant la fin du deuil observé en mémoire d'un parent décédé) mettent à contribution les rapports entre individus et lignage, entre individus et ancêtres, entre lignages et alliés ;
– Des « mafoundou », sorte d'aide-épargne, s'organisent ;
– Le « kitémo » (tontine, ristourne), coopération au niveau monétaire ;
– Et le « zola », coopération ou coopérative pour les travaux des champs, consolide les relations socio-économiques.

Toutes ces relations sont placées sous la haute juridiction des « esprits des ancêtres » qui en assurent la protection et en déterminent le choix. Il est inadmissible, en effet, qu'un chef traditionnel Koongo/Laari entretienne des relations avec un village (ou un lignage) dont les patriarches fondateurs auraient été désavoués par ses « baambouta » (vieux, anciens) à lui. C'est dire que le Koongo/Laari n'entreprend rien sans la volonté des esprits. Cette crainte omniprésente des esprits et la référence qu'on en fait à tout instant sont à l'origine du climat d'animosité entre certains villages en ce milieu.

Place de l'enfant : La mission première sur terre de tout individu Koongo/Laari est d'assurer l'agrandissement du lignage par une procréation abondante qui crée de l'ambiance autour de soi.

L'enfant est accueilli avec un amour sans fin. En effet, parce qu'il vient des esprits, rien ne doit être tenté pour l'empêcher de naître. Fortement désiré, il est la toile de fond du mariage. Ce n'est donc pas un hasard, pendant la cérémonie de mariage, que la belle-famille remette une chèvre au gendre, symbole de maternité. En fait, de tous les cadeaux remis au beau-fils, la chèvre reste le don le plus significatif. Elle met bas, en principe, dans les mêmes délais que se dessinent les premiers signes de grossesse chez la nouvelle mariée.

La nécessité d'avoir un enfant a pouvoir d'obligation. Mais, comment peut-on imaginer un couple Koongo/Laari ne souhaitant pas d'enfant ? Comment en serait-il autrement dans cette société où l'enfant influe fortement sur la perception que l'entourage se fait de l'âge adulte ? Thomas Malthus et sa théorie sur les limitations de naissances ne croirait pas ses oreilles. En milieu Koongo/Laari, le nombre d'enfants par femme ne dépend point de la richesse matérielle et financière des parents. Être « riche », c'est en avoir beaucoup, tout faire pour les protéger, les nourrir et les élever même avec peu, à l'image de l'écureuil qui se contente des noix de palme pour offrir une couverture à ses petits.

La tradition Koongo/Laari glorifie le comportement de la mère écureuil qui remplit sa retraite de noix de palme dont elle nourrit son petit. Une fois sèches, ces noix lui servent de couverture protégeant le petit contre le froid. Les parents portent sur l'enfant une attention très particulière. C'est dans ce sens que, lorsqu'ils mangent, les parents soucieux de leur progéniture gardent toujours une petite réserve de nourriture pour leurs enfants. Il est un déshonneur pour un parent Koongo/Laari de ne rien offrir à son enfant qui pleure de faim. À l'image du chien pour qui son maître est le plus riche, le parent géniteur est pour son enfant, non seulement la personne la plus belle, mais aussi celle qui songe le plus au ventre de ses petits. Ces pratiques éducatives sont transmises de génération en génération. À juste titre, les Koongo/Laari disent que « le don fait par un enfant vient en réalité de sa mère ». En d'autres termes, la conduite morale et le comportement social de « l'adulte » sont fonction de l'éducation dont il a bénéficié auprès de ses parents. Pour les Koongo/Laari, l'attitude des parents ne doit être ni trop sévère, ni trop paternaliste. Aider exagérément l'enfant c'est l'empêcher de s'épanouir. On ne devrait ni trop le gâter ni observer une indifférence à son égard. C'est là un juste milieu difficile à respecter, car, la mère a plutôt des tendances « surprotectrices »…

Fortement critiquée, cette attitude inculque un manque de dynamisme chez le garçon. Sur le sujet, la société traditionnelle Koongo/Laari pense que le « garçon », élevé dans un foyer monoparental constitué essentiellement de la « mère », a peu de chance d'être dégourdi. Ce qui n'est pas tellement contradictoire à l'idée que la mère doit imprimer les premières bases éducatives chez l'enfant. Et le père, par sa présence, doit corriger les imperfections de l'éducation maternelle. En effet, le père ou son image est le point de référence dans les conseils que la mère donne à son enfant. Elle parle le plus souvent au nom du « père ».

La responsabilité des parents dans le comportement futur de l'enfant, devenu « adulte », est tellement évidente pour la tradition Koongo/Laari, qu'elle ne ménage aucune opportunité pour la mettre en exergue : « Le chacal sent mauvais parce que ses parents ne l'ont pas habitué à la propreté ». La question n'est pas de savoir s'il est envisageable qu'un chacal ne sente pas mauvais. Les Koongo/Laari ne sont pas dupes sur le sujet. Ils savent que le chacal a été condamné par la nature divine à sentir mauvais toute sa vie, même s'il était habitué à la propreté. L'intérêt de la comparaison réside en l'affirmation suivante : « considérer que les parents du chacal pouvaient éviter que leur petit sente mauvais c'est reconnaître qu'il est possible à un parent de modifier certains comportements chez l'enfant grâce à l'éducation ». Pour les Koongo/Laari et pour bien des sociétés traditionnelles africaines, le meilleur « éducateur » de l'enfant est le parent géniteur. Il est patient et ne s'en fatigue point. Il est impensable qu'une mère abandonne son enfant, qu'elle s'en sépare de la journée. C'est à juste titre que le système des crèches où les parents des sociétés modernes abandonnent leurs enfants de la journée est loin d'être accepté dans les sociétés traditionnelles où l'enfant doit rester accroché sur le dos de sa mère. Ce qui favorise fortement l'attachement du petit à sa maman et vice versa, la tendresse de la mère pour son enfant...

Les parents ont, certes, une grande responsabilité dans l'éducation de l'enfant, mais ils ne sont pas les seuls responsables de la réussite ou de l'échec de leur progéniture devenue « adulte ». En effet, l'Être humain a un parcours social très important de son état d'enfant à l'âge adulte. À l'image d'un train qui embarque des passagers dans chacune des stations où il s'arrête, l'enfant a, tout au long de ce parcours social, fait une expérience très riche et variée qui lui permet de parfaire ou de défaire les bribes de l'éducation reçue auprès des parents. À cela s'ajoutent certaines prédispositions congénitales pour ou contre la conquête sociale. Le père, la mère et la fratrie constituent, certes, la première cellule éducative de l'enfant, mais il sort de ce prisme familial à un certain âge pour agrandir et renforcer son expérience sociale. De ce fait, s'en tenir uniquement à la responsabilité des parents paraît assez exagéré et trop simpliste, le comportement social d'un individu étant sans nul doute l'addition de toutes ses expériences de la vie.

Quant à l'âge auquel la jeune fille peut se marier et l'âge auquel elle peut avoir son premier enfant, les Koongo/Laari ne font aucune restriction sur le sujet. Bien des filles vont chez leurs maris à partir de 13 - 14 ans. Et dès qu'elle voit ses règles, la fille peut être mère. Toutefois, la tradition recommande au jeune Koongo/Laari de l'abstinence et une certaine maturité, voire une maturation physiologique suffisante avant de prétendre se marier et avoir plusieurs enfants qui feront de lui un individu libre. En effet, « avoir un enfant » est pour le parent géniteur, une manière de bien préparer les derniers jours de sa vie. Cela est une nécessité dans le sens où les Congolais ne bénéficient pas de structures de troisième âge à l'instar des pays occidentaux, comme la France où l'on compte des maisons de retraite, chargées d'entretenir les personnes âgées. Chez les Koongo/Laari, les personnes âgées sont à la charge totale de leur progéniture. C'est donc un net avantage, voire une sécurité pour elles d'avoir eu des enfants qui, devenus grands, s'occupent d'elles. Cependant, il faut nuancer ce propos en soulignant que, s'il est bien vrai qu'en milieu Koongo/Laari, les solidarités lignagères favorisent l'entretien de toutes les « personnes âgées » par tous les enfants de la famille au sens large du mot, il n'est pas moins vrai que le Koongo/Laari n'est pas dupe. Il est conscient de la différence entre les soins portés à une personne âgée par un fils sorti de ses propres entrailles et ceux qui lui sont portés par l'enfant de son parent. En fait, lorsque le fils porte des soins à une personne âgée qui se trouve être son propre père ou sa propre mère, il le fait avec joie et amour, avec une attention sincère et réelle. A contrario, le fils enfanté par un parent de son lignage le fait par contraintes et routines lignagères. C'est pour cette raison que la personne âgée qui bénéficie de l'attention de sa progéniture en est très fière et très heureuse. Elle est « affranchie », du fait qu'elle ne le doit à personne d'autre qu'à son propre fils, fruit de ses propres entrailles. En effet, le propre fils qui lui vient en aide est une partie concrète de son œuvre sociale, une certaine force, une certaine liberté précieusement économisée, précieusement acquise pendant le déroulement normal de la partie active de son histoire personnelle. Les soins en provenance du fils d'un parent du lignage (autre que soi-même) sont alors ressentis comme une dépendance à l'égard du géniteur, donc un manque de liberté…

L'enfant est le « **ndaangui** » (témoin) du lignage paternel. C'est lui qui a la mémoire des faits et événements qui marquent la vie sociale. De ce fait, lorsqu'il n'y a pas d'enfant, le lignage a peu d'opportunité de survie, la relève n'y étant pas assurée. Il ne faut pas croire cependant, au fait que l'enfant en tant que témoin de la vie sociale du lignage paternel, appartienne à la famille du père. Non, il n'en est pas question dans l'esprit du père Koongo/Laari qui, en affectant à son fils le rôle de témoin du lignage paternel, attend simplement de lui, comme de la part de tout témoin qui se respecte, une interprétation impartiale et objective, un récit juste des faits. En effet, n'appartenant pas au lignage du père, l'enfant peut en être un témoin juste et impartial. Ce qui ne lui est pas possible dans le cas du lignage maternel dont il est membre à part entière.

La nécessité d'avoir un enfant traduit l'espoir que les parents et la société placent en cette « mountou » (personne). C'est à l'enfant que reviennent les petites courses et les petits travaux ménagers. Ce n'est pas surprenant que la société traditionnelle Koongo/Laari couvre de moqueries les couples qui n'en ont pas. La stérilité est source de divorce en ce milieu où l'on pense, malheureusement, que c'est la femme seule qui en est susceptible. Bien des polygamies s'expliquent par ce comportement du monde traditionnel Koongo/Laari face à la stérilité. Pour ce faire, dès qu'elle constate que l'enfant tarde à venir, la femme se soumet à un traitement curatif. Elle boit des « mabondzo » (mélange de produits à effet correcteur de stérilité). Quant à la stérilité masculine si elle n'est pas reconnue comme telle en ce milieu, elle n'y est pas pour autant inexistante. En effet, lorsqu'un homme tarde à engrosser son épouse, deux attitudes sont envisageables par la tradition pour y remédier :

– La première est une démarche de la famille maternelle de l'épouse qui se rend chez le gendre avec plusieurs cadeaux en le suppliant de leur grossir la famille. La belle-famille espère, par cette démarche, obtenir la pitié des esprits de son gendre qui, selon elle, s'opposeraient à la venue au monde de l'enfant.
– La deuxième attitude est un geste maternel au profit de l'homme. En effet, les Koongo/Laari pensent que si l'homme ne fait pas d'enfant à sa femme c'est tout simplement parce que, pendant que sa mère l'allaitait, elle lui aurait fait tomber, par inadvertance, quelques gouttes de lait du sein maternel sur le corps. Pour ce faire, la mère doit lécher son fils (devenu homme) sur toutes les parties du corps (surtout

l'appareil génital) afin de vaincre les sordides effets des gouttes de lait du sein maternel. Pour l'honneur de la famille, les mères Koongo/Laari n'hésitent pas à lécher leurs fils qui se présentent, malgré eux, nus devant elles. Ce léchage est tenu dans le strict secret entre la mère et le fils. Ce secret renforce l'honneur de l'homme qui, au bout du compte, peut se vanter de ne jamais souscrire à une cure spéciale (vue et sue du village) pour avoir des enfants. C'est dire que, même s'il est soupçonné de stérilité, l'homme s'en tire toujours honorablement, car, pour la société traditionnelle Koongo/Laari, c'est la femme seule qui est la cause du manque de grossesse.

La grossesse est un état que la tradition Koongo/Laari tient strictement secret. En effet, on pense en ce milieu qu'il y a du chemin entre la grossesse et l'enfant. Pour les Koongo/Laari, être enceinte ne signifie pas que l'on a déjà un bébé. Ce n'est pas étonnant que la femme traditionnelle Koongo/Laari trouve stupide le comportement de sa consœur « occidentale » qui s'enthousiasme après une ou deux semaines de gestation. Cette précaution, chère en ce milieu, s'érige en faux contre les apprêts de la layette de bébé avant la naissance. La grossesse exige une grande fidélité de la part de la femme Koongo/Laari afin de la protéger contre les difficultés d'accouchement. En effet, lorsque la femme enceinte sort avec plusieurs hommes, elle souffre de « nsouza » (conséquences de l'infidélité) au moment de l'accouchement. L'effet de « nsouza » ne disparaît que lorsque l'infidèle porte à la connaissance de son entourage le nombre exact de ses amants. Ne pas obtempérer à cette recommandation, entraîne l'impossibilité d'accoucher. Et, comme on ne peut pas envisager une intervention par « césarienne » (méthode, non seulement inconnue, mais pouvant être perçue comme blasphématoire), il est impossible d'éviter la mort de la mère avec son enfant dans le ventre…

La tradition interdit à la future mère de manger debout, de peur de donner naissance à un enfant qui ferait des selles toutes les heures, sans répit. Elle ne doit consommer ni de la volaille [pour que son bébé n'ait pas des crises de « nzieeta » (épilepsie)], ni des grillons [pour que l'enfant n'ait pas tendance à « louka » (vomir) abusivement], ni des « nsafou », sorte de fruits [pour ne pas provoquer le « beeka » (mal de ventre) au bébé], ni les reptiles [pour que l'enfant n'ait pas des malformations congénitales]. Selon la société traditionnelle Koongo/Laari, la grossesse (n'étant pas une maladie) ne donne point de repos à la femme qui continue de vaquer normalement à toutes ses occupations conjugales, domestiques et champêtres jusqu'à l'accouchement…

L'enfant annonce toujours sa venue au monde par des douleurs ressenties par la mère. Mais en s'aidant du « loutééte » [mélange de « nsouaari » (sorte de courges écrasées), de « mpéémba ya haata » (chaux traditionnelle)], les femmes Koongo/Laari réussissent un accouchement rapide et sans difficulté. Ne maîtrisant pas suffisamment la durée de la gestation, la tradition Koongo/Laari recommande qu'une femme d'une certaine expérience accompagne, partout et en tous lieux, la femme enceinte dès que son état est perçu assez mûr (c'est-à-dire à terme). De ce fait, lorsqu'elle est seule, la tradition conseille à la femme à terme, déjà secouée par de fortes douleurs d'accouchement, de placer sur le « bas-ventre » une petite « tari » (pierre). Les femmes âgées reconnaissent un pouvoir d'attente (effet de pause) à cette petite pierre qui maintiendrait ainsi le bébé dans le ventre de sa mère jusqu'à l'arrivée des secours. Dans le cas d'une première grossesse, la future maman quitte la maison conjugale pour s'installer provisoirement chez sa mère, tout comme la mère peut aller habiter chez son gendre, dans la case-cuisine avec sa fille, les derniers moments de grossesse afin de veiller sur elle et l'amener à un accouchement serein…

L'accouchement a lieu, le plus souvent, dans la case-cuisine de la future mère ou encore dans les herbes, loin des hommes. C'est la femme la plus âgée et la plus expérimentée du lignage (ou à défaut du village) qui dirige l'opération. Elle est assistée par toutes les grandes femmes du lignage et du village. Pour aider la future maman à réussir une délivrance rapide et sans trop de difficultés, la femme initiatrice du « loutéété » lui en fait manger. Mais lorsque l'enfant tarde à sortir, c'est l'initiatrice des « mifoundou » (accouchement lent et difficile) qui intervient. Elle lui apprête, loin des hommes et dans le strict secret, un remède constitué d'un mélange de « siinga ngoulou » brûlée, de « mpéémba » (chaux traditionnelle) et du « moungoua » (sel non encore utilisé). Elle le fait manger à la future maman. Enfin, lorsque ce mélange de « mifoundou » ne produit pas l'effet attendu, l'assistance conclut alors au « nsouza » qui contraint la future mère à donner publiquement le nombre exact de ses amants…

La naissance d'un enfant est l'occasion d'une danse spéciale, surtout lorsqu'il s'agit des jumeaux. En effet, le hasard étant exclu de la pensée Koongo/Laari, la naissance des jumeaux reste fortement liée à des incidences supra-naturelles. Alors, frères, sœurs et oncles du lignage, hommes et femmes du village exécutent à demi vêtus, dans l'obscurité de la nuit, les danses « yaala ntsiimba » (égayer les jumeaux). On danse et chante la bêtise sexuelle. On cite nommément l'appareil génital. On l'expose parfois. On vante la virilité sexuelle des parents géniteurs. « Les jumeaux requièrent non seulement des soins particuliers et une attention infaillible, mais aussi et surtout une rigueur de traitement d'égalité entre eux, dans tous les domaines ». À la moindre injustice, l'enfant désavantagé peut jeter un mauvais sort à ses parents ou à l'enfant avantagé, tout comme il peut décider d'en mourir…

Toutefois, le nouveau-né et la mère restent dans la case-cuisine qui devient pour la circonstance, « nzo maa ntsibouti » (la case de la femme qui vient d'avoir un bébé). Cette réclusion, de 2 à 4 mois, a pour but principal d'accorder enfin du repos à la maman qui ne s'occupe plus des activités domestiques. Alors, les solidarités féminines du lignage et du village se manifestent fortement. Toutes les femmes qui rendent visite à la maman et au bébé s'activent. Ici, une « sœur » s'occupe de la toilette du nouveau-né et le berce. Là, une autre villageoise puise l'eau de la case de l'enfant. Là encore, une autre en réchauffe une quantité pour les soins intimes de la maman. La grande maison, la case-cuisine et la cour sont nettoyées par d'autres femmes. Le déjeuner du mari est apprêté par une commère. Le bois et le manioc sont offerts à la case de l'enfant. Les hommes du village et le mari n'entrent pas dans cette case. La tradition Koongo/Laari déconseille au père de prendre dans ses bras robustes un être encore si fragile que le bébé. Cette case est aussi interdite aux femmes qui ont été avec leurs maris dans la nuit. Conscientes de leur « masoumou » (péché), ces femmes qui ont eu des rapports sexuels n'entrent dans la case de l'enfant qu'après s'être lavées sur tout le corps, sorte de purification.

« Maa ntsibouti » (femme venant de mettre au monde) se repose pour récupérer ses forces et mieux veiller sur son bébé. Elle devient potelée et très charmante. Son mari la désire follement, mais en vain. Les rapports sexuels sont prohibés tout comme les interdits observés pendant la grossesse sont maintenus.

Le système onomastique de la société traditionnelle Koongo/Laari affecte un seul nom à l'enfant.

La signification du nom se rapporte à une circonstance ou un événement ayant fortement marqué la vie des parents. À l'inverse du monde occidental où le nom précède la naissance proprement dite de l'enfant, les parents traditionnels Koongo/Laari le gardent hermétiquement pour eux… En principe, c'est le père qui en a le monopole, tout comme l'oncle ou la mère peuvent aussi le donner.

– C'est ainsi qu'un père, sous-estimé et critiqué par sa belle-famille qui le traite d'homme incapable, n'hésitera pas à donner le nom de « nzéingui » ou « zooba » (idiot) à son enfant ;

– Une mère qui, malgré les injures de sa belle-famille et les fouets que lui administre son mari, tient mordicus à son mariage qu'elle honore de sa présence et de son sang-froid, appelle son enfant « Miakatsindila » (qui sait tout supporter).

L'enfant peut porter aussi le nom d'un ancêtre. Mais en héritant d'un nom, l'individu n'hérite pas en même temps, des relations de consanguinité que ce nom supportait. Il n'y a pas, de ce fait, reprise de mêmes dénominations de parenté, mais seulement réemploi du vocable porté par le parent défunt. Dans la pratique du quotidien Koongo/Laari, il y a adjonction du nom patronymique :

– Ainsi, « Zéingui », fils de Malonga s'appelle-t-il « Zèingui dia Malonga » ;

– À l'inverse de l'Occident où le nom patronymique (en tant que nom propre) est commun à toute la famille, chez les Koongo/Laari le nom du père ne vient que préciser de qui l'enfant est le fils. Il ne détermine donc pas l'appartenance lignagère ;

– Dans certaines situations mêmes, le nom du père est remplacé par un sobriquet récapitulatif des événements ayant marqué la vie de l'individu.

C'est dans ce sens que « Samba dia Mayala » (Samba, fils de Mayala) ayant lutté pour tirer sa sœur des mains des sorciers du lignage a été surnommé « Samba Kouloukouti » (Samba a lutté)…

Un certain « Mabondzo maa Boloko » (Mabondzo, fils de Boloko) ayant le défaut de changer perpétuellement l'emplacement de sa demeure, était plus connu sous le pseudonyme de « Nzoo haa héémbo » (la case à l'épaule), c'est-à-dire quelqu'un qui est toujours en train de construire et de défaire sa case.

La signification de certains noms comme « Zooba » (qui manque d'intelligence) peut influer négativement sur la vie de leurs porteurs, tout comme elle peut aussi leur apporter le contraire des images onomastiques. La société traditionnelle Koongo/Laari n'a pas l'exclusivité de ce phénomène qui se pose aussi dans bien des pays. En France par exemple, certains noms comme « cocu » sont lourds à prononcer en public. Mais ce n'est pas pour autant que monsieur « Cocu » soit fait « cocu » par sa femme...

La fin de la réclusion de la mère et son bébé est marquée par une cérémonie dite « de sortie de l'enfant »... Quant à la sortie de l'enfant « fétiche », c'est-à-dire né grâce aux « maboondzo », elle est présidée par la gardienne du « boondzo » (fétiche)... À ce propos, un rituel mobilise tout le lignage, le village et les villages voisins. En cas de jumeaux, la sortie de la maman et ses nourrissons est une cérémonie grandiose faisant appel aux danseurs de la « bêtise » à connotation sexuelle [« yaala ntsiimba » (égayer les jumeaux)]... L'enfant conçu « sans problème » lui, sort sans trop de cérémonial....Si la fin de la réclusion permet à la maman d'accrocher son bébé sur le dos afin de consolider la charpente de son corps, elle ne lui permet aucunement de quitter définitivement la case-cuisine au profit de la grande maison conjugale. Parce qu'elles affaiblissent l'enfant, les relations sexuelles sont formellement déconseillées chez la femme qui allaite. Elles ne seront autorisées que lorsque l'enfant sera capable de :
— Porter un récipient d'au moins 2 litres d'eau ;
— Ramener un petit fagot de bois...

Pendant que « maa ntsibouti » pouponne, la grande maison du mari est occupée par la 2e épouse qui, en principe, ne tarde pas à tomber enceinte à son tour.

Institutions chargées de l'éducation et de l'intégration :

1. La famille : L'intégration verticale de l'enfant dans la lignée passe par l'éducation qu'il reçoit au sein de la cellule familiale.

Chez les Koongo/Laari, la famille est une nécessité pour chaque individu. C'est grâce à son éducation familiale que l'on reconnaît l'appartenance d'un être humain à un groupe social. Tout au long de la vie, en ce milieu, on note l'omniprésence des solidarités familiales. En effet, les membres d'une même « kaanda » (famille) sont toujours ensemble aussi bien dans les événements heureux (naissance, mariage, fête…) que dans les événements malheureux (maladie, décès…). C'est donc dans cette unité familiale très solidaire que l'enfant fait incontestablement ses premières expériences de la vie. Ce n'est pas un hasard si les Koongo/Laari souhaitent toujours se faire assister par un membre de famille partout où ils ont un avis à émettre ou à répondre d'une inconduite. En effet, loin de traduire un sentiment de dépendance à « l'autre », ce comportement suscite plutôt de l'admiration, car, deux voix valent plus qu'un homme et quatre yeux plus qu'une tête. Les premières relations de l'enfant au sein de sa famille ont une importance dans sa vie sociale et dans son développement intellectuel. La famille est un tout uni et indivisible. Son « chef » peut mourir, les solidarités lignagères ne disparaissent pas. Mais, personne n'est dupe sur la question. La famille a une double facette. Elle est aussi bien une cellule d'amour, de joie, de cohésion que de désillusions et de dissensions. La tradition Laari a fait l'amère expérience que, dans bien des cas, on est mieux assisté par un ami, un frère par alliance que par son propre frère ou sa propre sœur. Il n'est pas rarissime, en effet, que des frères ne s'assistent plus après diverses dissensions et que la parenté lointaine (amis, communauté villageoise…) soit omniprésente. C'est fort de cela que les Koongo/Laari n'hésitent pas à comparer la famille à un poisson ayant beaucoup d'arêtes. Les « arêtes » symbolisent les cas de jalousie entre frères, les bagarres entre parents de sang, l'ensemble des problèmes, des contradictions pouvant surgir au sein d'une famille. Toutefois, ce que l'on retiendra de la famille en général et particulièrement en milieu traditionnel Koongo/Laari, c'est sa grandeur d'âme qui fait d'elle un vieux ménage où l'on trouve toujours un heureux consensus après une chaude discussion ou une regrettable dispute. En effet, au sein de toutes les familles du monde, les contradictions ne manquent pas. L'essentiel pour chacune d'elles c'est d'arriver à les dépasser et à consolider les solidarités et les amours. La famille traditionnelle Koongo/Laari en est très consciente, et c'est grâce à cela qu'elle se divise très rarement. Elle sait laver le linge sale en son sein en toute confiance, se détériore difficilement, a le grand mérite d'être vaste et élastique. Comment en serait-il autrement lorsque l'on n'arrive au ciel qu'en y ayant été précédé par un membre de sa famille ?

Le « ciel » de cette expression est une faveur, un privilège dont on bénéficie d'un parent ou d'un ami. L'on comprend pourquoi la famille chez les Koongo/Laari c'est aussi « accorder des faveurs » aux autres membres ou en bénéficier de leur part. Mais là n'est pas l'essentiel dans le sens où le respect et l'amour qu'on porte à un membre de famille n'ont rien à voir avec les avantages que l'on en attend. Au sein de la famille Koongo/Laari, le « pauvre » et le « riche » ont droit aux mêmes égards...

Comme le chien qui reconnaît toujours « l'odeur » de son maître, l'enfant doit être reconnaissant envers ses parents et sa famille. Ce qui est normal du fait que l'on n'incise pas les fesses avec lesquelles on s'assied. En effet, s'il est bien vrai qu'il est difficile de s'asseoir après avoir incisé ses fesses, il n'est pas moins vrai qu'il est difficile pour un enfant bien « élevé » de désavouer ses parents et sa famille. L'enfant Koongo/Laari grandit tellement dans ce sentiment d'amour et de respect pour ses parents et sa famille que tout écart de conduite ou de langage n'est pas envisageable. Néanmoins, si d'aventures, l'enfant a des reproches à faire à ses parents, la tradition lui reconnaît ce droit, mais lui conseille de le faire avec beaucoup de déférence. Il est inconcevable qu'un enfant Koongo/Laari dénigre ses parents comme il n'est pas faisable non plus que l'on mange et dépose des excréments au même endroit. Si la nourriture est de bon goût, les excréments, eux, sont nauséabonds. En milieu traditionnel Koongo/Laari, l'impossible cohabitation entre « manger » et « déposer des excréments » a la même valeur culturelle que l'impossible ingratitude d'un enfant à l'encontre de ses parents. En fait, quels que soient les défauts de ses parents, l'enfant ne doit pas les désavouer. La seule attitude digne qui lui est conseillée, c'est l'attachement, l'assistance. Mais, de ce fait, l'on peut se demander s'il faut continuer de soutenir quelqu'un dont on sait qu'il a tort ou mal agi, ceci parce que c'est un parent ? N'est-ce pas là un aveuglément social susceptible de déranger l'esprit d'impartialité qui anime quelque part, la tradition Koongo/Laari ? Une telle réflexion ne peut être faite qu'en dehors de la société traditionnelle Koongo/Laari qui n'y trouve apparemment ni danger ni partialité. En effet, l'enfant doit être éduqué dans la stricte gratitude envers ses parents, et l'amour familial dont jouissent les Koongo/Laari y puise de son existence et de sa légitimité. L'enfant sait que c'est grâce à ses parents et à sa famille qu'il existe. Il n'est pas permis de critiquer un bienfaiteur. Les parents et la famille étant des bienfaiteurs pour l'enfant, il est légitime qu'il leur soit reconnaissant. Comment l'enfant oserait-il critiquer, accuser les parents qui l'ont soigné, nourri, habillé ? Le chasseur ne maudit pas le « piège » qui lui fournit du gibier. Mais, la tradition Laari n'est pas surprise par la probabilité de l'ingratitude de l'homme, car, bébé, il a dormi dans le giron de ses parents et y a mis ses malpropretés. Le port d'une couche par un bébé est un fait rarissime en milieu traditionnel Koongo/Laari. Il arrive très souvent que ses urines ou ses excréments soient directement déposés sur le morceau d'étoffe de la mère ou sur le morceau de raphia du père. Par cette réalité, la tradition attire l'attention des parents sur le fait que si le bébé, devenu une grande personne, observe une certaine ingratitude à leur égard, qu'ils ne s'en étonnent pas. Cela était prévisible dans la mesure où, encore tout petit, il manifestait déjà cette attitude par les malpropretés qu'il déposait dans le giron. C'est là une conception difficile à digérer quand on sait que tout individu à l'état de nourrisson n'a aucune conscience réelle de tout ce qui se passe sur son corps. Serait-ce alors une remise en cause du droit à l'éducation ? En vérité, cet enseignement ne stigmatise que l'ingratitude d'un enfant à l'encontre des parents qui l'ont porté et qui ont toléré ses malpropretés, ses erreurs, ses caprices.

2. Le groupe des pairs : C'est l'un des atouts de l'intégration horizontale de l'enfant dans la société de ses semblables.

Mais cette intégration ne sera profitable que si l'enfant choisit de bons petits camarades. Le groupe des pairs est le lieu privilégié où l'enfant découvre certaines choses pourtant nécessaires dans la formation de la personnalité et dans l'équilibre social, mais dont les parents refusent de lui parler, par « pudeur ». C'est l'exemple de la sexualité (objet « tabou » chez les Koongo/Laari), à laquelle on ne s'initie qu'auprès de ses pairs. Dans le groupe des pairs, l'enfant Koongo/Laari apprend aussi à contribuer à la nourriture familiale en tendant des pièges aux rats palmistes et aux oiseaux, ou en allant à la chasse et à la pêche. Ces parties de chasse ou de pêche, comme l'ensemble des activités de l'enfant en milieu traditionnel, ont un rôle éducatif. L'enfant apprend implicitement à connaître la nature et à développer son savoir-faire. L'éducation dans le groupe des pairs s'assimile à l'image que proposent les poules laissées en liberté dans le village. Il n'est pas rare d'observer à cet effet que, lorsqu'une poule trouve une sauterelle, tous les poulets se mettent à sa poursuite afin de découvrir de quoi il s'agit, qu'est-ce que « l'autre » vient d'attraper, est-ce possible d'en avoir une petite part. Ce qui n'est pas loin de la vie dans le groupe des pairs où les enfants se côtoient pour apprendre mutuellement.

3. « Mboongui » (aire publique) : Centre symbolique du village, le « mboongui » est une aire publique abritant aussi bien les conseils de famille que les délibérations d'utilité publique et le règlement des litiges…

C'est aussi et surtout un lieu d'amour où se retrouvent, le soir, autour du feu, tous les hommes du village. C'est là que chacun apporte son manger et son boire qu'il partage volontiers avec tout le monde. En effet, seule une dette impayée (c'est-à-dire une contradiction majeure) peut perturber la paix et l'amour des hommes fréquentant un même « mboongui ». C'est là que le garçon s'initie à la tradition et bénéficie de l'expérience des hommes. Pour ce faire, il prête attentivement l'oreille aux multiples sujets qui s'y discutent et qui, du reste, ne sont plus confidentiels…

C'est là, par exemple qu'il comprendra que l'ampleur de la charge des sœurs et des nièces au sein d'une famille, fait souvent l'objet de plusieurs ennuis aux dépens du frère (oncle). En effet, préoccupé par les problèmes de ses sœurs, il arrive que le frère soit surpris à jeun par la fin du jour. Pour éviter de telles mésaventures, les hommes du « mboongui » l'édifieront sur la question en lui conseillant de manger de très bon matin.

4. « **Chikoukou** » (case-cuisine) : en principe il y a, dans chaque « kibeelo » (quartier), autant de « case – cuisine » que d'épouses.

C'est dire que, pour la société traditionnelle Koongo/Laari, toutes les femmes du village ou du quartier ne peuvent se retrouver à un endroit unique comme les « hommes ». Et pour cause, le groupement entre femmes se termine toujours par des procès d'intentions. La femme est sujette à des discrédits, surtout dans le cas de la polygamie où les rivales ne se supportent que très difficilement…

Située dans un coin parallèle ou en biais à la grande maison du mari, la « case-cuisine » est un lieu réservé exclusivement à la femme.

C'est le cadeau de bienvenue au foyer conjugal que le mari offre à sa nouvelle épouse. Il l'a construite avec amour de ses propres mains et en assure les travaux de restauration. C'est là que la femme prépare le manioc, le manger de son mari et de ses enfants. Elle y range en toute quiétude ses effets personnels et ses outils. C'est là qu'elle prend ses repas et reçoit quelques commères. La jeune fille y apprend son triple rôle de sœur, d'épouse et de mère.

Toutefois, on observe de nos jours, une évolution des mentalités masculines qui semblent ne plus penser que la femme (l'épouse) ne devrait plus vivre dans des conditions d'asservissement total à l'homme (l'époux)…

Pour ce faire, dans bien des villages traditionnels Koongo/Laari, les femmes sont admises au « mboongui » des hommes pendant les conseils de famille, le règlement des litiges ou l'examen des problèmes d'utilité publique… Tout comme dans le cas de mariage monogamique, le mari, la femme et leurs enfants se retrouvent ensemble au « Mboongui » (aire publique)…

Objectifs de l'éducation

L'éducation traditionnelle Koongo/Laari a pour but d'aider l'enfant à devenir un « ngoula mountou » (personne de qualité), responsable dans la vie du matri-lignage et de celle de son foyer conjugal, reconnaissant envers le patri-lignage. Le « ngoula mountou » (personne de qualité), maîtrise les valeurs morales et culturelles Koongo/Laari, respecte scrupuleusement les traditions et s'adonne aux activités économiques propres à son groupe sexuel.

En d'autres termes, à l'âge adulte, le garçon traditionnel Koongo/Laari devra être capable de :
– Construire une case ;
– Se marier et fonder un foyer dont il a l'entière responsabilité ;

– Résoudre les problèmes qui se posent dans la vie courante ;
– Défendre la collectivité ;
– Exercer un métier, produire pour se nourrir et nourrir les siens ;
– Protéger les siens contre les intempéries et toutes sortes de menaces ;
– Respecter et pratiquer les coutumes et les traditions.

De son côté, la fille, à l'âge adulte, devra être capable de :
– Fabriquer du manioc ;
– Se marier, procréer et s'occuper des enfants ;
– Devoir respect et obéissance à son mari ;
– Produire pour se nourrir et nourrir les siens ;
– Respecter et pratiquer les coutumes et les traditions.

Initiation aux valeurs morales et culturelles

Pour façonner l'enfant à son image, la société traditionnelle Koongo/Laari lui inculque, d'une manière spontanée et occasionnelle, bien des valeurs morales et culturelles, entre autres :

1. l'Amour Familial, dont l'importance ne fait l'ombre d'aucun doute en ce milieu.

2. l'Amour pour le travail a une triple nécessité :
– L'effort personnel ;
– L'esprit d'équipe et de complémentarité ;
– La critique de la paresse.

Mais en fait, que serait une équipe sans l'effort de chacun de ses membres ? L'exemple de l'écureuil qui engage sa tête dans le collet pour prendre sa noix de palme est souvent cité aux enfants. À l'origine, le chasseur se sert d'une noix de palme qu'il met dans le collet (sorte de piège) pour attraper l'écureuil. Un effort est demandé implicitement à l'écureuil pour rentrer en possession de la noix de palme. En effet, si l'écureuil se contente de contempler la noix, il ne l'aura jamais.

Certes que l'écureuil n'est pas dupe. Il pressent le danger. Mais il lui faut cette noix pour subsister. Alors, faisant abstraction du danger, la tradition insiste sciemment sur l'effort que l'écureuil déploie pour accéder à la noix. La nécessité d'aimer le travail n'est pas à contredire dans ce milieu où tout le monde s'active et donne un exemple imitable de l'adolescent. À cet effet, l'adolescent ne devrait pas être fier parce que son village possède un grand troupeau de porcs, mais parce que, et seulement si, ces nombreux porcs lui appartiennent personnellement. C'est grâce au travail que l'on subvient aux besoins de sa femme et de ses enfants. Alors, la tradition ne laisse jamais passer une occasion pour faire comprendre à l'enfant que ce que l'on produit soi-même, avec ses propres forces, à la sueur de son front, rend plus heureux et plus fier que ce qui provient de quelqu'un d'autre, ou tout simplement du vol. L'exemple du lézard qui, pourchassé, court vite dans un trou qu'il a pris soin de creuser au préalable est riche d'enseignements. L'adolescent doit prendre cela en ligne de compte pour comprendre que seul l'amour pour le travail lui permet d'être libre, d'avoir un refuge, des réserves alimentaires, financières et vestimentaires. Pour faire comprendre l'importance de l'esprit d'équipe à l'adolescent, bien des adultes s'appuient sur l'exemple de deux chasseurs, car, « ce n'est qu'à deux qu'on fait bien les choses, l'un reconnaît la tête de l'antilope, l'autre en distingue les cornes ». À l'origine, il s'est agi de l'efficacité de deux chasseurs qui ont fait montre d'une complémentarité pour la reconnaissance du gibier qui s'est présenté à leur joug. L'avantage du travail d'équipe est conforme aux aspirations communautaires du milieu traditionnel Koongo/Laari. D'où l'existence du « zoola » (entente, coopérative) qui regroupe les hommes, les femmes et les enfants selon leur volonté, l'adhésion étant avant tout un désir personnel. Les membres du « zoola » s'organisent pour des travaux agricoles qu'ils exécutent ensemble, de la journée, dans le champ d'un(e) adhérent(e). Ils défrichent, désherbent, irriguent… Les travaux de « zoola » ont lieu par rotation (la plantation d'une camarade le premier jour, le jardin du voisin le deuxième jour). Les services du « zoola » sont gratuits pour les adhérents. Ils peuvent aussi être sollicités par des non-adhérents moyennant une certaine somme. Pour stigmatiser le risque d'erreurs d'un individu solitaire, les adultes insistent souvent sur l'exemple de « la rivière qui s'en allant seule a fini par faire des méandres ». En fait, c'est parce qu'elle n'avait personne pour la guider ou pour l'aider que la rivière a suivi un itinéraire tortueux. L'esprit d'équipe et de complémentarité n'est réalisable que si et seulement si chaque individu place l'intérêt général du groupe avant l'intérêt personnel. Le sacrifice dont fait montre le récolteur de vin de palme vient bien à propos... En effet, le « malafoutier » (récolteur de vin de palme) n'a jamais l'opportunité d'assister à la célébration des obsèques de sa mère (ou tout autre parent), tout simplement parce qu'il doit aller pendant ce temps récolter le vin qui se boira à la veillée mortuaire. Au bout du compte, la paresse est un danger que la tradition Koongo/Laari dénonce avec force. En effet, les Koongo/Laari s'attaquent au parasitisme familial dont fait montre tout individu qui refuse de travailler. Dans ce milieu, on n'hésite pas à assimiler le paresseux à un lépreux. La lèpre serait, selon les Koongo/Laari, un mauvais sort jeté sur la descendance d'un voleur. On rapporte, sur le sujet, que les ancêtres Koongo/Laari punissaient les voleurs par des « envoûtements » qui les rendaient lépreux. Ces pratiques sont proches de celles de « l'ipoumou » en milieu traditionnel « Mbochi » de la Cuvette Congolaise. « L'ipoumou » est un fétiche-gardien qui ne fait du mal qu'à toute personne qui s'introduit dans le champ d'autrui dans le but de voler. Si le violateur intente un procès contre le propriétaire du champ (et de « l'ipoumou ») en l'accusant de l'avoir ensorcelé, pour toute réponse, les « Mbochi » lui demandent :

Kouba okoya yo okouli ipoumou? (Tu n'es pas entré dans le champ comment as-tu été pris par « ipoumou »?)

Par ailleurs, les Koongo/Laari pensent que « *maamba ma hâana ka ma youkoutaaka ko* » (l'eau qui nous est offerte par un tiers n'apaise pas la soif)...

Le besoin de boire de l'eau étant permanent, on ne peut se contenter d'aller toujours en demander chez le voisin. Ce qui rejoint l'idée selon laquelle ce n'est pas en lui offrant du poisson chaque fois qu'il a faim qu'un père rend service à son enfant, mais plutôt en lui offrant un hameçon et en lui apprenant à pêcher...

S'il est nécessaire que chaque villageois sache puiser son eau afin de la boire à volonté, il n'est pas moins nécessaire que chaque individu sache travailler et aimer ce qu'il fait...Il est dévalorisant pour toute personne valide de rester les bras croisés pendant que tout le monde travaille.

À propos de la paresse, les adultes se réfèrent souvent à la mésaventure du putois qui attend en vain les larves du rhynchophorus *(nsoombé za kéla moubaaku)*.

On rapporte que le putois perd un temps incommensurable à attendre sortir du jeune palmier les larves du rhynchophorus. Les entendant siffler, le putois attend vainement leur sortie. Mais les larves ne sortent pas de leur retraite de cette manière-là. Il faut fendre le palmier pour les avoir. Hélas ! paresseux qu'il est, le putois ne peut le faire. Il rentre alors bredouille, sans avoir assouvi sa faim. Cette attitude s'observe aussi chez tout individu paresseux qui espère recevoir de quoi manger de la part d'un parent (parasitisme familial). Bien des fois, le paresseux se fait de faux espoirs, car son parent travailleur n'est pas dupe.

3. L'amitié : rien n'est définitif en amitié

Les plus grandes amitiés créées à base du profit s'écroulent avec fracas, seules les plus sincères survivent. Chez les Koongo/Laari, l'amitié est quelque chose qui dure aussi longtemps que possible. On ne change pas des amis comme l'on change les vêtements. L'ami est un appui, un complice, un confident. C'est à l'enfant de choisir ses amis, mais bien des fois les parents le guident. On lui cite souvent l'exemple de l'impossible cohabitation entre « l'œuf » et « la pierre ». La seconde finit toujours par casser le premier. C'est dire que l'enfant doit savoir choisir son groupe d'amis ; s'il ne prend garde, il sera « détruit » à l'instar de « l'œuf » qui est contraint de subsister dans la crainte perpétuelle d'un danger possible en provenance de « la pierre ». C'est dire que les mauvaises fréquentations représentent un danger pour l'enfant. On peut répliquer en disant que l'enfant n'est pas contraint par ses petits camarades à imiter les mauvais actes. Le monde est plein d'exemples où deux personnes amies ne partageant pas certaines idées, continuent, malgré tout, à se fréquenter. Ce qui peut signifier que la rigueur de la tradition Koongo/Laari n'a pas un sens social dans ce cas. Cela ne peut être vrai que dans les sociétés « industrielles » où l'enfant a plusieurs possibilités de choix dans la mesure où il a beaucoup de loisirs. Mais la société traditionnelle Koongo/Laari, elle, est un vase plus ou moins clos dans le sens où l'enfant reste en quelque sorte prisonnier de ses relations enfantines. Les seuls exemples qui lui permettent de se faire une place dans la société lui viennent surtout du groupe des pairs. Il est normal que l'enfant ne s'aperçoive pas dès le départ du « danger » qu'il court en fréquentant un voleur, par exemple, qui l'initierait assurément au vol ou un bandit qui l'introduirait dans les bagarres. Dans les situations conflictuelles au sein du groupe des pairs, la société traditionnelle Koongo/Laari déconseille le manque de maîtrise de soi. Les adultes disent souvent à l'enfant belliqueux, *« wa kouma laouki louaata nlélé »* (si tu poursuis un fou qui est nu, prends soin de t'habiller décemment).

En effet, si l'on n'est pas convenablement habillé et que l'on court après un fou qui est nu, pour les personnes qui observent la scène on est deux fous. C'est dire que si l'on traite quelqu'un de « lâche », il faut que l'on ait toutes les assurances pour prouver notre courage et notre force. Mais, comme la force et le courage sont très relatifs, la tradition Koongo/Laari suggère à l'enfant d'éviter de s'emporter inutilement, contrôler sa parole en apprenant à ne dire que ce qui est susceptible d'être dit et savoir se taire dans certaines situations. La société traditionnelle Koongo/Laari observe que la bouche émet des paroles qui peuvent ou plaire, intéresser l'interlocuteur ou le blesser, le provoquer. Le pied, lui, transporte sur le lieu de palabre, de querelle ou encore sur le lieu de joie, de plaisir, de réconciliation. C'est dire que l'on peut s'attirer de l'estime par la bouche (c'est-à-dire la parole) lorsque le destinataire du contenu de notre message s'en réjouit. Tout comme l'on peut s'attirer des ennuis lorsque ce que l'on dit est interprété par le récepteur, comme une provocation, une moquerie, une injure… L'on peut aussi s'attirer des ennuis en étant présent sur un lieu suspect. Savoir tenir sa langue est une valeur morale très usuelle chez les enfants Koongo/Laari. Pendant la période coloniale, cette attitude de silence a permis à bien des enfants de sauver leurs parents des sévices du « milicien » envoyé par l'Administration. En effet, le « milicien » n'épargnait ni les hommes qu'il fouettait ni les femmes qu'il violait devant les maris et les enfants. Pour ce faire, abandonnant leurs enfants au village, les hommes et les femmes, de peur de tomber entre les mains des miliciens qui sillonnaient la contrée de la journée en quête de la main-d'œuvre gratuite, allaient se cacher dans un endroit tenu secret. Toutefois, cet endroit était connu de l'aîné des enfants qui avait mission d'aller informer le père en cas de visite d'un ami, et de ne rien dire dans le cas du « milicien ». Lorsque les parents n'étaient pas convaincus du silence de cet aîné, ils emportaient tous les enfants dans la cachette.

4. La croyance en Dieu et le respect des morts : La mort étant sacrée chez les Koongo/Laari, le « défunt » est pardonné de toutes les erreurs commises de son vivant…

Toutes les dettes qu'il a contractées sont honorées par sa famille… La mort marque la réconciliation du *décédé* avec sa famille et sa réhabilitation dans le milieu : « *Foua ka séembo ko* » *(on ne fait pas de reproches à un mort)*.

Cela est vrai aussi pour le *« nzaambi aa mpoungou » (dieu des esprits des ancêtres)*, vénéré par les Koongo/Laari… Il y a un large consensus social quant à la croyance en la bonté du *« nzaambi aa mpoungou » (Dieu)* et, au fait que tout ce qui est mauvais en ce milieu ne peut émaner de lui, mais du **« ndooki »** *(sorcier)*, source des maux endurés par la société.

En fait, s'il est de mauvais aloi de vouloir s'insurger contre *« nzaambi aa mpoungou » (Dieu)* chez les Koongo/Laari, le *« ndooki » (sorcier)* jeteur de mauvais sort, lui, n'a point de répit. Des cabinets occultes de lutte contre les « sorciers » voient le jour dans chaque village du pays des Koongo/Laari.

En effet, c'est le fonds de commerce des *« ngaanga » (féticheur, marabout)* qui prétendent traquer le sorcier par leurs « gris-gris ». Il n'y a pas de hasard en milieu traditionnel Koongo/Laari. Si l'événement est bon, il est un don du *« nzaambi aa mpuungu » (Dieu des esprits des ancêtres)*. S'il est triste, il est un mauvais coup du « sorcier ». Alors, les « féticheurs » s'improvisent en généralistes multifonctionnels permettant la reconquête d'un amour perdu ou la rencontre avec la chance dans toute entreprise, conjurant le mauvais sort. Dans bien des cas, c'est le plus « âgé » du lignage qui est soupçonné de « sorcellerie »…

Il est important de noter, par ailleurs, qu'en ce milieu traditionnel Koongo/Laari, on observe l'omniprésence et la prééminence des Esprits des morts de la famille qui président partout et en tous lieux aux activités quotidiennes des membres du lignage, à leurs pensées, à l'ensemble de leur vie…

5. L'esprit de Justice

L'adolescent acquiert l'esprit de justice en assistant au règlement des litiges au *« mboongui » (aire publique)*, occasion tout indiquée pour l'émission et l'écoute de la substance éducative de la société traditionnelle Koongo/Laari. En fait, c'est dès l'enfance que la tradition prépare le jeune Koongo/Laari à être juste envers lui-même et envers les autres. Dès qu'il est capable de discriminer les notions de grandeur et de grosseur, ses parents lui laissent le privilège de répartir la nourriture entre les frères et les sœurs. Pour l'exhorter à plus d'équité, on l'invite à se servir en dernier car « *tsii yaayaana tsiiaa tsii kaabi* » *(c'est à celui qui procède au partage que revient la portion la plus petite).*

Dans la pratique du quotidien Koongo/Laari, l'esprit de justice est une valeur morale et culturelle qui est surtout exigée du « *Mfoumou Kaanda* » *(chef de lignage)* et/ou « *Mfoumou haata* » *(chef de village)* en tant que garant de la justice traditionnelle qu'il rend dans son « mboongui » (aire publique). De ce fait, lorsque les Koongo/Laari disent « *biaa tsaa ka nzoonzi kaa bi saasa ka ko* » *(ce qui a été tranché par le « juge » ne se renouvelle pas, ne se rejuge pas)*, ils font allusion à l'impartialité du « *Mfoumou* ».

Le contraire est lourd de conséquences, car, « *mouziingou mvoutoukila mou ntaa ndouazi* » *(il est dangereux de revenir sur une question réglée).*

Lorsqu'une question (c'est-à-dire une affaire, un litige) a été mal réglé(e), le « *Mfoumu* » en est fortement diminué, éclaboussé. Pour lui éviter la honte et l'humiliation, la tradition Koongo/Laari lui demande instamment (en tant « juge » et « régulateur social ») d'avoir une attitude d'équité. L'expression « *sémba diibou seemba mboua* » *(dénonce aussi bien le rôle du grelot que celui du chien)* est souvent transmise à l'adolescent. Elle traduit une réalité de chasse en milieu Koongo/Laari où l'on fixe un petit « *diibu* » *(grelot)* sur le chien (à hauteur du bassin). Cette pratique permet aux chasseurs de suivre les mouvements du gibier à partir des petits sons du grelot. Il arrive, malheureusement, que les chasseurs n'entendent plus ces sons.

Conséquences : le gibier s'en sort très bien et échappe aux fusils. Dans ce cas, le chasseur se trouve une excuse en prétextant que c'est à cause du grelot que le gibier lui a échappé. C'est là une erreur d'appréciation des causes d'une chasse bredouille. En effet, le chien qui semble être à l'abri des critiques n'en est pas si innocent comme le prétend le chasseur. Le chien aurait dû aboyer pour indiquer la direction prise par le gibier. C'est donc à juste titre que la tradition recommande au chasseur de savoir-faire la part des choses entre les responsabilités du grelot et celles du chien. Moralité, le « *Mfoumou* », en tant que troisième personnage d'une scène conflictuelle, doit être impartial. Ne pas prendre parti pour l'un des camps en dissension, mais plutôt savoir séparer, arbitrer, réconcilier. L'esprit d'équité recommande au « Juge » de savoir faire la part des choses, examiner chaque affaire sereinement afin de donner une suite convenable. La tradition Koongo/Laari insiste sur cette valeur en citant la pratique du « rhume et de la salive » qui empruntent des voies différentes, quand bien même ils sont émis, tous les deux, par le corps humain. L'esprit de justice exige que l'on traite chacun des belligérants suivant la responsabilité qui lui revient.

En fait, *« héé m'sounia ba siidi mbélé héé yiisi ba siidi nkaakoulou » (on applique le couteau sur le gigot de viande sans os et le couperet sur l'os)*. Si le couteau suffit pour couper la partie de viande sans os, celle avec os a besoin d'un couperet. Cette réalité va dans le sens de l'impartialité du jugement.

L'exemple de l'arbre et le bûcheron est aussi transmis à l'adolescent. La tradition Koongo/Laari demande à l'adolescent d'observer le bûcheron en train d'abattre un arbre. C'est toujours du côté où il se penche que cet arbre tombe. En effet, le bûcheron coupe l'arbre en creusant une entaille et, arrivé à un certain niveau, l'arbre se penche d'un côté (le plus souvent du côté inverse à l'entaille). Dans la majorité des cas, si l'on n'en modifie pas la trajectoire par une pression extérieure (exemple : tirer avec un câble), l'arbre s'écroule du côté où il se penche. Être impartial c'est savoir donner raison à « celui qui a

vraiment raison » et tort à « celui qui a vraiment tort ». Devant la « justice », tous les individus doivent être « égaux ». Les Koongo/Laari inculquent cette réalité universelle à l'adolescent en lui citant l'expression :
« *Saala mpoongo ni nséké* » *(quel que soit leur plumage, tous les passereaux sont égaux).*

C'est dire que l'on ne doit se laisser influencer ni par le plus fort ni par le plus faible. La mésaventure vécue par le putois est aussi contée à l'enfant :
« *Tsii dié mfouéngué tsii fouti moubakou* » *(c'est la fouine qui mange, mais c'est le putois qui en pâtit).*

À l'origine, une fouine qui vient d'attraper un poulet aux abords du village. Poursuivie par les villageois, elle prend promptement le large. On s'en prend alors au putois qui dort tranquillement dans un buisson. La tradition s'inspire de telles erreurs d'appréciation pour édifier l'adolescent sur la nécessité de chercher la vérité avant toute prise de décision. Être intègre, perspicace, repousser les pressions, mépriser ce qui avilit sont des qualités transmises à l'adolescent qui apprend de ce fait à confronter les parties adverses dans le seul but de rendre la justice avec le maximum d'équité. Par ailleurs, fidèle au débat contradictoire, la tradition Koongo/Laari met en garde l'adolescent contre l'excès de recherche de la vérité qui, « loin de permettre une équité dans le jugement », est susceptible de tout compromettre. Quelle est alors, dans ce cas, l'attitude à observer ? À quoi s'en tenir ? La mise en garde ci-dessus n'est pas contradictoire à l'idée que le « juge » doit faire des investigations sérieuses et approfondies pour découvrir la vérité dans un litige soumis à sa compétence. Elle ne décrit en fait, que la difficulté d'interprétation de la sagesse africaine, en fixant un certain cadre juridique, voire un seuil de tolérance. Cette mise en garde de la tradition Koongo/Laari recommande à l'adolescent d'éviter les débordements et de ne s'en tenir qu'au sujet faisant l'objet de débat. Il lui sied d'attaquer le mal par la racine en étant vigilant. Ainsi, les Koongo/Laari insistent-ils sur le fait que le mensonge peut aussi être porteur d'un détail susceptible d'éclairer un jugement. Les Koongo/Laari ne négligent rien. Et il n'est pas rarissime de placer l'adolescent dans la situation d'un chasseur qui, revenant de la forêt avec du gibier, rencontre une femme qui lui demande :

— Monsieur le chasseur, peux-tu avoir la gentillesse de me donner un petit gigot de ton gibier ?

— Non madame, ce gibier est à vendre !

— S'il te plaît monsieur le chasseur, donne-moi seulement ce tout petit morceau qui pendille là !

— Non, ce n'est pas possible madame, si tu le veux, tu achètes le gibier entier...

Le comportement de ce chasseur n'est pas de l'égoïsme, mais une attitude très conseillée. Les Koongo/Laari pensent qu'à l'instar d'un gibier à vendre qui n'est plus en « entier » lorsqu'on en retire un tout petit bout (une oreille par exemple), un jugement qui néglige un tout détail n'est pas impartial. Pour attirer l'attention de l'adolescent sur les conséquences du manque d'impartialité, les adultes Koongo/Laari lui commentent souvent l'expression suivante :

« Lou fouiila koua ti loumboué koua diaa baala ba nsousou ka koumba mpé baa ka diaa ka » (en protégeant les poussins, on a le défaut de ne vouloir surveiller que l'épervier tout en négligeant, hélas, les intrusions du serpent qui en mange aussi).

La tradition Koongo/Laari attire aussi l'attention de l'adolescent sur le fait que, dans bien des cas de justice rendue au « mboongui » (aire publique), l'individu qui s'évertue à nier est en vérité, celui qui a commis l'acte qui lui est reproché par son adversaire. Par ailleurs, il n'est pas rarissime d'entendre au cours d'une séance de justice traditionnelle :

« Loubassa kankala loubassa yooka » (dans un treillage on attache la première et la troisième lattes, on saute celle du milieu).

Cette expression accepte une double signification :
– Citée par un individu acculé par une « cour traditionnelle de justice » qui ne cesse de lui signifier tous les recoins de ses torts, cette expression est une prière. Elle s'adresse aux « juges » en leur demandant de ne pas tout exposer en public. Elle les supplie de ne pas examiner tous les points que l'accusé est censé reconnaître. Elle sollicite la clémence des juges, voire un peu d'injustice et de complicité en faveur de l'accusé.
– Citée par le « juge », cette expression est perçue par l'assistance comme un signe de sagesse. Elle avoisine alors l'adage français :

« *Toute vérité n'est pas bonne à dire* ».

En milieu traditionnel Koongo/Laari, encourager l'esprit de justice c'est, en d'autres termes, critiquer et dénoncer la magouille et la cupidité des juges. La magouille a une odeur aussi nauséabonde que l'haleine d'une dent « pourrie ». Il est impensable, en effet, qu'un juge soit impartial lorsqu'il accepte les petits cadeaux que lui offrent les justiciables (lui forçant ainsi la main). Est-ce possible de souffler sur le feu, la bouche pleine d'eau ?

« *Bou saa maamba mou moumounoua lemeese tiiya?* » *(Tu as la bouche remplie d'eau et tu prétends souffler sur le feu ?)*

L'eau qui remplit la bouche symbolise le cadeau accepté par le juge. S'il est bien vrai que l'on ne peut pas raviver le feu en soufflant avec une bouche pleine d'eau, il n'est pas moins vrai que le juge corrompu ne peut pas revendiquer l'impartialité. Dénoncer l'injustice, c'est savoir dire publiquement ce dont on souffre, le démontrer par un argumentaire solide, se libérer de la timidité et de la honte. Pour la sauvegarde de l'esprit de justice, la tradition conseille à « la cour » de savoir se dessaisir à temps d'une affaire qui dépasse ses compétences.

En effet, « *bouaazi fouéfoué m'leembo* » *(le doigt du lépreux ne guérit qu'en apparence).*

La lèpre est une maladie incurable en ce milieu. De ce fait, lorsque la tradition Koongo/Laari parle du doigt du lépreux qui ne guérit qu'en apparence, elle décrit à la fois un fait social réel (les plaies de la lèpre ne se dessèchent que momentanément pour se rouvrir ensuite) et la symbolique d'une affaire mal réglée (qui rebondit toujours parce que le prononcé de la cour a été manigancé).

À ce sujet, les Koongo/Laari édifient l'adolescent sur le fait que :

« *haa kaatouka diinou loudiimi koondo peele* » *(la langue sollicite toujours la partie de la cavité buccale où une dent vient d'être arrachée).*
C'est là un geste spontané, difficile à contenir. Une dent arrachée fait toujours très mal. Et la langue, en revenant de temps à autre à cet endroit, renouvelle plus le mal qu'elle ne l'atténue. Il va de même pour une affaire mal réglée dont les conclusions injustes reviennent toujours dans les pensées de l'individu victime. Dans bien des cas, ces personnes lésées cherchent à se venger pour rétablir la justice. Le « juge » corrompu en a toujours pour son compte. Les pays industrialisés sont, dans ce domaine, les plus tentés par des règlements de compte, parfois sanglants, entre d'anciens belligérants et le « juge ». En milieu traditionnel Koongo/Laari, les gens n'en viennent jamais à de tels extrêmes. D'ailleurs, les sages n'hésitent pas à réunir de nouveau les « adversaires » pour les amener à un consensus plutôt qu'à une haine fratricide. De ce fait, la « cour traditionnelle de justice Koongo/Laari » tient compte des retombées de la sentence. Elle prend toutes les dispositions pour éviter que son prononcé entraîne des conséquences plus regrettables que le litige central lui-même. C'est dire que l'initiation faite à l'adolescent lui permet de maîtriser, une fois aux responsabilités lignagères et/ou villageoises, tous les contours desdites retombées de la justice que la tradition lui demande de rendre.

Les Koong/Laari édifient fortement l'enfant sur l'indubitable réalité selon laquelle, « quelles que soient les précautions prises pour masquer une magouille, tout finit toujours par éclater au grand jour ».

6. La discrétion

C'est une valeur morale et culturelle qui se vit, chez les Koongo/Laari, comme une double volonté :
– Garder le secret ;
– Critiquer le mensonge.

Sur le sujet, on commente souvent l'expression :

« *kou ntaandou dzaaka ba dzaaka kou baanda ndzaaka ba ndzaaka bou biizi youla loubeembeemba yaandi ooti : yaaya mee ka nzeebi aa ko* » *(on entend des coups de cognées en amont et en aval, quand on demande au papillon ce qui se passe, il répond : je n'ai rien remarqué).*

La question n'a été posée au papillon qu'à la fin des coups de cognée. En réalité, il avait bien vu les gens qui coupaient les arbres. L'on comprend assez aisément que si le papillon a répondu qu'il n'a rien remarqué, c'est tout simplement parce que la tradition lui interdit de rapporter ce qu'il n'a pas mission d'observer pour son entourage. Les Koongo/Laari soulignent aussi que :

« *ntou nkoombo oua taala mou kweenda bikounkou* » *(la tête du cabri suit du regard là où l'on emporte les quartiers de son maître).*

À l'origine, un cabri abattu (donc mort), mais dont la tête bien que décapitée garde souvent ses yeux grand ouverts. Ce qui fait dire à la tradition que ses yeux observent silencieusement toutes les opérations de partage de butin qu'effectuent les hommes sur le corps du cabri. Cette tête regarde sans cligner chaque personne partir avec sa part de viande. Ce regard silencieux (qui en vérité n'en est pas un, l'animal étant mort, la tête ne peut continuer de voir) supposé de la tête du cabri symbolise un comportement de discrétion. À propos du partage de cette viande, dans bien des familles Koongo/Laari, on tue un cabri (ou un mouton, voire une chèvre) à l'occasion d'un événement important et que chaque membre du lignage en reçoit une portion.

L'exemple du *« chien qui ne se plaint à personne de ce qu'il endure » (miaa moona mboua miaa soukina kou ntiima)* est souvent commenté en milieu Koongo/Laari.

Est-il nécessaire de préciser que le chien est un animal domestique très sollicité, mais dont le sort n'a jamais été en sa faveur ?

En effet, c'est lui qui aide l'homme à chasser le gibier, mais on ne lui donne que des os. C'est lui qui veille sur le village, surtout la nuit (pendant que l'homme dort), mais on le fait dormir à la belle étoile (c'est-à-dire dehors). Lorsqu'il accompagne le récolteur de vin de palme, on ne lui en donne aucune goutte. Il ne se plaint pas de tout ce qu'il endure. Il en garde le secret et n'hésite pas à remuer sa queue, en signe de joie, chaque fois qu'il voit son maître. Cette attitude est très appréciée par les Koongo/Laari qui conseillent à l'adolescent de l'intérioriser. D'ailleurs, comment en serait-il autrement dans ce milieu où tout enfant qui ose dire du « mal » de ses parents s'expose à la colère des *« biiba » (esprits des ancêtres)* ?

En fait, la mère cultive chez l'enfant un sentiment permanent de crainte des esprits des morts qui frappent tout individu qui discrédite un parent géniteur. On lui conseille *« d'entendre par les oreilles et de garder dans le cœur » (maakoutu ni ouaa ntiima ni keela)*.

On apprécie aussi le comportement du « porteur » qui garde le secret des peines qu'il endure. Le degré de discrétion est tel qu'il avoisine une certaine résignation. En effet, par souci de garder le secret, on accepte de souffrir en se taisant. Bien entendu, il est clairement établi qu'en ce milieu traditionnel Koongo/Laari, la souffrance du « porteur », loin de susciter des conflits sociaux (conditions de travail, exploitation de l'homme par le capital...) comme dans les sociétés industrialisées, y est perçue comme un modèle de courage et de discrétion.

Tout adolescent traditionnel Koongo/Laari est censé observer que :

« *Koosi ka teelaaka mfoumou aandi ko* » *(la nuque ne prévient jamais son maître).*

En effet, lorsqu'un individu se déplace, c'est toujours devant lui qu'il regarde. Il ne voit donc pas ce qui se passe derrière lui. Il l'ignore. Son occiput le voit bien, mais ne lui en dit rien. Cette réalité conseille à l'adolescent de ne pas transmettre les médisances. Il doit savoir tenir sa langue, être discret.

Comment en serait-il autrement en ce milieu traditionnel où « *ce qui se passe au leemba ne doit jamais être divulgué en public ?* » *(miee kou leemba ka mi tehoo ko?* »)

Le « leemba » est un fétiche qui, pense-t-on chez les Koongo/Laari, permet de devenir matériellement, moralement et physiquement influent. L'initié est tenu d'observer le strict secret sur ce qu'il a vu, entendu, pratiqué au cours et sur les lieux de son initiation.

Le secret du Batéké (habitant des Plateaux, Congo-Brazzaville) qui, contrairement à l'interdit, a mangé du serpent *(m'teeke oua diaa niooka kiimbaalou kou nsiaa ntiima)* est un bel exemple pour l'adolescent Koongo/Laari.

On rapporte qu'il est formellement interdit à un Batéké de manger du serpent, alors que le Koongo/Laari lui, en est friand. Mais le Koongo/Laari et le Batéké se côtoyant de longue date, il n'est donc pas impossible que ce dernier en ait consommé à son tour. En fait, le Batéké bénéficie de l'hospitalité du Koongo/Laari qui demande toujours au nouveau venu de partager le repas avec lui.

Par courtoisie, le Batéké, en tant qu'invité du Koongo/Laari, ne peut pas demander à son hôte le contenu de l'assiette qu'il lui présente (le contraire étant perçu comme une injure).

Consciemment ou inconsciemment, le Batéké s'initie à manger du serpent. Et s'il en prend goût, il continuera à en consommer sans en dire un mot autour de lui.

Pour ce qui concerne le mensonge, les adultes n'hésitent pas à attirer l'attention de l'adolescent sur les embarras qui peuvent subvenir à partir d'un tout petit mot lâché par inadvertance ou un geste déplacé contre un petit camarade. Aucune personne ne peut se réjouir d'être traduite devant une cour pour répondre d'un mensonge.

La mésaventure de la pie est alors commentée à l'enfant : on rapporte en milieu traditionnel Koongo/Laari que les mensonges effrontés de la pie lui avaient toujours procuré la meilleure portion jusqu'au jour où elle tomba dans le panneau. C'est à l'adolescent qui pense être très rusé que s'adresse cet exemple. Est-ce à dire que la ruse n'est pas une qualité chez les Koongo/Laari ?

La tradition ne critique pas la ruse en tant que telle, mais plutôt son excès. En effet, on observe dans les groupes des pairs, l'existence parfois des petits malins qui se réjouissent d'avoir réussi à tromper un camarade en l'envoyant dans une situation dont ils connaissaient déjà la dangerosité. La tradition Koongo/Laari souligne par ailleurs à l'adolescent que *« la source du cours d'eau reste toujours au même endroit alors que ce que dit l'homme est susceptible de changement »*.
En d'autres termes, est-il possible pour un être humain de dire toujours la vérité partout et en tous lieux ?

Poser le problème dans le sens de toute la vérité ou non n'est pas une façon de bien percevoir la tradition Koongo/Laari qui veut tout simplement dire à l'adolescent que la pratique est différente et qu'il lui appartient d'apprécier la situation avant de décider entre la vérité et la non-vérité (en tant que bon mensonge).

C'est là un comportement qui prouve que la tradition Koongo/Laari ne forme pas des individus stéréotypés. Elle est capable de laisser une grande manœuvre d'appréciation à l'adolescent lui-même.

De ce fait, la mère demande toujours à l'enfant de ne jamais avoir honte de s'excuser auprès de ses petits camarades ou de revenir sur un propos mensonger qu'il aurait tenu auparavant. Il montrera ainsi, aux yeux de ses pairs, qu'il est nanti d'une bonne éducation. Tout comme elle lui conseille de se taire dans certaines situations.

En effet, *on peut vanter les exploits guerriers de son père, mais l'on ne peut parler de sa mère qui succombe au poison d'épreuve.*

Dans les temps très anciens, on faisait boire du « *nkaasa* » *(sorte de poison d'épreuve)* aux femmes et aux hommes à la suite d'un cas de décès ou de maladie d'un membre du lignage. On rapporte que ce « *nkaasa* » éliminait tous les individus « sorciers » et épargnait tous ceux qui n'avaient jamais adhéré à la sorcellerie.

Cette valeur culturelle et morale explique à l'adolescent qu'il y a dans la vie des choses qu'il peut dire et d'autres qu'il ne doit jamais raconter. En effet, les exploits guerriers ou de chasse d'un père peuvent être agréables à raconter, par contre, il est indécent pour un fils de rappeler publiquement comment sa mère avait été emportée par le poison d'épreuve.

7. **Le souci d'économie et d'épargne :** L'opinion veut que les Koongo/Laari soient un peuple économe *(peut-être trop économe !)*

Chez eux, aucune forme d'épargne ne saurait être aussi sûre que le « kiteemo » *(tontine, ristourne)* qui les met à l'abri des nécessités urgentes. C'est à juste titre que la tradition conseille à l'adolescent *qui n'a pas de sœur de s'associer à un* « *kiteemo* » *(wa leembo na boussi kaanga teemo).*

Quel est le rapport entre *la possession d'une sœur et l'association à une tontine* ?

Une sœur à marier est source de grands revenus, dans le sens où le mariage permet à la famille de recevoir une dot importante de la part du gendre. Ce qui fait l'affaire du frère de la femme. Il va de soi que, lorsqu'il n'a pas de sœur, le frère cherche d'autres sources de revenus (la plus sûre étant évidemment la tontine).

L'adhésion au *« kiteemo »* constitue aussi, pour le partenaire, la condition sine qua non de bénéficier d'un prêt. La tontine, dans ce cas, est une sécurité de remboursement pour le créancier.

Le *« kiteemo »* aide aussi l'épargnant lorsqu'il tombe en disgrâce ou lorsqu'il souffre d'une longue maladie, moment très difficile où les amis prennent des distances. En effet, la maladie l'empêchant de gagner encore un peu d'argent, et ses amis ayant pris leurs distances, l'épargnant ne peut se référer qu'aux sommes d'argent du *« kiteemo ».*

C'est dire qu'il est impossible, dans ce cas, de gagner deux fois. Tout le mérite revient alors à l'homme qui a su bien conserver ce qu'il a déjà acquis.

L'initiation à *la tontine* occupe une place importante dans la marche de l'adolescent vers *l'épargne et l'économie*. Les nécessités urgentes, comme le décès d'un membre de famille, sont des occasions offertes à l'adulte pour enseigner à suffisance l'adolescent sur l'intérêt à mettre de côté un peu d'argent, un peu de céréales, chaque fois qu'il en a suffisamment. Les périodes d'abondance ne se présentent pas régulièrement dans les terres de la société traditionnelle Koongo/Laari. Toutefois, c'est très tôt que l'enfant apprend à ne pas vider entièrement son assiette, car, « *pour être sûr de manger de très bon matin, il faut avoir pris la précaution de garder une partie de la nourriture du soir* » *(wa diaa paari mayeela nkokeela)*.

8. Le courage : C'est une valeur morale et culturelle très sollicitée en milieu Koongo/Laari où l'on pense que l'enfant en tant que père de famille ou mère au foyer en devenir en aura grandement besoin dans ses fonctions d'adulte.

Pour ce faire, la tradition lui conseille d'être courageux, à ne point se laisser impressionner par les menaces d'un adversaire ou les difficultés d'une tâche. Les adultes n'hésitent pas à lui faire observer l'image de l'eau chaude qui, loin de brûler, voire de détruire le linge, le nettoie davantage. L'image du linge dans l'eau chaude doit être perçue comme de fausses menaces. En effet, l'eau chaude comme telle est en réalité un danger pour l'homme qui ne peut y plonger avec autant d'aisance que le linge. C'est dire que l'individu doit oser parfois, braver le danger à l'image du linge qui n'a pas peur de l'eau chaude.

Être courageux, c'est cesser d'être timide. En effet, la timidité est un défaut en ce milieu où l'on conseille à l'adolescent de prendre place à côté de son prochain qui mange afin de manger avec lui.
Être courageux, c'est aussi être capable de dire, sans honte, ce dont on souffre, savoir crier et demander lorsqu'on est en difficulté. La tradition pense que l'enfant ne doit pas être timide, car le contraire ne forme pas des individus francs. La timidité bloque et dépersonnalise en ce sens que l'on ne dit plus ce que l'on pense réellement, mais ce que les autres voudraient entendre dire.

Ce qui est une forme de subordination à autrui, frisant l'hypocrisie. Il est établi, dans la vie, que l'individu qui sait poser des questions sur ce qu'il ne comprend pas, se forme, s'informe et s'instruit. Le plus « ignorant », en fait, n'est pas celui *« qui se dit ne pas comprendre quelque chose »*, mais bien celui *« qui se dit tout savoir »*.

Ainsi, celui qui sait demander le chemin ne s'égare jamais (quand bien même la bonne attitude serait, en matière d'apprentissage et d'éducation que l'individu cherche, tâtonne et découvre la route à suivre, la bonne voie en comptant avant tout sur lui-même).

Être courageux c'est aussi savoir revendiquer ses actes, récuser l'irresponsabilité et la lâcheté.

Être courageux, c'est savoir contourner la difficulté, ne pas céder au fatalisme. Pour ce faire, la tradition conseille à l'adolescent de *« ne pas regarder du côté d'où vient la fumée » (kou toukaaka mouiisi ka kou taalouaka ko)*.

En fait, lorsqu'on allume un feu de bois, il s'en dégage une grande fumée aveuglante (qui fait couler des larmes si on la regarde de face). Alors, pour pouvoir activer le feu, il faut souffler du côté inverse à celui où se dirige la fumée.

Par cette valeur culturelle et morale, la tradition fait remarquer à l'adolescent qu'il est parfois imprudent de braver la difficulté de face… Il faut plutôt la contourner pour mieux la résoudre. Dans ce cas, le courage cohabite avec une certaine intelligence.

Être courageux, c'est enfin savoir que le « courage » lui-même, en tant que « qualité » a des limites. Dans ce cas de figure, la tradition conseille à l'adolescent de prendre en compte l'exemple du lézard qui sait éviter à temps le serpent en se repliant sur lui-même. Les Koongo/Laari disent alors :

« Boongoua dziiookaa na ouu m'diaaka » (le lézard sait se sauver à temps, aussi ne risque-t-il pas de se faire dévorer).

La stratégie de repli du chien sert aussi de bel exemple pour l'adolescent. En fait,

« Mbouaa bou ka loolaa soukou koue mfoumou aandi » (quand le chien aboie, il met son séant en direction de son maître).

Le fait d'aboyer est inné chez le chien. Mais il faut reconnaître que tous les chiens n'aboient pas à l'approche d'une personne inconnue. Les Koongo/Laari pensent à cet effet qu'aboyer est un acte de courage de la part du chien. Le chien n'aboie pas sans stratégie de repli en cas de danger. Il aboie en fixant certes « l'ennemi » (personne qui s'en approche), mais prend la précaution de laisser de l'espace derrière lui afin de se replier dès que son courage ne suffit plus à contenir la situation. Et le fait de choisir la direction de son maître comme lieu de repli est un signe d'intelligence, quand même il donne l'occasion aux Koongo/Laari d'ironiser en prétextant que « le chien n'est courageux que lorsqu'il est près de son maître ».

Aussi bien dans le domaine du courage que dans celui de la poltronnerie, l'excès étant un danger, la tradition Koongo/Laari conseille à l'adolescent de s'en tenir à l'attitude très modeste de *« l'oiseau-mouche qui n'avale que des insectes à sa mesure » (ntiieetie ka miina loumboumbou mbiiki ka zaa biiri louo)* ou à l'exemple du *« pic vert dont le calibre du trou de sa retraite est à la mesure de sa grosseur » (bouneene boua kiingoongo bou neene boua n'noua).*

En effet, le pic vert (oiseau du genre de colibri) loge dans un trou qu'il creuse dans du bois mort. Le calibre ou la circonférence de ce trou est juste à la mesure du corps de l'oiseau. C'est dire que la tradition Koongo/Laari exhorte l'adolescent à agir selon ses possibilités.

9. La prudence : En milieu traditionnel Koongo/Laari on conseille souvent à l'adolescent de « *se panser le doigt avant qu'il ne se blesse* » *(kouaa loueele ko kaanga m'leembo).*

Cela peut paraître invraisemblable que la tradition Koongo/Laari puisse demander à l'enfant de panser son doigt avant de se blesser. En réalité, c'est là un langage qui avoisine l'expression française *« mieux vaut prévenir que guérir ».* C'est une manière de dire à son interlocuteur d'être prudent. Les parents Koongo/Laari saisissent toutes les occasions d'imprudence pour faire comprendre à l'adolescent qu'il a tout à gagner en faisant attention.

Ne pas être prudent est un défaut souvent expliqué à l'enfant par la mésaventure du *« caïman qui craint la pluie » (mvoula yaa tiina ngaandou).*

Il s'agit, en fait, d'un caïman qui, surpris par la pluie hors de l'eau (c'est-à-dire sur la terre ferme), se précipite dans le cours d'eau en quête d'un refuge.

On est tenté de trouver ce comportement « ridicule » dans la mesure où le caïman qui vit dans l'eau ne devrait pas avoir tant peur de se mouiller sur la terre ferme. Fait bizarre encore, c'est au fond du cours d'eau qu'il va chercher de se protéger contre l'eau de pluie. Est-ce à dire qu'il craint le froid sur la terre ferme ? Si c'est le cas, ce n'est pas en se réfugiant dans l'eau qu'il l'évitera vraiment.

Raisonner de la sorte ne peut que venir de quelqu'un qui ne perçoit pas la véritable valeur culturelle que véhicule le comportement de ce caïman.

En effet, on dit souvent que « *l'habitude est une seconde nature* » et « *l'on n'est mieux que chez soi* ».

Faudrait-il ajouter que « *les changements, mêmes les plus souhaités ont leur mélancolie* » ? pour faire saisir la substance éducative de la tradition Koongo/Laari contenue dans cette situation qui, en réalité, met en exergue l'intelligence, ou mieux la prudence dont fait montre le caïman ?

Le caïman vit dans un cours d'eau, c'est là chez lui, où il est en sécurité. C'est dire que la terre ferme est pour lui un lieu étranger d'où il ne peut maîtriser ni les arbres qui tombent sous la pluie ni l'intrusion possible des chasseurs qui peuvent le neutraliser.

La démarche du caïman est de la prudence...

Elle permet une marge de manœuvre assez suffisante à tout individu qui en est porteur. Et, il n'est pas rare d'observer en pays traditionnel Koongo/Laari, des cas où la prudence permet de triompher sur des gens mieux nantis que soi, à l'image du « *mauvais safoutier qui donne ses fruits avant la saison* » *(nsaafou nsaa teekiila mu loomba)*.

On rapporte que le safoutier (comparable au prunier), dont les fruits ne sont pas bons, fleurit toujours avant la saison afin que son produit soit consommé (parce que vendu bien avant les fruits des bons safoutiers). C'est là, un exemple de prudence qui s'assimile même à la prévoyance.

10. L'hospitalité : En milieu traditionnel Koongo/Laari, il est rarissime qu'un visiteur reparte d'un village sans avoir mis quelque chose sous la dent.

En effet, la première pensée du Koongo/Laari pour son hôte va toujours à l'entretien du ventre de ce dernier. Le visiteur est, pour la tradition, quelqu'un de sacré dont le séjour doit être agréable...

Pour ce faire, on lui libère volontiers la case et le lit, on lui cuisine un bon repas. Malheureusement, il y a, en ce milieu (comme dans toutes les sociétés du monde) des individus qui profitent de cet esprit hospitalier pour s'arroger des avantages ou des services. Il va de soi que de telles personnes fassent l'objet d'une critique très ouverte. À cet effet, les Koongo/Laari précisent à l'adolescent :

« *Nzaou ka ziingila kou saangi maadia ka moueeni kouna* » *(si l'éléphant s'attarde dans la forêt, c'est qu'il y a trouvé sa pâture).*

C'est dire que l'enfant en est clairement averti dans le sens où la tradition lui conseille de ne pas oublier, sous le prétexte que tout doit revenir avant tout au visiteur, de se nourrir lui-même et de nourrir sa famille.

11. La patience : Pour introduire la fille à la patience, la mère Koongo/Laari se réfère, entre autres, au caméléon : « *moueendo loungoueenia maleembe maleembe* » *(aller lentement mais sûrement est le secret du caméléon).*

Elle lui fait observer concrètement la lenteur avec laquelle le caméléon se déplace, insiste sur sa patience (voire sa persévérance) pour arriver au but.

Elle ajoute, entre autres, « *loungoueenia ka yeenda koongo fwiiki ka sa* » *(tout lent qu'il soit, le caméléon est arrivé au Congo grâce à sa patience)* avant d'en conclure qu'il est imprudent de vouloir forcer son talent, réussir très vite ou s'enrichir en un temps record.

En réalité, la mère Koongo/Laari fait allusion aux migrations des caméléons qui jadis, partis de « Kongo dia Ntooteela », au même moment que les populations « Koongo/Laari » sont arrivés, malgré la lenteur de leur marche en République du Congo, plus précisément dans le Pool, en pays « Koongo/Laari »…

Peu importe le temps qu'ils ont mis pour arriver à leurs fins. L'essentiel est d'avoir réalisé leur projet…

En milieu traditionnel Koongo/Laari, l'exemple du caméléon permet de faire saisir à la fille (surtout) l'importance de la patience dans toute entreprise. Elle a tout à gagner en étant patiente, car, à l'image du caméléon, *« tout effort, aussi minime soit-il, aboutit toujours à un résultat » (zeengeele zeengeele ka bouti ko tsioo bouti)*…

L'impatience ne profite qu'à l'échec. La mésaventure de la perdrix édifie l'adolescente (surtout) :

« Ngoumbi ya yaangui ka yi teetaa ka meeki ko » (une perdrix impatiente ne parvient jamais à éclore ses œufs).

On rapporte en milieu traditionnel Koongo/Laari l'histoire d'une perdrix qui se serait insurgée contre la nature. En effet, au lieu de couvrir ses œufs (surtout le matin quand il fait très froid à cause de la rosée), la perdrix n'a pas eu suffisamment de patience pour attendre la fin de la rosée. Impatiente, elle les a abandonnés pour aller paître dans la vallée. Ainsi exposés au froid, les œufs se sont abîmés. Ils sont devenus impropres à l'éclosion…

Pour introduire le garçon à la patience, le Père s'appuie, entre autres, sur l'extraction des larves du rhynchophorus. En fait, *« oua leeba nsoombe nieekeesa nleembo » (si tu veux extraire en entier la larve du rynchophorus, ne raidis pas les doigts).*

On rapporte, sur le sujet, que l'on risque d'écraser la larve si l'on est pressé, si l'on se montre brutal, si l'on raidit les doigts… Les larves du rynchophorus sont un aliment dont les Koongo/Laari sont très friands.

Tout comme il lui fait observer *« le temps qu'il faut aux champignons pour pousser sur un palmier récemment abattu »* (baa mou kouee bouee bouloundou ni mou koue meene).

Un vieux palmier abattu finit toujours, dans sa décomposition, par donner des champignons comestibles appelés *« bouloundou »*. Mais, il faut un temps assez long de décomposition pour que le palmier les fournisse. C'est dire que *« si tu sollicites de l'aide, sois patient »* (oua yiinga saa fouki).

En effet, la patience est nécessaire lorsque l'on sollicite le concours d'un ami ou d'un parent. Le comportement d'impatience fait tout perdre. Demander de l'aide à quelqu'un est une démarche naturelle de bon voisinage, mais, le faire en exerçant une pression terrible sur lui, c'est la voir se solder par un refus catégorique.

12. La solidarité n'est pas un vain mot en milieu traditionnel Koongo/Laari où on ne laisse jamais quelqu'un seul dans la souffrance.

Aucun Koongo/Laari ne s'estime suffisamment riche pour se dispenser de l'assistance d'autrui. La richesse matérielle ou financière ne peut, en aucun cas, être une cause d'indifférence en ce milieu traditionnel où le monde estime que le plus riche c'est le chef de famille (et/ou chef du village).

La portée de la substance éducative contenue dans le concept « riche » (en tant que quelqu'un ayant beaucoup d'argent ou de biens matériels) s'explique par la réalité sociale selon laquelle aucune personne riche n'est en mesure de faire sa propre toilette mortuaire (après son propre décès). Ce sont les membres de la famille, ou les amis (ou encore les pompes funèbres, mais c'est là une pratique moderne) qui s'en occupent.

Le décès est une marque d'assistance qui rétablit la dépendance de tout être humain à l'autre. C'est fort possible que cette dépendance « archaïque » à autrui, légitime dans un sens les solidarités en milieu Koongo/Laari où l'on ne manque pas de choisir (au-delà des contradictions éphémères que la mémoire et la conscience collectives ne peuvent s'empêcher de porter dans leurs registres) une situation consensuelle avec « l'autre », en tant que « traiteur » du corps du premier « appelé » de la mort, car *« on ne sait pas qui mourra en premier » (koulu tooko foua yaandi ka zaabakane)*.

Être solidaire, c'est voler rapidement au secours de sa famille. La tradition Koongo/Laari exige que tous les membres du lignage participent matériellement et moralement à la célébration des obsèques d'un des leurs.

En milieu traditionnel Koongo/Laari, la solidarité se manifeste partout et en tous lieux où l'apport de « l'autre » s'avère nécessaire pour la résolution d'un problème ou l'émission d'une directive.

C'est dans ce sens par exemple que le « malade » est veillé à tour de rôle par tous les membres de la famille en âge de lui être utiles. Chaque matin, c'est celui qui a passé la nuit à ses côtés qui informe les autres sur son état de santé.

Être solidaire, c'est ne pas être hypocrite c'est-à-dire tendre la main à quelqu'un malgré soi, *« lui sourire en se limitant aux dents » (nsaayi ya meeno)*. La tradition Koongo/Laari pense que les individus qui, en leur for intérieur, se réjouissent des infortunes des autres tout en feignant de s'y associer, par routine sociale, ne sont en réalité que des

« faux amis » dont le comportement avoisine *« le cancrelat qui ronge tout en soufflant sur la plaie pour passer inaperçu »* *(mpeese kou dia kou foula mweela)*

En milieu traditionnel Koongo/Laari, la « plaie » bénéficie rarement d'un pansement. De la journée, elle est alors exposée aux mouches. Et, de la nuit, ce sont les cancrelats qui en lèchent le pus en douceur. Ils nettoient tellement la plaie à fond qu'ils la creusent de plus belle. Le cancrelat, en débarrassant la plaie de son pus, semble bien agir, mais en réalité, la toilette abusive qui s'en suit se traduisant par « l'élargissement » de la plaie avoisine l'hypocrisie d'un faux ami qui feint d'assister un collègue tout en se réjouissant de ses infortunes. L'adolescent Koongo/Laari en est fortement édifié.

13. La critique de l'orgueil : Les parents s'attaquent à l'orgueil dès que l'adolescent(e) commence à *« se donner des airs d'ancien aux cheveux blancs après un petit succès »* *(kibaaki m'tou na mvou)*.

Ils n'hésitent pas à assimiler l'orgueilleux à *« une tige d'herbe qui se dit arbre »* *(mouiinga m'tii oua koola)*.

Ils lui font souvent remarquer que *« si se vanter c'est être riche, il faut alors conclure que s'étirer c'est être grand »* *(baanzaakaasa ni baaka mbooko kaandouka ntsieeti ni m'teela)*.

Il coûte d'être orgueilleux, car, dans bien des cas, on est obligé de forcer son talent.

L'exemple du *« pet forcé qui entraîne les excréments »* *(nkoussi keema mou naa toua touvi)* est alors commenté à l'adolescent. En effet, s'il est vrai que le pet forcé suscite l'envie d'aller faire des selles, il n'est pas moins vrai que l'on s'expose à bien des surprises désagréables lorsque, par orgueil, on s'engage dans une situation que le bon sens aurait déconseillée.

La modestie exigée du batteur de tam-tam va dans le même sens. À l'origine, un « *malaki* » (fête familiale) où un batteur de tam-tam s'exécute avec orgueil. Choquée par cette attitude, la tradition lui fait remarquer qu'il n'y a pas de quoi faire de la fanfaronnade. Il n'est pas seul à bien maîtriser cet instrument. Il y a certainement, parmi les gens qui l'assistent ou qui dansent, des personnes sachant battre autant que lui le tam-tam, si ce n'est encore mieux.

14. L'obéissance : C'est une des premières valeurs morales et culturelles que la mère inculque à l'enfant.

En effet, à longueur de journée, elle ne cesse de lui dire *« baa kou loonga loongakana baa kou touma toumakana » (si on te donne un conseil, écoute-le attentivement, si on te demande un petit service exécute-toi promptement).*

Chez les Koongo/Laari, les enfants remplissent les fonctions de messagers. À ce sujet, deux attitudes sont observables chez l'adolescent :
– Envoyé habituellement en commission le matin, l'adolescent se lève du lit avec peine et rage pour répondre à l'appel de l'adulte.
– Sachant que lorsque la nuit tombe l'adulte ne peut plus l'envoyer en commission loin du village, l'enfant répond avec empressement lorsqu'on l'appelle. Il sait que cette fois, on l'appelle pour manger.

Mais, attention, avertit la tradition, aussi bien le matin que le soir, l'enfant ne doit pas se faire prier pour s'exécuter. En effet, à l'instar du serpent qui ne mord pas plusieurs fois, un seul appel doit suffire, la tradition ne permettant ni à l'adulte de se répéter, ni à l'enfant de rester sourd. Il est impensable, en milieu traditionnel Koongo/Laari, qu'un serpent morde deux fois le même individu sans que cela soit une manigance mystique... Dans ce cas, l'ordre que le serpent exécute lui serait donné par le sorcier qui, par ce biais, jetterait un mauvais sort sur sa victime. Toutefois, la tradition Koongo/Laari s'érige en faux contre l'obéissance aveugle, car « *c'est sur l'enfant obéissant que retombent tous les torts* » *(mouana bouleenvo mou touila m'saanga).*

Être obéissant, c'est aussi savoir discriminer, refuser d'exécuter une mission dont on est censé saisir le danger ou l'impossibilité. Ne pas le savoir, c'est s'exposer à bien des problèmes que la désobéissance aurait permis d'éviter. Ce qui, une fois encore, rejoint l'idée que la tradition Koongo/Laari n'est pas totalement ancrée dans des conceptions sociales où l'enfant doit obéir aveuglément et subir l'autorité de l'adulte.

En effet, elle laisse à l'enfant une marge importante de liberté de choix entre « obéir » à l'adulte lorsque la cause est bonne et lui « désobéir » lorsque la mission est suspecte et indélicate. C'est là une conception de l'obéissance de l'enfant à l'endroit de l'adulte qui n'est pas loin de celle des membres plus jeunes à l'endroit des membres plus âgés au sein d'une famille moderne.

Par ailleurs, l'impossible double morsure du serpent sur la même victime en l'espace de quelques minutes, s'expliquerait tout simplement par le fait qu'une telle erreur condamnerait, non pas sa victime, mais le Serpent lui-même, car il se réinjecterait par inadvertance son propre venin...

15. La lutte contre le vol : La mère Koongo/Laari s'attaque à l'esprit de vol chez l'enfant dès qu'elle le surprend sur le point de goûter à la sauce de la marmite encore bouillante sur le feu.

Bien entendu, il est interdit à l'enfant de prendre quoi que ce soit sans en avoir demandé la permission à sa mère. C'est pour cela qu'elle n'hésite pas à lui administrer une petite fessée. La mère fait saisir à l'enfant que tout ce qu'il verra, contemplera ne doit être ni convoité, ni dérobé par lui. Le contraire sera toujours sanctionné avec la même rigueur. Si l'enfant comprend cette réalité, alors seulement, il pourra regarder ce qui appartient à son voisin sans qu'il ait l'intention de le lui voler, ou montrer à son petit camarade ce qui lui appartient sans prêter des intentions de vol à l'autre.

Mais, attention, poursuit la tradition Koongo/Laari, l'enfant ne doit jamais avoir le défaut de se débattre chaque fois qu'il sera pris la main dans le sac en prétextant qu'il allait simplement examiner l'objet du délit (qu'il voulait regarder, mais pas voler).

Par extrapolation, la tradition Koongo/Laari, trouve ridicule tout individu qui, surpris dans les broussailles, les fesses à découvert, nie son intention d'y déposer des excréments. Cela avoisine le comportement d'un enfant qui, surpris par sa mère devant une marmite bouillante ou non dont il a déjà retiré le couvercle, s'évertue à réfuter l'évidence d'un vol.

Dans son éducation de l'enfant, la tradition Koongo/Laari ne tolère aucune tentative de vol. Elle réprime sévèrement tout ce qui peut laisser l'adolescent s'orienter vers cette mauvaise direction. Le dicton français « qui vole un œuf volera un bœuf » ne laisse pas insensible la tradition Koongo/Laari qui n'hésite pas à faire des reproches publics à l'enfant « voleur », car, une fois confondu devant tous ses petits camarades, ce dernier a de fortes probabilités de ne pas récidiver.

Éducation de l'individu selon le sexe

– Éducation en vue du mariage : La fille et le garçon la reçoivent séparément.

– **Le garçon :** dans la tradition Koongo/Laari, le mariage pour l'adolescent, est à la fois le moyen d'accomplir la mission de procréation et le passeport d'accès au statut social des adultes.

C'est aussi un signe de richesse dans le sens où l'homme qui n'a pas de femme est « pauvre » alors que le marié est « riche ». Il ne s'agit pas forcément des richesses matérielles et financières. En fait, en milieu traditionnel Koongo/Laari, la femme a l'obligation de fournir à son mari, le bois du « mboongui » (aire publique), le manioc, l'eau pour les ablutions. Elle lave à la main les vêtements du mari, fait le ménage dans la grande maison conjugale, entretient la cour et prépare à manger. Elle est aussi son objet de plaisir. À l'inverse, le célibataire en est complètement démuni. Et l'on n'est pas surpris le soir au « mboongui », de voir le célibataire lever sans cesse ses yeux vers le manioc apporté par le « marié ». D'ailleurs, en contrepartie, la communauté masculine des « mariés » lui demande d'aller chercher le bois de l'aire publique. Quel que soit son âge biologique, le célibataire est soumis à l'autorité des hommes « mariés ». D'où l'importance du mariage en milieu traditionnel Koongo/Laari.

– Choix de la femme (épouse) : La tradition Koongo/Laari conseille de choisir sa compagne en fonction de la conduite de ses parents (la mère surtout) dans la collectivité et dans les travaux des champs.

Une fille ayant grandi auprès d'une mère polie, sensible à l'appel des siens et travailleuse, capable de recevoir, conserver et fructifier, a tout ce qu'il faut pour être une épouse parfaite. La beauté n'influe pas sur le choix d'une épouse, quand bien même les Koongo/Laari n'en restent pas insensibles pour autant. La beauté, nuance-t-on en milieu Koongo/Laari, ne doit pas être le critère essentiel du choix d'une épouse. En fait, un tel choix n'attire que des ennuis : *« oua mana kouela nkeento oua voula tooma weele koueela ntou angoulou » (on prenant une belle femme en mariage, on épouse la tête de porc).*

Jadis, le mari cocu recevait en guise de dommages et intérêts une somme d'argent qu'il gardait, un porc vivant qu'il abattait et partageait avec les membres de la cour. La tête de l'animal lui revenait de droit.

Ironisant sur ce malheureux sort de l'époux cocu, les Koongo/Laari le « marient » à une tête de porc.

À propos de l'adultère, le milieu traditionnel Koongo/Laari manifeste, dans la majorité des cas, une indulgence en la matière à l'endroit de la femme. Chacun sait qu'en épousant une jeune belle femme, on s'engage implicitement à être indulgent à son égard et à l'égard de ses amoureux. La tradition reconnaît que la beauté de la femme est un objet de convoitise. Par ailleurs, avertit-on, le jeune marié doit avoir du cœur pour supporter les sautes d'humeur de sa belle épouse. On n'hésite pas à comparer la convoitise dont elle fait l'objet aux bousculades que suscitait jadis l'obtention de la célébration des obsèques d'un grand homme. À l'origine, une pratique ancestrale qui consistait à trafiquer les cadavres dans le seul but de leur réserver des obsèques avec faste. En effet, les décès étant rarissimes dans les familles au temps jadis, le chef qui voulait organiser un *« malaki » (fête familiale* ayant lieu après observation d'un deuil des suites d'un décès d'un membre de famille) devait aller emprunter le cadavre dans un lignage voisin avec l'engagement de lui réserver des obsèques décentes... Et, compte tenu du fait qu'il y avait peu de cadavres, mais beaucoup de demandes, les chefs de famille se ruaient à l'obtention de la célébration des obsèques du cadavre présent. Lorsqu'il s'agissait de la dépouille d'un grand homme, le lignage emprunteur avait tout pour son honneur et son prestige, car à cadavre d'homme important ou influent, fête familiale de grande affluence. En comparaison à la jeune fille belle, les prétendants n'hésitaient pas, en ce temps-là, à entretuer pour obtenir sa main.

Sur le sujet, reprécisons qu'en milieu Koongo/Laari la femme n'est pas choisie parce qu'elle est belle ou jeune ou encore grasse. Elle l'est parce qu'elle est capable de fournir régulièrement du manioc à son époux. La fécondité pèse aussi sur les critères de choix d'une épouse. En effet, la femme Koongo/Laari doit, non seulement travailler, mais aussi et surtout recevoir, conserver, fructifier la semence reçue de son épouse (c'est-à-dire tomber enceinte)

– Confiance : L'homme traditionnel Koongo/Laari vit en principe avec beaucoup de méfiance à l'encontre de sa femme.

Ce sentiment qu'on ne peut, en aucune façon, assimilé à la misogynie, est légitimé par le fait que la tradition exige que la femme confie plutôt à son frère qu'à son mari les sommes d'argent qu'elle tire de la vente du fruit de son travail champêtre. S'il est dans le besoin, le frère peut en disposer librement alors que le mari doit en emprunter. De ce fait, si la femme fait tout garder par son frère, pourquoi l'homme doit lui montrer sa cachette ? À cet effet, bien des maris Laari ont une cachette inconnue de leurs épouses, car *« bakala foueeni baa na kihoumounou »* *(l'homme doit avoir des secrets)*.

C'est dire que, se confier à la femme, c'est s'attendre à voir ses secrets divulgués. En fait, selon les Koongo/Laari, une femme à qui l'on confie un secret ressemble à un serpent dont le tube digestif ne cache pas le contenu de tout ce qu'il vient d'avaler.

Selon la société traditionnelle Koongo/Laari, la méfiance de l'homme à l'encontre de son épouse peut s'expliquer aussi par le fait que la femme est versatile et parjure. Elle oublie ses premiers engagements devant de nouvelles offres.

C'est peut-être cela qui explique en partie la légèreté chez les femmes qui trompent leurs maris. Fort de cela, la tradition demande à l'homme d'être vigilant sur les cadeaux que son épouse fait autour d'elle, car rien n'est gratuit chez elle. Un cadeau fait par une femme à un homme cache toujours une intention implicite plus profonde. Si la femme n'en attend rien en retour, c'est que ce cadeau n'est qu'une manifestation d'un désir, d'une envie, d'un sentiment. C'est pour cela d'ailleurs qu'on en conclut qu'une femme qui fait un cadeau à un homme qui n'est ni son frère, ni son oncle, le fait parce qu'elle est sa maîtresse ou tend à le devenir.

Le jeune adolescent est édifié sur la dangerosité de la femme mère. En effet, lorsqu'elle a un enfant, la femme se permet tout auprès de son mari. Elle prétexte que le bébé a besoin de ceci ou cela, alors qu'en réalité c'est elle-même qui en raffole. Il n'est pas rare d'observer des femmes qui s'emparent de grosses portions de viande au nom de l'enfant qu'elles nourrissent.

– Autorité : Un adage Koongo/Laari stipule *« mbeende mouyookolo toutou mounga nzoo »* *(le rat des prés est en visite alors que la souris est chez elle)*.

Dans le pays des Koongo/Laari, les rats et les souris pullulent. La souris aime creuser des trous dans l'habitation de l'homme. C'est dans ces trous qu'elle vit. Elle en sort ponctuellement pour se ravitailler à la surface. Il arrive cependant que le rat des prés vienne faire des tours dans la case de l'homme.

À la question de savoir lequel du rat des prés et de la souris connaît mieux l'habitation de l'homme, et de ce fait a le droit d'y régner, les Koongo/Laari précisent que c'est bien la souris. Elle y vit, alors que le rat des près lui, n'est qu'un visiteur, donc quelqu'un qui est de passage. Ces explications décrivent assez clairement la patrilocalité du mariage et l'autorité du mari, propriétaire de la case (c'est-à-dire la souris) sur la femme (c'est-à-dire le rat des prés) qui n'y habite que parce qu'elle est en contrat avec l'homme.

Le mari est libre de la répudier quand il veut. Ce qui est, d'ailleurs, conforme aux réalités traditionnelles Koongo/Laari où l'homme a toujours eu le dessus sur la femme. Mais cette autorité de l'homme sur la femme et les enfants ne semble pas être un comportement exclusif aux Koongo/Laari.

En effet, dans bien des sociétés, même celles qui se disent « modernes et civilisées », les pratiques sociales ne laissent pas des pouvoirs identiques entre l'homme et la femme. Et lorsque les Koongo/Laari décident que l'homme soit le responsable du foyer conjugal, qu'il ne permette pas au voisin de venir lui donner des ordres chez lui, bien des sociétés adhèrent à ce point de vue. La responsabilité de l'homme se traduit dans ses actes. Il est vigilant, veille à ce que sa progéniture et son épouse ne manquent de rien, les protège des intempéries, des maladies et des mauvais sorts. Il n'a pas le défaut de battre son épouse. L'homme qui bat sa femme se fait mal lui-même physiquement (par les coups qu'il assène à sa compagne) et socialement (par le fait que son entourage s'en indigne et le répugne).

En milieu traditionnel Koongo/Laari, l'homme qui a l'habitude de battre son épouse n'a de crédit ni auprès des femmes ni auprès des patriarches des lignages voisins qui n'acceptent plus de lui donner leurs filles en mariage. Pour ce faire, la tradition lui conseille de se maîtriser devant l'insolence parfois abusive de la femme.

– Deuxième épouse : Lorsque la première épouse n'écoute ni ne respecte son mari, la tradition Koongo/Laari encourage l'homme à prendre une deuxième épouse.

Le mariage d'une « co-épouse » se justifie aussi dans le ménage dont la femme est stérile, surtout lorsque tous les efforts fournis par le couple en vue d'une maternité n'ont pas abouti…

En épousant plusieurs femmes, l'homme espère avoir de fortes probabilités de faire beaucoup d'enfants. Sur le sujet, la tradition met en garde le jeune adolescent contre de possibles débordements. La mésaventure de la grenouille lui est alors commentée :

« *Ouono oua youma makolo maako miingi* » *(la grenouille a fini par avoir de menues pattes à cause de ses nombreuses belles familles à visiter).*

En se mariant avec plusieurs femmes, l'homme chemine chaque jour en direction de ses nombreuses belles familles où sa présence est toujours souhaitée par la tradition. Ces nombreux déplacements usent tellement ses jambes qu'elles deviennent « très petites et maigres ».

Ce qui voudrait dire en définitive qu'avec plusieurs femmes, l'homme se ruine :
– Physiquement (les déplacements de la journée et les incessantes obligations conjugales) ;
– Matériellement et financièrement (les multiples cadeaux faits à ses belles familles).

La tradition conseille à l'adolescent d'avoir, certes, plus d'une femme, mais pas de prendre pour lui seul toutes les femmes célibataires de sa contrée. Il ne les contiendra jamais. La polygamie requiert de l'homme qu'il sache faire des parts égales. Cette égalité est nécessaire pour la paix et l'entente entre co-épouses…

Pour ce faire, l'homme polygame Koongo/Laari, s'applique avec rigueur une rotation qui consiste à répartir équitablement les nuits entre ses femmes. Ainsi, quatre nuits passées dans le lit de l'une d'entre elles doivent être compensées par quatre nuits dans le lit de chaque autre femme. La répartition des vêtements et de la nourriture obéit aussi à la même égalité. Le polygame Koongo/Laari, aussi bien dans son langage que dans son regard, ne doit pas montrer sa préférence pour l'une ou l'autre femme. Lorsque ces règles ne sont pas scrupuleusement observées par le mari, les co-épouses n'hésitent pas à se provoquer mutuellement et à s'entre-déchirer :

– **La belle famille :** La belle-famille a droit à un respect sans réserve de la part de son gendre et vice versa.

En fait, même lorsqu'elle est absente, la belle-famille a droit au même respect que lorsqu'elle est présente… En d'autres termes, on ne doit pas dénigrer la belle famille, quel que soit l'endroit où l'on se trouve… Les beaux-parents chez les Koongo/Laari sont des personnes à respecter. Il est déconseillé au gendre de ne pas rester longtemps chez eux, de peur de dire un mot mal placé. Les visites doivent être brèves, mais fréquentes, car, *« nzoo bouko yiaa diila kaa yiaa mookeena ko » (la case des beaux-parents c'est pour manger et non pour entretenir des causeries interminables et fastidieuses).*

En fait, la belle-mère apprête toujours un repas qu'elle offre à son gendre, à chaque fois qu'il lui rend visite. Mais attention, le gendre ne doit pas exploiter cette hospitalité pour se rendre abusivement chez sa belle-famille dans l'espoir de mettre quelque chose sous la dent. La belle-mère peut manquer de nourriture à lui présenter. Le gendre a un esprit de conciliation avec sa belle-famille. Pour ce faire, il emporte toujours une aiguille et jamais la cognée :
– « L'aiguille » symbolise la conciliation et l'union…
– « La cognée » symbolise la brutalité, la destruction, la désunion…

En emportant « l'aiguille », le gendre tient mordicus à sauvegarder de bonnes relations avec sa belle-famille. En cas de possible dissension, le gendre emprunte le dialogue, moyen efficace de raccommodage des parties déchirées.

– Apport personnel : Le mariage, c'est aussi un effort personnel de la part de l'homme qui doit offrir des cadeaux à la belle famille.

En milieu traditionnel Koongo/Lari, la « botte de tabac » est le premier cadeau pour toute demande en mariage : *« baandou dia loongo moutu foumou » (les intentions de mariage commencent toujours par la donation d'une botte de tabac).* Ce cadeau, qui sera suivi par plusieurs autres et la dot, exige un apport personnel du prétendant. L'adolescent doit savoir qu'il y a certes des solidarités lignagères, mais c'est à lui (en tant que gendre) de s'engager dans le mariage en prouvant sa maturité par un apport personnel. En sus des sommes d'argent, il remettra à sa belle-famille au moment de la dot, un gibier de « *mfounia* » *(biche)* et bien des accessoires. Il ne doit compter ni sur l'apport de son lignage, ni sur l'aide de son entourage, mais plutôt sur lui-même. C'est dire que le mariage n'est pas seulement un fait d'autorité, de responsabilité, de procréation…, mais il est aussi une entreprise que l'adolescent doit envisager avec dynamisme et assurance.

– L'inceste : La tradition Koongo/Laari éduque le garçon dans l'opposition contre l'inceste. Elle établit une différence entre la sœur et la femme (que l'on prend pour épouse), le mariage y étant strictement exogamique…

Par ailleurs, il est foncièrement inculqué à l'Adolescent que la sœur est une personne d'irremplaçable lorsqu'elle meurt, alors que l'épouse peut être « remplacée » par le remariage. C'est dire qu'entre la sœur (élément qui transmet le sang de la famille maternelle) et l'épouse (la femme, ses enfants et la belle-famille), c'est à la première que l'homme doit beaucoup de respect, d'estime et de confiance.

Le frère ne doit pas sortir (sexuellement) avec sa sœur pour ne pas souiller cette confiance qu'il lui doit et ce respect qu'il manifeste à son égard. Ce raisonnement vaut aussi bien pour l'oncle et sa nièce, que pour le père et sa fille, la mère et son fils. C'est pour toutes ces raisons que la sœur du mari a droit, symboliquement, de s'imposer auprès de la femme de son frère, qu'elle a le pouvoir de l'injurier ou de la congédier avec ou sans permission du mari. Ce qui renforce l'interdiction qui pèse sur les rapports sexuels entre deux parents de sang, et de ce fait, la loi d'exogamie du mariage.

La fille : Selon la société traditionnelle Koongo/Laari, se marier est une opportunité qu'il ne faut pas laisser échapper. Beaucoup de jeunes filles souhaitent tant se marier, mais toutes ne trouvent pas un époux.

La fille ne doit pas avoir le défaut de refuser l'homme qui demande sa main. Bien des filles qui se montrent trop sélectives en mariage restent sans époux. Aller chez son époux ou vivre avec son mari est, pour toute fille Koongo/Laari, l'accomplissement d'un de ses vœux sur terre. La mère inculque à sa fille les valeurs du mariage :
– Se marier une seule fois dans la vie ;
– Ne jamais penser au divorce, car, les changements, mêmes les plus souhaités ont leur mélancolie ;
– Aimer les travaux champêtres, fournir du manioc dans la maison ;
– Chérir son mari, lui être fidèle, ne jamais le dénigrer ou le calomnier ainsi que ses parents et son lignage ;
– Procréer, aimer ses enfants, les éduquer, les protéger, les assister (si nécessaire).

– **La polygamie :** En milieu traditionnel Koongo/Laari, les co-épouses se perçoivent, les unes à l'égard des autres, non pas comme adversaires, ennemies, concurrentes, mais comme des complémentaires…

En effet, la tradition Koongo/laari pense que la femme a tout à gagner en étant co-épouse. Elle ne fournit plus le manioc tous les jours à son mari, mais par rotation. C'est la même chose pour toutes les activités et obligations conjugales (bois de l'aire publique, entretien de la grande maison et de la cour, port des récipients d'eau pour les ablutions du mari, préparation du repas…).

– L'autorité de l'homme : La mère Koongo/Laari éduque sa fille dans le sceptre masculin.

En effet, le père (déjà perçu par la mère comme l'Homme de loi, l'Être fort et protecteur) transmet, à travers les éloges que sa femme fait de lui, la même image à la fille. La soumission à l'autorité masculine s'intériorise chez la fille dès son jeune âge...

Et l'on ne peut pas s'étonner d'observer qu'en ce milieu traditionnel, la femme, quel que soit son âge doive un respect absolu à l'homme, le « nkaazi » (frère), le « taata » (père) ou le « mouloumi » (mari)...

Comment peut-il en être autrement lorsque la tradition Koongo/Laari juge la femme incapable de décider d'une affaire en l'absence de l'homme ?

En fait, l'homme du lignage, c'est-à-dire le frère ou l'oncle, est pour la femme un personnage très influent. Et, comme tout ne peut et ne doit être décidé que par lui, la femme qui en manque est contrainte de solliciter les services d'un « cousin germain » (concept inexistant en Koongo/Laari)... Ce qui lui coûte extrêmement cher, compte tenu des caprices de ce dernier qui se dit ne pas être du même sang avec elle.

La tradition Laari interdit à la femme d'exposer elle-même ses problèmes (affaires) devant le chef de la localité. Elle doit s'adresser à son frère ou à son oncle qui a le droit de prendre la parole devant la cour. Si elle n'a jamais eu de frère ou d'oncle, ou lorsqu'elle n'est plus en bons termes avec eux, elle sollicite les services d'un « cousin germain » ou de tout autre homme du village, à condition de lui offrir une forte quantité d'arachides. Ce qui ruine le grenier de la femme.

Cette disposition tend à disparaître de nos jours où la Femme milite pour sa reconnaissance et ses capacités, où il lui sied à être élevée à la « responsabilité totale de la Famille »...

– Mariage proprement dit : Ce sont les parents qui s'en occupent.

En effet, dans les sociétés traditionnelles très anciennes, le mariage se décidait entre les familles depuis de longues années, parfois avant même la conception dans le ventre des futurs conjoints. Mais, cette promesse échangée entre deux familles, en vue du mariage de leurs enfants, loin de s'interpréter comme une période de fiançailles, n'offrait guère aux futurs époux, la possibilité d'une meilleure connaissance directe, tout entretien qu'ils pouvaient avoir étant toujours fait par l'intermédiaire de la tante ou de l'oncle. Cependant, depuis quelques années, le milieu traditionnel Koongo/Laari tend à tolérer et à encourager la libre rencontre des futurs époux, à l'insu même des parents, tout comme il devient assez fréquent que la fille se rende chez son futur mari quelques semaines avant la cérémonie proprement dite de mariage.

Cette visite de la case, aussi courte soit-elle, est une période très décisive pour chacun des deux futurs époux. En effet, s'ils ont de l'attirance l'un pour l'autre, il n'est pas rare d'observer la consommation du mariage avant le cérémonial des deux familles. Que ce dérapage ait lieu ou pas, la sagacité de la tradition Koongo/Laari la présuppose en ce qu'il est demandé à l'homme une somme symbolique sous la codification de « *mfookolo maahé* » (rencontre illicite dans l'herbe). Toutefois, la tradition permet, à la fin de cette visite, d'accepter ou de refuser le mariage. Cependant, le choix étant méticuleusement fait sur des bases solides par les parents, il y a très peu de cas où les mariages n'aboutissent pas. Il faut souligner néanmoins que l'initiative de la tradition et la possibilité de refus qu'elle offre aux futurs époux restent conformes à l'adage Koongo/Laari qui stipule : « *nkoodia nkouata ka yii naamou tou souaa ka ko* » *(on ne force pas l'escargot à se coller sur l'arbre)*. C'est dire que les Koongo/Laari sont conscients que les sentiments ne viennent pas sur commande. Ce qui rejoint en partie la conception « moderne »

du mariage. Toujours est-il que le mariage coutumier ou traditionnel se déroule en deux cérémonies distinctes :
– Chez le père (famille paternelle) ;
– Chez l'oncle (famille maternelle).

C'est en principe au *« mboongui » (aire publique)* du quartier du père ou de l'oncle que s'instaurent les débats. Le gendre doit remettre des cadeaux et une dot à sa belle-famille. En retour, la belle-famille lui remet aussi des cadeaux. Mais, comme tout se négocie, on assiste à une véritable « palabre ». Chaque camp a un *« nzoonzi » (fin négociateur et porte-parole)* qui, fallacieusement, cherche à faire accepter ses choix et ses décisions au *« nzoonzi »* adverse. Et, comme personne n'est dupe, les débats prennent un nombre important d'heures. C'est fort de cela que les Koongo/Laari ne débutent jamais les négociations du mariage la nuit tombée. Au bout du compte, les deux *« nzoonzi »* arrivent toujours à un compromis... En cas de divorce, tout ce qu'a dépensé l'époux auprès de la famille paternelle et de la famille maternelle doit être remboursé par les oncles et les frères de la femme. En effet, les objets fournis par le mari aux parents de l'épouse en matière de dot se remboursent intégralement, parfois du simple au double.

Acquisition des techniques

Le garçon

– Construction de la case

Le garçon ne peut prétendre au mariage que s'il est déjà en mesure de construire sa propre case en matériaux locaux *(bitoungou, mbaassa, ngouaangoua, ntoo nto, niaanga, biimboulou...).* Tout comme, il ne peut avoir la responsabilité du lignage que s'il est déjà marié et père. C'est dire que la construction de la case est l'élément central du processus d'accession au statut d'adulte. Elle est l'affirmation de l'homme Koongo/Laari. Aussi, quel que soit son état, on observe une fierté chez l'homme dans la construction et la possession de sa case, élément premier de son indépendance à l'égard de l'autre. La possession de sa propre case est un fait social très important dans la mesure où l'occuper, y dormir sont perçus comme des actes de courage, de responsabilité et de maturité.

– Apprentissage d'un métier

Dans la majorité des cas, le garçon apprend le métier exercé par son père. Il s'y initie en l'accompagnant et en l'observant avant de s'y mettre à son tour. Le père lui sert de maître d'apprentissage, conseiller et guide. Dans le cas d'un métier différent de celui de son père, il sied toujours à ce dernier ou à l'oncle de le conduire auprès de l'artisan choisi. L'apprentissage et l'exercice d'un métier sont une nécessité et une urgence pour l'adolescent qui doit subvenir aux besoins de sa future épouse et enfants à venir. Pour ce faire, il lui est conseillé de s'y mettre très tôt afin de profiter de l'aide, les conseils et l'expérience de son père ou de son oncle.

La fille

– Manioc et travaux champêtres

La société traditionnelle Koongo/Laari ne lui reconnaît le droit de se marier que si elle sait fabriquer du manioc. On ne l'oblige pas à apprendre un métier autre que celui de sa mère. La société traditionnelle ne s'imagine pas de voir une fille « à la forge, la menuiserie »… La fille doit s'atteler à la fabrication du manioc, les travaux des champs, l'acquittement honorable de ses fonctions d'épouse et de mère. En fait, elle doit ressembler étroitement à sa mère, avoir un comportement très proche de celle-ci. Les plantations de manioc, courge, maïs, igname lui servent de lieu d'apprentissage par tâtonnements, essais et erreurs.

Éducation intellectuelle de la mémoire

La tradition Koongo/Laari attache une importance évidente à l'éducation intellectuelle de la mémoire de l'enfant en vue de constituer chez lui l'indispensable et future bibliothèque orale de l'histoire et des traditions lignagères. En fait, le milieu ambiant éveille chez l'enfant une intelligence qu'il perfectionne par les réalités sociales auxquelles la pratique le confronte. C'est en recourant aux proverbes, contes, devinettes... que l'éducation traditionnelle Koongo/Laari aiguise cette intelligence. Plus d'une fois, le père et la mère remontent devant l'enfant l'arbre généalogique de leurs familles respectives, racontent leur propre enfance et les petits faits divers qui ont marqué leur vie. L'enfant ne s'en lasse jamais. Il reste attentif et éveillé à chaque récit. Le père, la mère et l'oncle associent toujours une petite histoire à chaque chose qu'ils font découvrir à l'enfant. Ainsi, la famille, le mariage, la naissance, la maladie ou le décès d'un proche, la fête familiale, le village, les villages voisins, la plantation de manioc, le cours d'eau... ont chacun leur petite histoire que les parents ne cessent de raconter avec plusieurs variantes à l'enfant.

Éducation physique

Apparemment, la société traditionnelle Koongo/Laari ne semble pas reconnaître de manière explicite l'importance d'un développement physique. Pour ce faire, loin de lui consacrer des actes éducatifs spéciaux avec l'intention de développer physiquement l'individu, les Koongo/Laari incluent d'une manière naturelle, donc « inconsciente », l'éducation physique dans toutes leurs activités de la vie courante. En effet, c'est avec un effort physique non négligeable que les hommes, au cours d'une partie de chasse par exemple, traversent des marécages, contournent des obstacles, engagent une course après le gibier. Et que dire du « *mousongui ou malafoutier* » (récolteur de vin de palme), qui, de la journée « visite » ses nombreux palmiers d'une forêt à l'autre, pour aller chercher, à l'aide de son

« ngoodi » (ceinture de liane permettant le déplacement du récolteur de vin de la base au sommet du palmier), le liquide au faîte de l'arbre ? Que dire des femmes qui se lèvent le matin pour vaquer à leurs occupations où la marche, le port de charges lourdes sont omniprésents ? Eh oui, la femme Koongo/Laari porte de lourds paniers de tubercules de manioc de la plantation au *« baanda »* (sorte de marécage où les tubercules sont rouis pendant quelques jours). Et du *« baanda »*, elle ramène les *« bikeedi » (tubercules rouis)* à la case-cuisine. La partie de danse à l'occasion du *« malaki » (fête familiale)* est un mélange d'acrobatie et de trépignements.

Principes de l'éducation

– L'enfant est éduqué à l'image du matri-lignage

Éduquer l'enfant à l'image du lignage de la mère, c'est l'éduquer à l'image de l'oncle (frère de la mère) qui apparaît comme l'élément exemplaire. Ce qui n'exclut aucunement le fait que l'enfant bénéficie aussi du dynamisme paternel. L'importance de l'oncle lui vient de l'organisation exogamique du mariage en ce milieu traditionnel Koongo/Laari où le neveu (c'est-à-dire, fils de la sœur) est la raison essentielle qui consolide l'alliance des deux lignages, paternel et maternel. Le fils (pour le père) ou le neveu (pour l'oncle) se trouve partagé entre le lignage paternel et le lignage maternel. Ce qui peut entraîner des conflits entre le père et l'oncle. Dans cette hypothèse, la tradition pense que c'est l'oncle qui semble protéger au mieux le neveu.

En effet, lorsque l'oncle est présent lors d'un litige ou d'un cas de maladie, le neveu se sent très en sécurité. Qu'il s'agisse d'un conflit qui nécessite le versement des sommes d'argent, c'est l'oncle qui les solutionne. En l'absence de l'oncle, le neveu devient la risée de ses adversaires. Toujours est-il que, malgré cette position d'autorité que lui octroie la tradition Koongo/Laari, l'oncle n'intervient, dans la pratique du quotidien des hommes et des femmes de ce milieu, que rarement dans l'éducation du neveu, sauf si la mère et le père décident de l'envoyer vivre à ses côtés. La richesse éducative de la relation « mère – enfant », réside en ce que la tradition cultive chez la progéniture un sentiment d'amour illimité pour cette bienfaitrice, de qui du reste, l'enfant apprécie tout ce que ses mains touchent. Il apprécie le goût du manioc fabriqué par sa mère. Pourtant, le manioc, aliment de base en milieu Koongo/Laari, est souvent objet de controverses. Il n'est pas rare, en fait, qu'un individu refuse de manger un manioc mal préparé. Sur le sujet, la tradition fait observer qu'en vérité, tous ces caprices de rejet d'un manioc ou de n'importe quel autre aliment ne peuvent jamais aboutir lorsque la « cuisinière » est notre propre mère. C'est dire que l'enfant Koongo/Laari voue un amour illimité à ses parents. Mais, la confiance n'excluant pas le contrôle, la tradition Koongo/Laari, perspicace, conseille à l'enfant de se méfier, dans certains cas, de l'amour maternel. C'est l'exemple de la mise en garde contre l'attitude trop maternaliste qui, loin de libérer l'enfant, le maintient plutôt dans un cercle restreint et de dépendance. Tout comme l'expérience selon laquelle, un parent peut aussi égarer l'enfant par des conseils contraires à la vie communautaire. Dans ce cas, l'attitude du petit oiseau, qui se jette dans le vide et bat de l'aile à ses risques, est peut-être à conseiller à l'enfant. Au sujet de la relation « père – enfant », l'attitude de la tradition Koongo/Laari face aux égards dus au mari de la mère, autre que le père géniteur, est quelque peu ambiguë. En effet, dans un premier sens, la tradition considère que pour l'enfant « celui qui épouse la mère est aussi le père »... C'est dire qu'il lui doit les mêmes égards que ceux dus au père géniteur. Dans une seconde valeur, elle souligne que « le deuxième mari de la mère ne remplacera jamais le père géniteur ». Elle pose nettement le problème de différenciation entre le fils dont on est géniteur et l'enfant que la femme a eu de son premier lit. C'est dire que lorsque l'on parle de la relation « père – enfant », il s'agit du père géniteur et non du « beau-père » (concept inexistant en Koongo/Laari où il s'appelle bien « père », le beau-père n'étant que le père de l'épouse ou celui de l'époux). Mais en fait, il ne peut s'agir que du père géniteur, car les sentiments de l'enfant envers l'autre père n'existent que lorsque sa mère se trouve dans le foyer conjugal et qu'elle y est aimée. Dans la pratique du quotidien Koongo/Laari, c'est en premier le père qui se préoccupe de la santé de son enfant s'il tombe malade. Il est le protecteur de l'enfant contre les esprits malveillants de la famille maternelle.

Et c'est à juste titre qu'il n'hésite pas à être un élément tolérant lorsque son fils casse son *« mboungou » (sorte de coupe avec laquelle le père boit son vin)*. Le père et le fils étant « un », il sied mal qu'il fasse payer la « coupe » si par inadvertance, l'enfant venait à la casser. Le conflit « père – fils » est rarissime alors que le conflit « oncle – neveu » très courant dans la tradition légitime l'inexistence de contradictions flagrantes entre le père et son fils par le simple fait que le père tolère les erreurs du fils, et que l'organisation lignagère étant matrilinéaire ne lui donne aucun sentiment d'être bousculé par cet homme en puissance qu'est l'enfant.

Il ressort de tout ce qui précède que les relations qui lient l'enfant Koongo/Laari à son père sont en étroite corrélation avec celles qui le lient à son oncle. Toujours est-il que dans la pratique du quotidien Koongo/Laari, le problème de la prééminence de l'une de ces deux formes de relations reste entier, voire grossièrement contradictoire. En effet, d'un côté, le patriarche du lignage en milieu traditionnel Koongo/Laari fait asseoir son autorité et son prestige sur le droit ou la loi par l'affection que lui témoigne l'ensemble de ses *« baala » (enfants, c'est-à-dire ses propres fils et ses neveux)* et par l'affection qu'il leur témoigne en retour. De l'autre côté, la tradition s'oppose à ce que l'enfant (le fils) hérite matériellement de son père. Selon la tradition Koongo/Laari, *« l'héritage du chien revient au chat »*. En effet, l'héritage d'un clan ne passant qu'à ses membres, le chien et le chat appartenant au clan des animaux domestiques, il est normal que l'un d'entre eux hérite en cas de décès de l'autre. L'enfant appartenant à la famille de la mère, il est légitime qu'il hérite du frère de celle-ci (c'est-à-dire l'oncle). Il faut signaler, cependant, que ce comportement tend à être révisé de nos jours. Bien des familles Koongo/Laari reconnaissent aujourd'hui le droit des enfants (fils et filles) à l'héritage paternel.

– L'enfant est placé sous l'autorité de ses parents et de tous les aînés du village :

Il y a une stricte observation de la hiérarchie des âges qui fait que le « plus ancien » a droit au respect et aux égards de la part du « plus jeune ». Pour la société Koongo/Laari, le respect est un acte à sens unique, de bas en haut, à telle enseigne que toute initiative en provenance du « moins âgé » est perçue comme de la prétention. Les « jeunes » ne peuvent montrer le fleuve aux « anciens ». En effet, étant nés bien avant les « jeunes », les « anciens » ont déjà vu ce fleuve. C'est dire que « les jeunes » n'ont pas le droit de raisonner « les anciens ». Ils n'ont pas le droit d'expliquer quoi que ce soit à une personne plus « âgée » et plus expérimentée. Dans les temps très anciens, l'irrespect de la hiérarchie des âges était sanctionné par l'inhumation du contrevenant à la place publique. Il était ligoté et jeté vivant dans une fosse apprêtée à cet effet. Le plus « ancien » ou « aîné » est en amont, c'est-à-dire en haut, au sommet et le moins « âgé » ou « cadet » en aval, c'est-à-dire en bas. La tradition pense qu'il est impossible que ces rôles soient inversés, car, même si quelqu'un voulait modifier ce schéma, il n'est pas certain que le « cadet » ait plus d'expérience que « l'aîné ». Ce point de vue devrait rester ouvert à la discussion…

Deuxième partie
Destinée… Prédestinée… Hasard… Chance…
Malchance… Grâce de Dieu…

Du plus profond fond de mon cœur, je tiens à remercier le pasteur Gérard Sadot, de l'église de Carpentras Département de Vaucluse qui, dans son intervention au cours de la convention nationale de la Fédération des Églises Chrétiennes Évangéliques (F.E.C.E.), France – 2010, Ris-Orangis, – m'a fortement édifié sur le thème de la Destinée... Je lui dois bien des idées que je reprends dans ce chapitre...

Que le Seigneur Jésus-Christ le lui rende par centuple et lui *«donne de la rosée du ciel, de la graisse de la terre, du blé et du vin en abondance!» [Genèse 27:28]...* Merci pasteur Sadot !

*****

Vivre c'est aller vers sa destinée, généralement définie, comme une succession des situations heureuses et/ou malheureuses, le long de la vie d'un être humain sur terre...

Pour bien des personnes, les concepts de « Destinée et Hasard » auraient la même signification, dans le sens où la destinée serait une certaine finalité, une fin de parcours tapissée de bien des images agréables et/ou désagréables, des impondérables qui seraient vécus par « hasard », rien que par hasard, entendu par « chance » ou « malchance »...

Pour nous, chrétiens, le « hasard » c'est-à-dire la chance ou la « malchance » selon les situations « agréables » ou « désagréables » en tant que tels n'existe pas...

Tout ce que nous vivons, c'est bien par la « grâce de Dieu »…

En effet,
Éphésiens 2 : 8 « … c'est par la grâce que vous êtes sauvés, par le moyen de la foi. Et cela ne vient pas de vous, c'est le don de Dieu. »

L'intégralité de notre vie représente la multiplication de la grâce en nous, c'est-à-dire, tout ce que dieu met sur notre chemin : succès, échec, acquisition, perte, responsabilité, mission, joie, santé, maladie, détresse, illusion, désillusion…

Lamentations de Jérémie 3 : 37 – 38 « 37 – Qui dira qu'une chose arrive, sans que le Seigneur l'ait ordonnée ? 38 – N'est-ce pas de la volonté du Très-Haut que viennent les maux et les biens ? »

Le Saint-Esprit nous convainc que tout cela concourt à notre bien, c'est-à-dire à notre développement spirituel, et nous incite à glorifier l'Éternel Dieu en toutes circonstances… Rien ne nous arrive par hasard ou sans signification apparente ou sans la volonté de Dieu…

Romains 2 : 28 « Nous savons, du reste, que toutes choses concourent au bien de ceux qui aiment Dieu, de ceux qui sont appelés selon son dessein »

Et le plus important encore, la grâce nous assure une vie éternelle glorieuse, une fois que nous quitterons cette terre. Notre raison de vivre et notre destination seront alors toutes déterminées…

Ce qui nous permet d'extrapoler en proposant un double regard sur la Destinée Divine, en milieu chrétien évangélique :

Le 1er regard ou la 1re conception associe la « Destinée » à la « Prédestinée ».

En effet, selon cette conception, on ne peut pas parler de la destinée sans parler de la prédestinée qui s'appuie sur la prescience de dieu (connaissance des choses à venir) :

Jérémie 1 : 5 « Avant que je t'eusse formé dans le ventre de ta mère, je te connaissais, et avant que tu fusses sorti de son sein, je t'avais consacré, je t'avais établi prophète des nations »

Avant qu'il ne soit conçu dans le ventre de sa mère, dieu savait ce que deviendrait Jérémie. En fait, dans le cadre de la prédestination, dieu aurait déjà produit et visionné d'avance le film de la vie de Jérémie et le ministère de prophète en faisait partie.

Romains 8 : 29 – 30 « 29 - Car ceux qu'il a connus d'avance, il les a aussi prédestinés à être semblables à l'image de son Fils, afin que son Fils fût le premier-né entre plusieurs frères. Et ceux qu'il a prédestinés, il les a aussi appelés ; 30-et ceux qu'il a appelés, il les a aussi justifiés ; et ceux qu'il a justifiés, il les a aussi glorifiés »

Avant notre venue au monde, dieu savait ce que ferait et/ou deviendrait telle ou telle personne…

Pour chacun de nous, dieu aurait produit, visionné et validé le film de notre vie… C'est dire que ce que telle ou telle personne pense être sa vie présente, sa vie actuelle, n'est en réalité qu'une vie produite et déjà visionnée par Dieu. Ce qui voudrait dire que pour chacun de nous, l'Éternel Dieu a vu bien avant que nous les vivions au présent (et au fur et à mesure), toutes les étapes de notre vie, à savoir, entre autres :
– Conception, grossesse ;
– Naissance, nourrisson ;
– Enfance ;
– Adolescence ;
– Adulte ;
– Vieillesse…

C'est quelque chose d'immuable, de statique, d'irréversible... Tout se déroule conformément au scénario déjà vu et prévu par l'Éternel Dieu... Ce serait comme au cinéma, lorsque l'on regarde un nouveau film, on est attentif à son déroulement qui nous permet à la fin d'en comprendre l'histoire et le scénario... Mais le réalisateur du film, le scénariste, les acteurs et les figurants, eux, en connaissent déjà le début et le dénouement. Pendant que le film est projeté, personne ne peut le modifier (à moins d'en faire de coupures)... Mais le film de notre vie, conçu et déjà visionné globalement par Dieu, ne connaît aucune coupure, il se déroule conformément au scénario divin. L'homme en tant qu'acteur présent de ce film ne peut qu'en subir le déroulement, l'exécution, le cheminement...

Ce serait dans cette approche « de prescience » que Dieu pouvait dire spirituellement :

« ... *J'ai aimé Jacob et j'ai eu de la haine pour Ésaü...* » *[Malachie 1 : 2 – 3]*

Dieu savait d'avance, pour l'avoir conçu et déjà visionné, que selon le film de sa vie, Ésaü vendrait son droit d'aînesse à Jacob pour pouvoir manger du pain et du potage de lentilles :

Genèse 25 : 29 – 34 « 29 – Comme Jacob faisait cuire un potage, Ésaü revint des champs, accablé de fatigue.30-Et Ésaü dit à Jacob : Laisse-moi, je te prie, manger de ce roux-là, car je suis fatigué. C'est pour cela qu'on a donné à Ésaü le nom d'Edom.31 – Jacob dit : Vends-moi aujourd'hui ton droit d'aînesse.32 — Ésaü répondit : Voici, je m'en vais mourir ; à quoi me sert ce droit d'aînesse ? 33– Alors Jacob dit : Jure-le-moi d'abord. Il le lui jura, et il vendit son droit d'aînesse à Jacob. 34– Alors Jacob donna à Ésaü du pain et du potage de lentilles. Il mangea et but, puis se leva et s'en alla. C'est ainsi qu'Ésaü méprisa le droit d'aînesse. »

Ouvrons une petite parenthèse que nous refermerons rapidement, tout juste le temps de souligner que sur ce point précis, les saintes écritures nous invitent à ne pas être « *16... profane comme Ésaü, qui pour un mets vendit son droit d'aînesse. 17-Vous savez que, plus tard, voulant obtenir la bénédiction, il fut rejeté, quoiqu'il la sollicitât avec larmes ; car son repentir ne put avoir aucun effet »* Hébreux 12 : 16 – 17

Selon la 1re conception de la « Destinée », tout est joué d'avance et la vie présente de l'homme sur terre n'est que la réalisation, voire l'exécution, le déroulement d'un programme préconçu, irréversible et immuable…

Ce qui voudrait dire que nous ne serions en aucun cas responsables de nos actes, tout ayant déjà été programmé bien avant notre naissance… Nous serions, en d'autres termes des sortes de « robots », des marionnettes qui exécuteraient un programme de vie déjà acté…

Nous pensons, au contraire, que notre vie présente nous donne suffisamment d'opportunités susceptibles de bouleverser, modifier, changer le scénario de notre film de vie…

En effet, pour nous, « vivre » n'est ni se croiser les bras, ni se résigner et attendre que les choses arrivent telles qu'elles seraient tracées et décidées d'avance…

Si cela était vrai que l'homme ne pouvait pas modifier le cours de sa destinée, Jaebets n'aurait jamais osé faire sa célèbre prière qui lui octroya tout ce qu'il n'avait pas :

1 Chroniques 4 : 9 – 10 « 9 – Jaebets était plus considéré que ses frères ; sa mère lui donna le nom de Jaebets, en disant : C'est parce que je l'ai enfanté avec douleur. 10– Jaebets invoqua le Dieu d'Israël, en disant : Si tu me bénis et que tu étends mes limites, si ta main est avec moi, et si tu me préserves du malheur, en sorte que je ne sois pas dans la souffrance ! Et Dieu accorda ce qu'il avait demandé. »

Le 2ᵉ regard ou la 2ᵉ conception reconnaît bien « la prescience de dieu », mais avec la possibilité pour l'homme d'interférer sur sa destinée…

En effet, la 2ᵉ conception de la destinée s'appuie sur une certaine dialectique sociale dans laquelle l'homme n'est pas, et ne doit pas être « attentiste, résigné », ayant en sa possession, bien des opportunités lui permettant d'agir fortement pour changer le scénario du film de sa vie, afin d'accéder victorieusement, avec la Grâce de Jésus-Christ, aux *« … Choses que Dieu a préparées pour ceux qui l'aiment » 1 Corinthiens 2 : 9*

Comment faire pour aller vers notre « destinée divine » ?

Essentiellement,

1. *En rendant claires et vivantes les pensées de son cœur :*

Nos images mentales devraient être claires, sonores, coloriées, mouvantes…

Nous devrions même les sentir. Il est nécessaire de les contrôler pour en libérer la puissance…

En effet, notre esprit est comme une bande magnétique qui enregistre tout et le restitue fidèlement sur le plan matériel. Nous devons donc faire attention aux paroles et surtout à nos pensées avant de les « enregistrer » :

Psaume 23 : 1 - 6 « 1 – L'Éternel est mon berger (image claire) *: je ne manquerai de rien. 2– Il me fait reposer dans de verts pâturages* (couleur et image claire), *il me dirige (mouvement) près des eaux paisibles* (sonorités, couleur et image claire). 3– *Il restaure mon âme, il me conduit* (mouvement) *dans les sentiers* (image claire) *de la justice, à cause de son nom.* 4– *Quand je marche* (mouvement) *dans la vallée* (image claire) *de l'ombre de la mort, je ne crains aucun mal, car tu es avec moi : ta houlette et ton bâton* (image claire) *me rassurent.* 5– *Tu dresses devant moi une table* (image claire), *en face de mes adversaires* (image claire) *; tu oins d'huile* (image claire) *ma tête* (image claire), *et ma coupe déborde* (image claire et mouvement). 6– *Oui, le bonheur et la grâce m'accompagneront tous les jours de ma vie, et j'habiterai dans la maison de l'Éternel* (image claire) *jusqu'à la fin de mes jours ».*

2. *En protégeant ses pensées avec le Casque du Salut*

Nos pires ennemis sont à l'intérieur de nous-mêmes. Ils sont nombreux et peuvent nous entraîner à la destruction.

Pour ce faire, veillons sur notre cœur et nos pensées... Ces pires ennemis sont appelés aussi « les traîtres dans la forteresse »... Ce sont, entre autres :
– La colère ;
– La haine ;
– La jalousie ;
– La rancœur ;
– Le ressentiment ;
– La convoitise ;
– La culpabilité,
– L'orgueil ;
– La vanité ;
– L'égoïsme ;
– Le mépris ;
– Le racisme ;
– L'égocentrisme ;

– L'intolérance ;
– La trop haute opinion de soi…

Chacun de nous ayant au moins un traître dans sa forteresse, nous devrions nous atteler à :
– Chasser nos pensées négatives et prendre conscience que nous sommes fils de dieu ;
– Protéger notre âme des forces négatives et des mauvais sentiments ;
– Permettre à Jésus-Christ d'agir en nous par son Esprit !

Nous sommes faits pour la santé, la beauté, le bonheur, le succès…

Avant toute entreprise, nous demander si ce que nous voulons faire est positif, constructif, utile, et surtout, conforme à ce que le Seigneur Jésus-Christ désire :
– Son code de vie ;
– Ses commandements ;
– Ses exigences ;
– Ses enseignements ;
– Et si cela ne porte pas préjudice à sa bonne nouvelle, son évangile :

Éphésiens 6 : 17 « Prenez aussi le casque du salut, et l'épée de l'Esprit, qui est la Parole de Dieu »

1 Thessaloniciens 5 : 8 « Mais nous qui sommes du jour, soyons sobres, ayant revêtu la cuirasse de la foi et de la charité, et ayant pour casque l'espérance du salut »

Le salut en Christ a pour objet de transformer notre façon de penser et nos pensées… Le salut est comme « un casque » qui protège notre « tête » et nos pensées.

3. *En y mettant le prix :*

S'il est bien vrai que *la parole de dieu est reçue et donnée gratuitement [Matthieu 10 : 8]* (quand bien même la logistique n'est pas gratuite), il n'est pas moins vrai qu'elle ne se donne pas aux chiens, mais aux enfants de dieu, aux fils et filles de dieu pour lesquels, elle est la nourriture spirituelle plus que vitale qui les édifie ; et comme n'est pas chrétien qui le veut, c'est un mérite non négligeable que d'être enfants de Dieu.

Soulignons en passant que l'on ne naît pas chrétien, on le devient… tout comme l'on ne devient pas chrétien par procuration, mais, par adhésion consciente, individuelle, personnelle et responsable…

Dans la vie, tout se mérite, tout se gagne par l'acte de penser et d'agir dans la justice… Nombreux sont ceux qui veulent réussir dans la vie, mais sans rien faire, en continuant à mal penser, à mal agir, à demeurer négatif, ignorant sciemment le code de vie, refusant de lui obéir, récolter du bien en semant du mauvais, convoitant le bien d'autrui…

Pour parvenir au succès, il est indispensable de se sentir digne de réussir, capable de faire le maximum, voire l'impossible… Chacun de nous a le droit de réussir et d'être heureux, car nous sommes nés pour cela…

Ne réussit que celui qui s'en fait un devoir non un droit… Quel bonheur de ne rien devoir à personne, sinon à ses Parents, à sa Famille et à Jésus-Christ, Seigneur et Sauveur !

Pour y parvenir, chacun de nous devra être un gagnant volcanique… personne ne naît vraiment dans « une prédestinée d'échec » ou dans « une prédestinée de succès »… la parole de dieu dit que tout dans ce monde est à notre disposition :

1 Corinthiens 3 : 21 - 23 « 21 – Que personne donc ne mette sa gloire dans des hommes ; car tout est à vous, 22-soit Paul, soit Appollos, soit Céphas, soit le monde, soit la vie, soit la mort, soit les choses présentes, soit les choses à venir. 23– Tout est à vous ; et vous êtes à Christ, et Christ est à Dieu. »

Nous éloigner de ceux qui écoutent les « faux prophètes » :
– Se complaisant dans la médiocrité et la pauvreté ;
– Cultivant la pauvreté mentale, la haine de ceux qui sont aisés, riches spirituellement, socialement, financièrement et/ou matériellement…

En fait, la pauvreté mentale conduit au partage de la misère. A contrario, ceux qui réussissent bien leur vie cultivent des pensées positives, dans le respect du « code de vie de Jésus-Christ » ou « code divin » :

Philippiens 4 : 8 « Au reste, frères, que tout ce qui est vrai, tout ce qui est honorable, tout ce qui est juste, tout ce qui est pur, tout ce qui est aimable, tout ce qui mérite l'approbation, ce qui est vertueux et digne de louange, soit l'objet de vos pensées. »

C'est dire que les pensées et les sentiments négatifs produisent des événements négatifs…

En effet, en semant du riz, l'on ne peut récolter du maïs… Les moutons n'engendrent pas des chevaux. Tout événement a sa cause…

En nous déconnectant du code de vie (ou loi de dieu), nous nous débranchons de la source…

4. *En renouvelant sa pensée :*

Nos pensées d'aujourd'hui construisent notre demain, notre futur immédiat... Donc il nous faut un changement de mentalité : c'est-à-dire la repentance, ou encore le renouvellement de notre intelligence, de nos pensées :

Romains 12 : 2 « Ne vous conformez pas au siècle présent, mais soyez transformés par le renouvellement de l'intelligence, afin que vous discerniez quelle est la volonté de Dieu, ce qui est bon, agréable et parfait »

Pour ce faire, l'on ne pourra renouveler sa pensée que si et seulement si :
– On lit assidûment les Saintes Écritures et on les médite :

Éphésiens 4 : 17 - 24 « 17 – Voici donc ce que je dis et ce que je déclare dans le Seigneur, c'est que vous ne devez plus marcher comme les païens, qui marchent selon la vanité de leurs pensées. 18– Ils ont l'intelligence obscurcie, ils sont étrangers à la vie de Dieu, à cause de l'ignorance qui est en eux, à cause de l'endurcissement de leur cœur. 19– Ayant perdu tout sentiment, ils se sont livrés à la dissolution, pour commettre toute espèce d'impureté jointe à la cupidité. 20– Mais vous, ce n'est pas ainsi que vous avez appris Christ, 21 – si du moins vous l'avez entendu, et si, conformément à la vérité qui est en Jésus, c'est en lui que vous avez été instruits à vous dépouiller, 22 – eu égard à votre vie passée, du vieil homme qui se corrompt par les convoitises trompeuses, 23 – à être renouvelés dans l'esprit de votre intelligence, 24-et à revêtir l'homme nouveau, créé selon Dieu dans une justice et une sainteté que produit la vérité. »

– L'on fait le distinguo entre l'essentiel et l'accessoire : éliminer les futilités, ne pas y passer du temps ni de l'énergie...

– L'on ne se laisse pas empoisonner par la négativité mentale de son entourage…

C'est comme une contagion de maladie… Que chacun balaie devant sa porte… Les beaux parleurs sont loin d'avoir réglé leur vie de façon positive… Fuyons de telles personnes qui ne cherchent qu'à nous nuire, nous démolir. De telles personnes ne veulent vraiment pas notre succès, notre bonheur, ni notre réussite.

– L'on ne se met pas au niveau de ceux qui traînent en route et qui ne veulent pas agir, mais se plaignent de tout et de rien

Nous ne pouvons compter que sur nous-mêmes, nous seuls pouvons sauver notre âme. Soyons des « égoïstes positifs », et d'autres vont nous suivre, notre lumière les éclairera :

Deutéronome 25 : 17 – 18 « 17 – Souviens-toi de ce que te fit Amalek pendant la route, lors de votre sortie d'Égypte, 18-comment il te rencontra dans le chemin, et, sans aucune crainte de Dieu, tomba sur toi par derrière, sur tous ceux qui se traînaient les derniers, pendant que tu étais las et épuisé toi-même. »

– L'on rompt définitivement et franchement avec son passé négatif

Ne pensons plus au passé, parce qu'il génère en nous des pensées négatives et suscite des événements destructeurs… En effet, ruminer les échecs du passé est le meilleur moyen de « procréer » d'autres échecs qui vont prendre corps et vie dans notre entourage. Seul compte le présent que prolonge l'avenir immédiat. Demain, nous retrouverons ce que nous avons semé aujourd'hui… Semons aujourd'hui du bon et du bien, malgré que tout est contraire, et les événements ne semblent pas favorables !

Ecclésiaste 11 : 4 « Celui qui observe le vent ne sèmera point, et celui qui regarde les nuages ne moissonnera point. »

Luc 9 : 62 « ... Quiconque met la main à la charrue, et regarde en arrière, n'est pas propre au royaume de Dieu. »

Ésaïe 43 : 18 « Ne pensez plus aux événements passés, et ne considérez plus ce qui est ancien. »

– L'on se libère de ses fausses croyances : ce sont ces fausses croyances qui nous ont maintenus jusqu'à présent dans les chaînes de la maladie ou de l'échec…

Si l'on pense que l'on va récolter du riz sans l'avoir semé auparavant, l'on est un vrai rêveur passif ! Pour mettre en mouvement les mécanismes qui nous propulseront vers une vie réussie, nous devons au départ, déclencher un certain nombre de phénomènes qui engendreront les événements positifs que nous désirons obtenir. N'ayons pas peur de nous investir spirituellement, physiquement, financièrement, matériellement…

5.- *En restaurant sa confiance : jusqu'à ce jour, l'on a cru maîtriser son destin et son avenir sans dieu…*

Présentement, tout va basculer dans notre vie ! car Dieu a le pouvoir de nous plonger dans l'imprévisible…

C'est ce que le Seigneur Jésus-Christ a fait avec ses disciples en leur faisant traverser le lac de Génésareth [*Matthieu 14 : 22-34]*… les plongeant littéralement dans une tempête à haut risque ! Hélas, il y aura :
– Du chômage ;
– Le déclin économique ;
– Un surendettement ;

– Du désordre moral ;
– Des signes de mal être ;
– Des pandémies...

Nous pensions être une « élite » supposée efficace, maîtrisant la réalité, mais nous sommes saisis de doutes... confrontés à notre propre impuissance.

Nous sommes frappés de stupeur... Que se passe-t-il ?

Les anges mettent en pièces toute l'idolâtrie de notre vie ! Et ce n'est pas fini, ce que nous voyons maintenant n'est même pas encore le commencement ! Nous pensions être à l'abri, en sorte que rien ne semblait pouvoir nous atteindre, puis, tout à coup, ça tombe ! Que va-t-il se passer ? La spiritualité va refaire une percée dans notre vie qui est en période de mutation. Dieu est en train de briser les images et mirages d'un « paradis terrestre »... Actuellement, nous sommes dominés par la peur :
– De l'autre ;
– De la maladie ;
– De l'avenir ;
– Des épidémies ;
– Des attentats ;
– De la mondialisation ;
– De l'environnement ;
– Des colis et bagages suspects ;
– Des aliments empoisonnés dans l'assiette...

Le scepticisme règne... Il est urgent de restaurer notre confiance... Que faire ?
– Au nom tout puissant de Jésus-Christ, chassons loin de nous toutes les puissances négatives et mauvaises...

Sur notre visage, d'aucuns perçoivent les signaux émis par nos ondes cérébrales qui témoignent de notre état d'esprit par les fréquences que nous utilisons...

En effet, nous émettons constamment des signaux incohérents de :
– Colère ;
– Haine ;
– Ressentiment ;
– Joie ;
– Confiance ;
– Bienveillance ;
– Doute ;
– Inquiétude...

Notre visage est un livre ouvert...

Par la grâce de l'Éternel Dieu, chacun de nous, ayant reçu et confessé Jésus-Christ comme Seigneur et Sauveur, est habilité à chasser loin de soi toutes les « puissances négatives et mauvaises » :

Marc 16 : 17 – 18 « 17 – Voici les miracles qui accompagneront ceux qui auront cru : en mon nom, ils chasseront les démons ; ils parleront de nouvelles langues ; 18 – ils saisiront des serpents ; s'ils boivent quelque breuvage mortel, il ne leur fera point de mal ; ils imposeront les mains aux malades, et les malades, seront guéris »

Luc 10 : 19 « Voici, je vous ai donné le pouvoir de marcher sur les serpents et les scorpions, et sur toute la puissance de l'ennemi ; et rien ne pourra vous nuire »

– Avoir la force de rebondir

Spirituellement, des rebondissements positifs devraient être à l'ordre du jour... De brusques et profondes transformations devraient arriver... De diverses problématiques récurrentes devraient être résolues...

Nous devrions espérer nous attendre à des revirements dans nos affaires... De belles victoires seraient en perspective... Un désir de changement serait en nous, au fond de nous, dans notre cœur, dans notre esprit...

Nous devrions briser la monotonie de cette vie qui se serait montrée ingrate à notre égard ! Nous devrions avoir la force de réaction... Jésus-Christ nous y aidera certainement...

– **Redevenir acteur de sa vie**

Alors, notre Seigneur et Sauveur Jésus-Christ nous enverra une « planche de salut »... quelque chose qui éclatera en nous changera notre destinée... La lumière de la providence éclairera la route de notre vie pour nous montrer la bonne direction... Une « force supérieure », une « main puissante » opéreront des signes...

Toutefois, il appartient à chacun de nous de gérer sa vitalité, sa vie, d'accepter qu'il est puissant, capable de façonner le monde autour de lui et de sentir que toutes les cellules de son corps dansent de joie, absorbant les rayons vivifiants du soleil (de justice)

– **Avoir la capacité d'anticiper**

Connaître les signes du Ciel : la pluie ou le soleil pour le lendemain... et nous prenons les dispositions nécessaires en fonction de la météo...

– **Savoir résister aux pressions**

L'ange de l'Éternel a été délégué pour veiller sur chacun de nous :

Psaume 34 : 8 « L'ange de l'Éternel campe autour de ceux qui le craignent et il les arrache au danger »

La présence invisible de l'ange de l'Éternel, de plus en plus sensible, nous transmet des informations venant directement du trône de dieu, les desseins du cœur de dieu. Le contrôle de notre vie intérieure est une condition du miracle. La plus haute forme de puissance miraculeuse qui puisse être libérée vient de là :

– Être maître de soi

Proverbe 16 : 32 « Celui qui est lent à la colère vaut mieux qu'un héros, et celui qui est maître de lui-même, que celui qui prend des villes »

– Avoir des raisons d'espérer

Nous devons savoir qu'il y a un sens caché de notre histoire personnelle. Et ce n'est pas de l'utopie d'espérer que l'issue des événements que nous vivons serait heureuse… entre autres :
– Des scandales, des polémiques, des conflits… ont changé la vie de bien des gens ;
– Des incidents de parcours obligent à changer de vie ;
– De longues traversées du désert (10 ou 20 ans et plus) pour certains, avant de renouer avec la gloire…

Certes, nous pouvons avoir du mal à reprendre nos marques, des périodes de doute peuvent se succéder… et on repart, on se dit qu'on va vaincre… La « roue » de la providence tourne, même pour ceux qui sont au plus bas ! En Jésus-Christ, Dieu a mis un « Lion » en chacun de nous ! Un « moteur » qui nous dit que tout n'est pas fini, et que la misère des autres ne nous est pas indifférente. Il a mis du « courage » dans notre « cœur » !

– **Être toujours bienveillant**

Nous avons toujours eu le cœur sur la main, nous avons été toujours prêts à rendre service, à donner… et pourtant, on ne nous reconnaît pas pour cela ! tout semble arriver… même vouloir s'enfuir au dernier moment…

La vie n'a pas été très généreuse avec nous à ce jour… toujours est-il, qu'avec la foi, nous allons connaître autre chose…

– **Vivre des situations à risques très élevés**

Un homme déstabilisé par la peur reste sans défense face au danger… Ce n'est qu'en surmontant cette peur qu'il peut utiliser sa force et son intelligence pour échapper à la menace qui lui fait face… La capacité à surmonter les peurs est un baromètre de la santé et de la force d'un homme… Notre existence possède une vieille carapace qui s'appelle « l'incrédulité »… mais nous ne voulons pas la laisser, car il nous faudrait une autre protection ! Nous allons prendre des risques et être dans des situations à risques très élevés !

Sans cela il n'est pas possible de vivre des exploits !

6. *En devenant un projet divin*

Le projet divin, c'est la mission divine pour tous… En effet, la bonne nouvelle (évangile) de Jésus-Christ doit être apportée dans le monde entier… Être un projet divin c'est non seulement être « appelé par Jésus-Christ », mais aussi « accepté cet appel pour la pérennisation de son œuvre », selon sa volonté et son modèle de vie… L'accomplissement de la destinée divine par chaque chrétien reste foncièrement tributaire de sa capacité d'action dans le seul but de faire bouger les choses. Ce qui appelle a fortiori quelques questions :
– Pourquoi suis-je sur cette terre ?

– Suis-je un fruit du hasard ?
– Suis-je la résultante résignée d'un scénario de vie préconçue ?
– Suis-je un être capable d'agir sur moi, sur mon entourage, sur mes projets, sur mes choix, sur mes fréquentations pour changer le cours de ma vie ?
– Ma vie est-elle stéréotypée ou me laisse-t-elle des opportunités de changement ?
– En quoi ma rencontre avec Jésus-Christ peut-elle influer sur le cours de ma vie ?

Il est une vérité biblique irréfutable que d'affirmer que nous avons été créés à l'image de dieu, selon sa ressemblance *[Genèse 1 : 26 – 28]*, que nous sommes co-gestionnaires de la terre avec l'Éternel Dieu qui, pour permettre à chacun de nous d'accomplir harmonieusement la mission spécifique qui est la sienne ou réagir selon les circonstances pour apporter les changements nécessaires, nous a octroyé ;
– La capacité ;
– L'intelligence ;
– Les dons ;
– Les talents ;
– Les potentialités…

Certes que c'est l'Éternel Dieu qui a :
– Voulu que chacun de nous vienne sur cette terre ;
– Choisi nos parents ;
– Choisi le jour, le mois, l'année, le lieu et les conditions de notre naissance :

Psaume 71 : 6 « *… C'est toi qui m'as fait sortir du sein maternel… »*

Pourrait-on penser un seul instant que la volonté de dieu soit tant de nous équiper de bien des valeurs, de bien des potentialités… pour ne rien faire d'autre qu'assister passivement à la projection de notre film de vie ? Certes que l'Éternel Dieu libère des bénédictions pour tous ceux qu'il a choisis, qu'il aime, mais ici encore, il faut reconnaître que les bénédictions c'est comme le royaume des cieux.

En effet, *« depuis le temps de Jean Baptiste jusqu'à présent, le royaume des cieux est forcé, et ce sont les violents qui s'en emparent »* *[Matthieu 11 : 12]*...

La « destinée » du chrétien dépend du chrétien lui-même... en ce qu'elle reste foncièrement tributaire de ce qu'il voudrait faire de sa vie... C'est parce qu'il nous aime que l'Éternel Dieu nous invite à faire un choix clair entre la vie *« sous le soleil » [Ecclésiaste 1 : 3]*, c'est-à-dire *« une vie vide, insignifiante, jonchée d'échecs, tendancieuse, sans Jésus-Christ »* d'un côté et de l'autre côté, *« une vie pleine d'amour, de paix, de joie et de réussite avec Jésus-Christ »*:

Deutéronome 30 : 19 – 20 « 19 – J'en prends aujourd'hui à témoin contre vous le ciel et la terre : j'ai mis devant toi la vie et la mort, la bénédiction et la malédiction. Choisis la vie, afin que tu vives, toi et ta postérité, 20 – pour aimer l'Éternel, ton Dieu, pour obéir à sa voix, et pour t'attacher à lui : car de cela dépendent ta vie et la prolongation de tes jours, et c'est ainsi que tu pourras demeurer dans le pays que l'Éternel a juré de donner à tes pères, Abraham, Isaac et Jacob. »

**Troisième partie
Prédestination
Rencontre avec Jésus-Christ**

J'étais, par procuration, adepte d'une tradition religieuse, selon le désir et la volonté de ma mère *(+paix à son âme)...* En effet, depuis ma tendre et heureuse enfance, tous les samedis de 19,00 à 3,00/4,00 du matin, je participais, avec mes frères et mes sœurs, sous l'égide de notre mère, aux rassemblements « matsouanistes » (adeptes d'André Grénard Matsoua)...

Qui était André Grénard Matsoua ?

Fils aîné de Ngoma et de Nkoussou, il serait né le 17 janvier 1899 à Manzakala, district de Kinkala, Pool, et serait mort le 13 janvier 1942, à l'orée de son 43e anniversaire...

Brillant élève de l'école de la mission catholique de Mbamou (Pool), chez les pères du saint-esprit, André Grénard Matsoua fut nommé, en fin de formation, « catéchiste » au village de Nkouka Pierre à Mayama (Pool)...

Ambitieux et très actif, il renonça à sa charge apostolique et émigra à Brazzaville où il trouva un emploi de fonctionnaire au service des douanes sous le matricule 22 *(numéro mythique selon ses adeptes)...* En 1923, il obtint un laissez-passer pour la France et s'installa à Paris. Il fonda, en juillet 1926, la « Mutuelle Amicale des Originaires de l'Afrique Équatoriale Française » destinée à venir en aide aux Africains libérés du service militaire en France...

Soupçonneuse, l'administration française de l'époque pensa bien foncièrement que cette mutuelle visait à former une élite dans le but d'influer sur la conscientisation des originaires de l'Afrique

125

Équatoriale Française... Ce qui était, sans nul doute, un désir inavoué d'André Grénard Matsoua qui tiendrait, probablement, à former une élite politique en vue de l'indépendance de son pays, le Moyen-Congo...

Cette audace alerta sérieusement l'administration française qui résolut de contrôler par le moyen le plus sûr, le jeune audacieux, tendancieux et « subversif » André Grénard Matsoua :

– L'arrêter à Paris et l'extrader manu militari au Moyen-Congo, à Brazzaville où, au cours d'un jugement à charge, il fut condamné aux travaux forcés à perpétuité...

Selon la version officielle, André Grénard Matsoua serait décédé dans la prison de Mayama (Moyen-Congo)... une version fortement rejetée par la famille, les chefs traditionnels du Pool dont Moundongo et les membres de l'Amicale qui demandaient, mais en vain, la restitution de la dépouille de leur fils, ami et leader afin de lui assurer des obsèques dignes...

L'administration coloniale de l'époque en s'y opposant, avait laissé, depuis, probablement par inadvertance, la voie grandement ouverte à des suspicions jamais élucidées, jusqu'à nos jours...

Le Pool dans sa grande majorité, les chefs traditionnels, les membres de l'Amicale refusèrent d'admettre le décès d'André Grénard Matsoua, tant qu'ils n'auraient pas vu et récupéré sa dépouille...

Et, depuis cette grosse et indélébile erreur d'appréciation « coloniale », bien des versions circulent avec insistance sur le décès d'André Grénard Matsoua dont les sympathisants espèrent toujours le retour imminent au Congo en grand sauveur...

La fin de vie d'André Grénard MATSOUA, n'ayant jamais pu être élucidée, a transformé la personnalité de ce dernier en martyr et surtout en sauveur mystique, l'associant à des cultes religieux et à la réalisation de bien des miracles chez les sympathisants qui l'invoqueraient comme une « force supérieure, surnaturelle »…

Et de nos jours encore, il se rapporterait dans les milieux de ses adeptes, bien des miracles de « guérison et de délivrance… » dont il serait « spirituellement, voire mystiquement, l'auteur »…

Tout comme, il y aurait bien des récits sur son sujet dont l'un des plus improbables et des plus rocambolesques semble être celui qui ferait d'André Grénard Matsoua, un super génie qui aurait quitté son village natal seul, alors qu'il ne serait âgé que de 7 ans (au plus 10 ans), pour aller s'inscrire à l'école de Mbamou, à plus de 30 km…

Il lui serait octroyé une intelligence tellement au-dessus de la moyenne acceptable qu'en une seule année il aurait fait tout le cycle primaire…

En d'autres termes, comme il ne serait âgé que de sept ans (au plus 10 ans), lorsqu'il se serait inscrit lui-même à Mbamou, et qu'en une seule année il aurait terminé tout le cycle primaire, André Grénard Matsoua n'aurait été âgé que de 8 ans (au plus 11 ans) lors de son affectation à Mayama après sa formation… C'est vraiment hallucinant… oui, hallucinant et fantasmagorique…

De toutes les hallucinations que l'on pourrait inventer, *il est bien une vérité que d'affirmer et de relever qu'André Grénard Matsoua :*

– *N'était pas athée…*

– *Était chrétien…*

– *Ne demeurât point dans l'obscurantisme…*

– *Avait étudié et appris auprès des prêtres dans une école catholique…*

– *Fut nommé catéchiste en fin de formation, c'est-à-dire « appelé » à enseigner les bribes de la sainte parole aux autochtones…*

– *De son vivant, n'avait initié aucune tradition religieuse en son nom…*

– *Avait, comme seule et unique arme de lutte pour l'émancipation, son Association « L'Amicale », appartenant, non pas au seul Moyen-Congo, mais à toute l'Afrique Équatoriale française…*

– *S'était servi des petites ouvertures d'égalité et de ses acquis en tant qu'intellectuel de l'époque, de surcroît citoyen français…*

Je fréquentais donc une « tradition religieuse » depuis mon jeune âge jusqu'au cours moyen 2e année… Un jour, plus précisément une semaine après un lundi de pâques, mon instituteur demanda à chacun de nous de rédiger une courte rédaction sur le déroulement de la messe à l'église et la fête de pâques en famille… Ce travail scolaire m'intrigua à plus d'un titre, moi qui avais, certes eu une réunion dans ma « tradition religieuse » non pas le dimanche, mais le samedi à la veille de la pâques chrétienne… que me fallait-il donc écrire ? que me fallait-il donc inventer pour ne pas être la risée de toute la classe ? personne, non personne ne savait que ma famille fréquentait une tradition religieuse… aucun petit camarade de ma classe ne savait que j'étais adepte d'une tradition religieuse dénommée « matsouanisme »…

Que faire ? que dire ? que relater ? pour la première fois de ma vie, je devais mentir pour sauver l'honneur de ma famille… En effet, dans un récit de quelques lignes, j'avais raconté, maladroitement, la pâques dans une église, loin d'être « chrétienne catholique »... tout était presque mensonger, faux et imaginaire... heureusement, j'avais toujours les meilleures notes de la classe... et l'instituteur, n'examinant essentiellement que la forme et non le fond, m'attribua, contre toute attente, la meilleure note... et pour cause, l'instituteur lui-même ne connaissait rien sur l'église et les fêtes religieuses, il était incroyant et militait clandestinement dans les petits groupes « socialo-marxistes »... Beaucoup de choses commencèrent à cogiter en mon for intérieur...

Après l'école primaire, j'avais changé de ville, donc de domicile... Mon nouveau milieu ambiant devenait de plus en plus ouvert... et mon grand frère Michel Primeaud NGOUALA *(+paix à son âme)* qui m'hébergeait était incroyant... Ce qui devait, a fortiori, me libérer du *« matsouanisme »* dès la classe de 6e au Collège... Ce libre arbitre dura jusqu'aux années 1961/1962, voire début 1963, où un vent nouveau, venu de l'Est, commençait à galvaniser la jeunesse congolaise en général et particulièrement celle de Brazzaville, la capitale... Des concepts nouveaux commençaient à me courtiser, entre autres :
– Socialisme ;
– Marxisme ;
– Karl Max et Engels ;
– Lénine ;
– Capitalisme ;
– Impérialisme ou Capitalisme hors de ses frontières ;
– Révolution ;
– Démocratie nationale et populaire...

Le « petit livre rouge » de Mao Tsé-Toung commençait à s'incruster dans mes lectures et à m'éloigner sensiblement du « matsouanisme »... d'ailleurs, je commençai à adhérer à l'idée selon laquelle la religion était l'opium du peuple... c'était parti, je

commençai à militer clandestinement pour le socialisme, le marxisme… La Révolution qui devait tout changer au Congo-Brazzaville à partir des trois glorieuses journées (13, 14 et 15 août 1963) et l'installation du socialisme scientifique le 31 décembre 1969 : la République du Congo devint République Populaire du Congo avec, entre autres ;
— Le drapeau rouge du prolétariat ;
— Le parti congolais du travail-P.C. T. — (parti unique) ;
— Le socialisme scientifique comme mode de penser, de gouverner, de travailler, de vivre…

Il y eut une nette prise de distance avec tout ce qui concourait à la foi, d'où qu'elle venait… divorce inéluctable, pensais-je à l'époque… des débats stériles, parfois houleux, à charge contre les chrétiens, les « matsouanistes » et consorts s'improvisaient çà et là… Aspirant ouvertement au « socialisme et au marxisme », j'avais, personnellement, entre autres :
— Composé, chanté et joué d'un instrument pour la Révolution…
— Initié des pièces révolutionnaires de théâtre…
— Contribué modestement à l'encadrement et à la formation des agents rouges et experts…

Même après la réhabilitation de la République du Congo, avec le multipartisme et la liberté de la foi, bien des tares en moi ne pouvaient pas m'imaginer abandonner, un jour, le marxisme–léninisme, fortement ancré… aujourd'hui, je confesse qu'en vérité, c'est méconnaître la volonté parfaite de Jésus-Christ, Seigneur et Sauveur ! Oui, Jésus-Christ, le plus grand stratège ! Dans mon entourage, seule mon épouse croyait en la puissance de Jésus-Christ qui avait métamorphosé Saul de Tarse qui, sur la route de Damas, eut la révélation intérieure que Jésus-Christ est vivant :

Actes des Apôtres 9 : 1 – 8 « 1 – Cependant, Saul, respirant encore la menace et le meurtre contre les disciples du Seigneur, se rendit chez le souverain sacrificateur, 2–et lui demanda des lettres pour les synagogues de Damas, afin que, s'il trouvait des partisans de la nouvelle doctrine, hommes ou femmes, il les amenât liés à Jérusalem. 3– Comme il était en chemin, et qu'il approchait de Damas, tout à coup une lumière venant du ciel resplendit autour de lui. 4– Il tomba par terre, et il entendit une voix qui lui disait : Saul, Saul, pourquoi me persécutes-tu ? 5– Il répondit : Qui es-tu, Seigneur ? Et le Seigneur dit : Je suis Jésus que tu persécutes. Il te serait dur de regimber contre les aiguillons. 6– Tremblant et saisi d'effroi, il dit : Seigneur, que veux-tu que je fasse ? Et le Seigneur lui dit : Lève-toi, entre dans la ville, et on te dira ce que tu dois faire. 7 — Les hommes qui l'accompagnaient demeurèrent stupéfaits ; ils entendaient bien la voix, mais ils ne voyaient personne. 8– Saul se releva de terre, et, quoique ses yeux fussent ouverts, il ne voyait rien ; on le prit par la main, et on le conduisit à Damas.»

Mon épouse était convaincue que ce que Jésus-Christ avait fait dans la vie de l'apôtre Paul, il le ferait aussi dans la vie de son mari... Elle intercédait sans cesse et jeûnait pour cette mission (certainement de la part de Jésus-Christ lui-même)... dans cette attente, je persistai à rejeter tout ce qui avait un rapport, même minuscule, avec dieu... il y avait une prise de distance nette et sans équivoque avec dieu jusqu'à ce jour que je revins du travail et qu'un vendeur à la criée, au marché Total de Bacongo à Brazzaville en République du Congo, me proposa avec insistance une bible... Je le dévisageai en lui lançant avec orgueil et une certaine assurance que le livre qu'il se proposait de me vendre n'était rien d'autre qu'un « tas d'immondices... » Je passai outre avec mépris... Le vendeur insista, mais en vain... Alors, il me lança :

— La Bible ! je te le dis mon frère, un jour, tu en seras follement amoureux !

Toujours est-il, consciemment ou inconsciemment, à la fin de mes courses et que je décidai de rentrer à la maison, sur une autre voie de sortie assez éloignée de la première entrée, ce fut encore le même vendeur de bibles qui, cette fois, ne fit pas attention à moi, mais, contre toute attente, c'est moi qui allai vers lui... et lui en achetai une... Alors, me justifiant auprès de lui, je m'évertuai à le rassurer que je n'avais rien à voir avec la bible, outil de propagande de l'impérialisme, mais si je l'avais achetée c'est tout simplement pour l'offrir à ma chère, tendre et fidèle épouse qui s'obstinait encore à croire en dieu... Pour tout commentaire, le vendeur me répliqua :

— La Bible ! Je te le dis en vérité, mon frère, tu en auras plus besoin que ton épouse... Jésus-Christ a une belle histoire avec toi, pasteur ! Oui, pasteur ! »

Très amusé, je lui répondis qu'il était un bon vendeur persévérant et flatteur :

— Pasteur ! as-tu dit ? très, très, très amusant, tu t'es trompé monsieur ! moi, pasteur ? Et quoi encore ? très amusant... tu t'es lourdement trompé monsieur ! pasteur ! as-tu dit ? quel rigolo ce vendeur !

Aujourd'hui, avec le recul, je confesse qu'en vérité, c'est bien ce jour-là que j'ai rencontré Jésus-Christ... Et le vendeur, n'était-il pas le Seigneur lui-même ? mais mon cœur n'étant pas disposé, ma foi étant inexistante, je ne l'avais pas reconnu... Plus d'une vingtaine d'années après cet événement, on ne parlait plus de cette bible chez nous, mon épouse ne pouvant déclarer ouvertement sa foi en ma présence sous peine de réprimandes parfois exagérées de ma part... Elle se cachait probablement pour lire sa bible qui n'était plus du tout dans mes pensées... Je ne cessai de me vanter, auprès de mon épouse, de m'être définitivement débarrassé du fameux Jésus-Christ qui voulait « squatter une place » dans ma vie... alors, bouchant ses oreilles par la Parole du Seigneur qu'elle ne cessait de lire et de méditer, mon épouse marchait, non plus par la vue, mais par la foi en Jésus-Christ... Elle croyait, mordicus, en la conversion de son mari...

Selon elle, bien des signes étaient fortement visibles dans mon acharnement de moins en moins dirigé contre le Seigneur... Ainsi, elle s'accrocha à la Parole du Seigneur :

Habacuk 2 : 3 « Car c'est une prophétie dont le temps est déjà fixé, elle marche vers son terme, et elle ne mentira pas ; si elle tarde, attends-la, car elle s'accomplira, elle s'accomplira certainement. »

Nombres 23 : 19 « Dieu n'est point un homme pour mentir, ni fils d'un homme pour se repentir. Ce qu'il a déclaré, ne l'exécutera-t-il pas ? »

En fait, dans ma 40e année d'âge, je partis pour l'Europe, plus précisément en France... J'étais toujours et encore « sympathisant du socialisme, du communisme, du marxisme-léninisme », et mon entourage le savait... Un jour, à l'université René Descartes – Paris V – Sorbonne Sciences humaines, je fis la connaissance du Père Émile Bitsindou-Mahoukou *(+ paix à son âme)*... prêtre jésuite, originaire du Congo-Brazzaville... et, comme j'étais en avance de deux paliers sur le plan universitaire, il se proposa de venir chez nous, à la maison, passer quelques jours afin que je l'aidasse dans l'ébauche de son projet de recherche de doctorat en sciences de l'éducation... Mon épouse, mes enfants et moi l'avions hébergé pendant 3 semaines... Un fait bizarre, dès qu'il entra dans notre maison, je lui donnai un ultimatum avec insistance :

— Prends toutes tes dispositions pour ne pas nous encombrer avec tes prières que tu dois faire seul, dans ta chambre, à tes heures, sans mon épouse, sans nos enfants... Ton Dieu, tu te le gardes pour toi, nous n'en voulons pas du tout... Nous nous revoyons pour manger, pour boire (si tu veux) et surtout, surtout pour travailler sur ton Projet de Thèse de Doctorat... Fais de ton mieux pour ne pas nous casser les oreilles avec tes balivernes de Jésus-Christ et que sais-je encore... »

Notre hôte respecta les consignes quand bien même, lorsque je m'absentais, mon épouse lui demandait de prier pour moi et pour notre petite famille... À la fin de son séjour, mon épouse lui demanda, en ma présence, et sans réaction de ma part, de prier et de bénir notre maison... Il hésita et me regarda... je le rassurai que cela ne me dérangerait pas... Alors, pour la 1re fois dans notre maison, il pria en ma présence... cette prière me bouleversa terriblement... j'avais comme le sentiment d'avoir raté quelque chose pendant son séjour... encore un événement qui me chagrinait... mais je n'osai nullement l'évoquer en présence de mon épouse, je me tenais droit dans nos bottes et rien ne devait changer quant à ma position contre le fameux Jésus-Christ... Aujourd'hui, avec le recul, j'étais exactement dans la situation que rapporte l'apôtre Jean :

Jean 1 : 9 – 13 « 9 – Cette lumière était la véritable lumière qui, en venant dans le monde, éclaire tout homme. 10– Elle était dans le monde, et le monde a été fait par elle. 11– Elle est venue chez les siens, et les siens ne l'ont point reçue. 12– Mais à tous ceux qui l'ont reçue, à ceux qui croient en son nom, elle a donné le pouvoir de devenir enfants de Dieu, lesquels sont nés, 13-non du sang, ni de la volonté de la chair, ni de la volonté de l'homme, mais de Dieu. »

Après le séjour de mon ami prêtre jésuite, je commençai à me culpabiliser du fait que j'étais trop sévère envers mon épouse quant à la relation de la foi qu'elle entretenait avec son dieu... Cependant, par obstination surtout, et non par conviction, pour la 1re fois, j'avais adhéré au parti socialiste français, à la recherche d'une symbiose entre la théorie et la pratique socio-marxistes... déception et démission !

Quelques années, après cette première déception, j'ai adhéré au Parti communiste français... nouvelle déception... mon intégrité, voire mon fanatisme, mieux ce que je pensais être la meilleure attitude d'adhésion au socialisme et au communisme, n'était qu'une dangereuse radicalisation pure et dure... En effet, mon obstination à vouloir rechercher le socialisme et le marxisme-léninisme en rejetant systématiquement toutes formes de foi en un dieu (probablement imaginaire) commençait à me poser de sérieux problèmes d'approche idéologique... je commençai à douter de mon positionnement et à relever avec regret que le vocabulaire que j'avais accumulé au Congo était « inconnu » des deux partis que je croyais proches de la définition de l'église comme « opium du peuple »... Parmi ceux que je pensais être mes camarades socialistes et communistes, plusieurs vivaient leur foi en dieu à visage découvert...

Cela m'intriguait... Aujourd'hui avec le recul, je confesse que toute cette traversée à la recherche de l'exemplarité pure et dure de la « pratique socialo-communiste hors religion » n'était qu'une utopie... Certes qu'en Russie, par le passé, le Parti communiste avait détruit des églises, des synagogues et des mosquées, harcelé, incarcéré et exécuté des chefs religieux, inondé les écoles et les médias d'enseignement antireligieux et introduit son système de croyance appelé « athéisme scientifique » avec ses propres rituels et prosélytes... aujourd'hui, près de 70°/° de la population se reconnaît en l'église orthodoxe... Le Seigneur ne nous dit-il pas ? :

Romains 14 : 11 « ... Tout genou fléchira devant moi, et toute langue donnera gloire à Dieu. »

Par ailleurs, comme je pensais gagner beaucoup d'argent, et pour me situer au-dessus des autres, bien des fins de semaine, ma famille avait l'habitude d'abriter des « retrouvailles festives » entre compatriotes congolais de Brazzaville et de Kinshasa, voire des ressortissants d'Afrique, autour d'un copieux repas bien arrosé... La musique s'en suivait et la danse emboîtait logiquement le pas... La fête débutait les vendredis, aux environs de 22 h et se terminait les dimanches, très tard dans la nuit... Que des dépenses, que des Crédits revolving contractés çà et là... rien que pour maintenir le cap auprès de tous ceux qui venaient manger et boire gracieusement chez nous...

C'était mal vécu par mon épouse qui, pour la paix du couple et du foyer, cuisinait avec une joie apparente tous les plats, apprêtait le couvert et recevait avec sourire nos hôtes... par contre, c'était très difficile pour nos enfants qui n'hésitaient pas à crier, depuis leurs chambres, dès l'arrivée des premiers invités :

— Le restaurant hyper gratuit est ouvert, nourriture à gogo, boisson au programme, à consommer sans modération, musique et danse en hors-d'œuvre... bon appétit et amusez-vous bien... c'est bien gratuit ! profitez-en !

Et ce n'était pas tout, car nos invités n'hésitaient pas à revenir chez nous solliciter des sommes d'argent qu'ils ne nous ont jamais remboursées pour la plus grande majorité... En vérité, ils n'étaient pas si naïfs nos fameux amis, ils étaient motivés par le profit, et nous étions leur vache à lait... Avec l'argent qu'on leur prêtait, ils partaient chez les marabouts pour nous appauvrir mystiquement... Et nos crédits revolving s'accumulaient...

Aujourd'hui, je confesse que c'est le Seigneur Jésus-Christ lui-même qui avait initié tout ce calvaire afin de me rencontrer :

Lamentations de Jérémie 3 : 37 – 38 « 37 – Qui dira qu'une chose arrive, sans que le Seigneur l'ait ordonnée ? 38– N'est-ce pas de la volonté du Très-Haut que viennent les maux et les biens ? »

C'est justement en ces occasions de fêtes que mon épouse avait sympathisé avec madame Diké, originaire du Congo Kinshasa, adoratrice déclarée de Jésus-Christ. Et, tout se précipita lorsqu'à mon insu, madame Diké associa mon épouse à une séance de prière spéciale d'intercession de plus d'une heure chez elle sous la présidence du pasteur de son église... Quelques jours après, mon épouse et moi rendîmes visite à madame Diké et son époux (+*paix à son âme)*...

Profitant de ma présence et devant son mari, madame Diké me demanda si mon épouse pouvait l'accompagner dans son église, le

dimanche, à plus d'une heure de notre lieu de résidence... C'était bizarre, sans aucune hésitation, je lui répondis : « oui »... Les deux femmes se congratulèrent pendant un assez long moment... et, monsieur Diké et moi, les félicitions par acclamation... Aujourd'hui encore, ce film me revient et je ne cesse de confesser que vraiment Jésus-Christ est un stratège à qui rien n'est impossible... Bien des autres dimanches s'en suivaient... et, « aller à l'église le dimanche » devenait une activité sans aucune cachotterie pour mon épouse qui se métamorphosa positivement :
- Plus méticuleuse...
- Plus calme...
- Plus belle...
- Plus polie...
- Plus respectueuse...
- Plus obéissante...
- Plus soumise...
- Très épanouie...
- Très connectée sur Jésus-Christ...
- Très heureuse...

Le plan parfait de Jésus-Christ dans ma vie était en marche à travers mon épouse qui intensifiait ses prières d'intercession... Certainement convaincue par l'esprit du Seigneur, elle persévérait dans la prière et le jeûne, ne cessait de demander, bien des fois en pleurant à haute voix dans la chambre, même en ma présence :

— Que mon époux te soit consacré, Ô Seigneur Jésus-Christ... que les fêtes, les folles dépenses s'arrêtent et s'éloignent complètement de ma petite famille... que les dettes soient épongées définitivement... que la paix du Seigneur soit foncièrement dans notre famille... que tous les profiteurs qui envahissent notre famille soient dans la lourdeur à chaque fois qu'ils projettent de nous visiter... plus aucune cohabitation de la lumière et des ténèbres... que tout esprit contraire à la volonté parfaite de l'Éternel Dieu soit chassé au nom puissant de Jésus-Christ et envoyé dans les lieux arides... que Jésus-Christ prenne le contrôle de notre vie, de nos finances, de nos fréquentations et de nos amitiés... que la paix du Seigneur s'installe dans notre petite famille... que nous ne manquions de rien... Seigneur Jésus-Christ, fais-moi voir ta gloire...

Mon épouse croyait en ma conversion, malgré quelques réticences encore perceptibles de ma part... Pour elle, il n'y avait aucun doute quant à l'imminence de l'accomplissement de la promesse de ma conversion... Un soir, en famille, que nous partagions notre repas à table, elle me déclara :

— Mon cœur, tu sais, le Seigneur ne peut pas se désavouer, je reste convaincue que Jésus-Christ t'a déjà touché... ta méchanceté contre l'église a disparu... tu me permets d'aller communier avec mes frères et sœurs de l'église... tu ne t'opposes plus que j'assiste aux veillées de prière les vendredis de 00.00 à 04,00 du matin... tu as une tolérance exceptionnelle et la parole de Dieu me fortifie assurément...

Marc 11 : 24 « C'est pourquoi je vous dis : Tout ce que vous demanderez en priant, croyez que vous l'avez reçu, et vous le verrez s'accomplir. »

Tout baignait dans l'espérance et dans la totale quiétude du Seigneur, madame Diké et mon épouse se rendaient à l'église chaque dimanche, lorsqu'un jour que l'on partageait ensemble un jus d'orange, son Mari m'interpella :

— Mon bon monsieur ! me dit-il, quelle imprudence pour toi de laisser partir ta femme seule dans cette église pleine des charognards, des pasteurs sans âme... des serviteurs de dieu autoproclamés, aux allures bizarres, sans aucune bribe de déontologie...

— Y aurait-il une raison pour m'en inquiéter ? lui dis-je.

— Ces gens n'ont aucun respect pour les femmes qui vont prier seules, sans leurs maris... Ils ne tardent pas à en faire leur objet sexuel... rapidement, ils vont lui prophétiser que son mari est sorcier, un alibi pour l'attirer vers eux... tu n'as pas intérêt à la laisser y aller avec ma femme qui n'a pas un bon témoignage, je la soupçonne depuis belle lurette de me tromper avec ces fameux hommes de dieu, sortis de nulle part... ou tu verras les dégâts, et il sera trop tard, malheureusement... ils ne vont pas se gêner de la tripoter au nom de Jésus-Christ après lui avoir fait des prophéties... je te conseille et j'insiste, de ne plus la laisser seule dans la voiture de ma salope de femme...

Cette observation était difficile à entendre... que devrais-je faire après cette nouvelle bombe si dévastatrice ? contre toute attente, j'avais, cette fois encore, une réactivité positivement surprenante... aujourd'hui, je confesse que ce nouveau scénario, encore catastrophique, faisait certainement partie du plan parfait de Jésus-Christ pour ma vie... le dimanche qui suivait, monsieur Diké et moi proposâmes d'accompagner nos épouses à l'église...

Pour la 1re fois de ma vie, j'entrai dans une église chrétienne évangélique où l'on parlait de Jésus-Christ, Seigneur et Sauveur... Pour m'asseoir, j'occupai, par inadvertance ou plutôt selon la stratégie du Seigneur lui-même, non pas une chaise à partir de la 2e rangée comme l'exigeaient l'organisation, la préséance et le protocole, pour toute personne qui ne faisait pas partie du directoire de l'église ou qui n'était pas détentrice d'un ministère reconnu, mais une chaise de la 1re rangée... Grosse panique pour mon épouse qui était assise, une rangée derrière moi, à côté de monsieur et madame Diké... Mon épouse insista, mais sans succès, que je libérasse cette chaise que je venais d'usurper, n'ayant aucun titre pour l'occuper.. Je ne bougeai d'aucun iota, confortablement assis dans la rangée des serviteurs de dieu et responsables de l'église...

Ce que redoutait mon épouse, c'était le cas où le modérateur de la réunion m'invitait à prier à haute voix, et je ne savais pas prier du tout... quelle honte serait pour elle, devant une si grande assemblée... Même le protocole qui avait l'habitude de vérifier les accréditations, et faire changer de chaise à tout auditeur qui ne remplissait pas les conditions des premières places, n'avait pas du tout perçu cette erreur gravissime qui avait inquiété mon épouse toute la durée de la réunion... Tout se passait selon la programmation du Seigneur Jésus-Christ... Je fus tranquillement assis en première rangée jusqu'à la fin du culte...

Et, quand il fallait se présenter à l'assemblée, je déclinai mon identité en terminant par : « ... le mari de maman Angèle... » L'assemblée acclama chaudement pendant plus d'un quart d'heure... de telles acclamations n'étaient, en principe, réservées qu'aux grands dirigeants... Et c'était rarissime...

Aujourd'hui encore, en revivant cette scène, je comprends que c'était en fait très osé... mais malheureusement, l'église manquait de révélation... Jésus-Christ venait de présenter son « moindre serviteur évangélique » que « les visités » n'avaient pas reconnu...

Pour la fin de cet « incident protocolaire », j'occupais la même place, tous les dimanches... je commençais à m'y intéresser... et le jour de culte commençait à faire partie de mes préoccupations de fin de semaine... Cependant, un dimanche, un jeune évangéliste, « qui serait poussé par le saint-esprit ? », entra en transes et termina sa prédication par l'adresse ci-après à l'attention de chaque membre de l'Assemblée :
— Être impérativement présent à l'église le dimanche prochain, surtout ne pas venir seul, mais être accompagné de deux ou trois, voire plus, personnes handicapées : Dieu fera des miracles en direction des personnes handicapées...

Monsieur Diké et moi ne comprîmes pas la motivation de cette recommandation que nous trouvâmes ridicule... d'ailleurs, cela nous donna l'occasion de critiquer nos épouses... nous leur demandâmes de nous expliquer comment elles se pourvoiraient en personnes handicapées... Le fameux dimanche des miracles programmés, nous fûmes tous bien présents à l'église... ce fut le même jeune évangéliste qui apporta la Parole de Dieu... après un temps assez important d'adoration, il demanda à l'assemblée de lui présenter les personnes handicapées... silence ! Il réitéra sa demande... silence ! excédé, il demanda encore qu'on lui présentât les personnes handicapées... silence ! Alors il explosa :

— Comment pouvez-vous présenter à l'église sans aucune personne handicapée ? ... les personnes handicapées, on en trouve un peu partout... une ou deux personnes handicapées, ce n'est pas trop vous demander et nous sommes une grande assemblée... Comment est-ce possible ? »

Un doigt se leva dans la foule, Monsieur Diké :
— Dites-moi, combien de personnes handicapées avez-vous présentées vous-même ?

Surprenante, rarissime, bien osée, la question de monsieur Diké fit rire à gorge déployée toute l'assemblée qui applaudit avec frénésie... certains ne retinrent plus leurs larmes... ce fut événementiel ! madame Diké fut fortement contrariée... En fait, selon l'ordre préétabli, il n'était pas permis à l'auditoire d'émettre un quelconque avis contradictoire, et surtout ne pas contrarier le prédicateur qui était censé parler de la part du saint-esprit... Cette scène me refroidit foncièrement... S'il était bien vrai que Dieu avait parlé à l'évangéliste et qu'il devait faire des miracles ce fameux dimanche, pourquoi il n'y avait aucune personne handicapée ? Cette démonstration des miracles ne convenait-elle pas lors d'une réunion de l'association des personnes handicapées ? En France, il y avait une grande association des paralysés ou tout simplement, pourquoi ne pas se rendre dans les centres d'hébergement des handicapés pour faire aboutir ce miracle de guérison ? À partir de ce dimanche-là, nous étions très amusés, monsieur Diké et moi... Personnellement, tous les dimanches, je me rendais à l'église pour relever les fautes de prononciation commises par les intervenants de l'église... une nouvelle activité qui me passionnait et qui agaçait mon épouse... Pour enrichir mon répertoire, j'acceptai d'accompagner mon épouse dans les prières d'intercession (tous les mercredis de 19 h à 20 h) et dans les veillées de prière (tous les vendredis de 0 h à 4 h du matin)... Et, une nuit, à la veillée de prière, aux environs de 3 h du matin, le berger invita les frères et les sœurs de l'assemblée qui souhaitaient bénéficier d'une prière spéciale pour un cas strictement confidentiel et personnel d'avancer devant l'autel... Et, comme la demande était importante, le berger associa les membres de son équipe... l'un d'eux reçut une sœur... après que cette dernière lui eut confié discrètement l'objet de sa requête, le frère, membre de l'équipe pastorale, lui ordonna de fermer les yeux afin qu'il puisse prier pour elle... Il ferma à son tour les yeux... la pratique exigeant qu'il la touchât en priant... le frère se saisît âprement du sein de la sœur, probablement sans arrière-pensées... mais la prière dura assez longtemps et la sœur avait mal... j'en ris discrètement... encore un fait divers à noter dans mon carnet des mésaventures de l'église, un sujet de moqueries certaines à l'endroit de mon épouse... Dans toutes les réunions auxquelles j'assistais, je ne comprenais ni le sens des prières ni la signification des cantiques... et même les prédications et les exhortations ne m'accrochaient point... toute mon attention était focalisée sur les fautes de prononciation et les erreurs de formulation... Au bout du compte, lentement mais sûrement, Jésus-Christ me conduisait selon le plan conçu pour ma vie...

Toujours était-il que ma charmante, tendre et fidèle épouse, ne perdait pas l'espoir de me voir servir le Seigneur Jésus-Christ... Pour ce faire, elle initia l'organisation d'une séance de prière chez nous, à domicile, et invita le berger de l'église que nous fréquentions... Le rendez-vous était fixé un jeudi à 10 h... Mon épouse fit quelques courses pour le recevoir... Elle apprêta le menu :
– Mises en bouche savoureuses ;
– Entrée ;
– Plat principal ;
– Salade ;

– Fromage ;
– Dessert...

Pour ne pas faire les choses à moitié, nous déposâmes, tous les deux, un jour de congé... attendu à 10,00, ce fut à 22,30 qu'arriva, non pas le berger de l'église, mais un jeune, membre de l'équipe pastorale... Sans s'excuser, il nous invita à la prière... Et, se tournant vers moi, il me lança sèchement :
— Quel est ton problème ? »
Je lui répondis :
— Personnellement, je n'ai aucun problème gravissime qui nécessite votre prière... c'est plutôt ma femme qui en a probablement pour avoir invité le berger qui n'est pas venu, ne nous a pas avertis de son absence et de son remplacement par vous... logiquement, il devrait, au moins vous dire quel était l'objet de sa venue chez nous depuis 10 heures...

Me connaissant, mon épouse savait que je n'étais pas content et que je pouvais même chasser ce jeune homme de chez nous... Alors, elle s'empressa de lui préciser l'objet de sa demande de prière :
— Que le Seigneur Jésus-Christ nous aide à résoudre les difficultés surtout financières que nous rencontrons... »
Et le jeune homme de récidiver :
— Je suis là pour vous sauver, alors fermez les yeux, je vais prier pour vous...

Sa prière dura à peine moins de trois minutes et pour causes :
– Il était déjà très tard ;
– Il fallait qu'il rentre vite chez lui ;
– Et, il avait plus d'une heure de route...

À la fin de la fameuse prière, mon épouse lui proposa le repas... Le jeune lui fit comprendre que dieu ne lui avait pas dit de manger chez nous... elle proposa de lui en faire de petits colis à emporter... le jeune homme refusa et décida de s'en aller... le raccompagnant jusqu'au parking, mon épouse lui remit une enveloppe d'un montant respectable d'offrande d'amour qu'il ne refusa pas... Bien des éléments militaient dans le sens contraire de ce que mon épouse espérait de la réception du berger de l'église... Pour moi, autant de points de colère et de dégoût, entre autres :

– Son retard de onze heures d'attente, sans nous prévenir et sans s'excuser...

– Son orgueil ;

– Son impolitesse...

– Son refus de manger, et/ou d'emporter la nourriture, ne fût-ce que goûter ce que mon épouse avait préparé avec amour, minutie et dextérité...

– La durée de sa prière de moins de trois minutes dans notre maison, alors qu'à l'église, la prière sur demande, la moins longue, durait un peu plus d'un quart d'heure...

Quelle humiliation à cause de la prière que je ne savais pas faire... quelle humiliation à cause de la bible que je ne connaissais ni ne comprenais... ce jeune homme eut l'audace de me ridiculiser en présence de mon épouse parce qu'il lisait la bible... alors pourquoi ne m'y mettrais-je pas ? j'étais dans une colère rouge, mais impuissante... aujourd'hui, avec le recul, je confesse que si l'attitude de ce jeune homme, qui avait l'âge de notre troisième fils, m'avait énervé, c'est bien parce que Jésus-Christ voulait me pousser à bout pour que je m'engage dans le processus du Ministère...

Je dis un grand merci au Seigneur Jésus-Christ et à ses servantes et serviteurs qu'il avait utilisés dans le processus de mon appel pour le Ministère... entre autres :

– Le vendeur de bibles, Marché Total, Bacongo – Brazzaville (CONGO)

– Mon Épouse ;

– Le Père Émile Bistsinodu-Mahoukou ;

- Madame Diké ;
- Monsieur Diké ;
- Le berger ;
- Le jeune homme remplaçant du berger…

En effet, tout juste après que le jeune erviteur de dieu fut parti, je demandai à mon épouse si elle avait toujours la bible que je lui avais offerte lorsque nous étions encore au Congo…

Job 33 : 14 « Dieu parle cependant, tantôt d'une manière, tantôt d'une autre, et l'on n'y prend point garde »

Oui, la bible que j'avais achetée au marché Total de Bacongo, Brazzaville… La bible dont le vendeur m'avait dit que j'en aurais plus besoin que mon épouse…

Habacuc 2 : 3 « Car c'est une prophétie dont le temps est déjà fixé, elle marche vers son terme, et elle ne mentira pas ; si elle tarde, attends-la, car elle s'accomplira, elle s'accomplira certainement. »

Elle me prêta sa sainte bible… Et, pour la 1re fois de ma vie, j'ouvris les saintes écritures que je lus comme un roman, chapitre après chapitre, paragraphe après paragraphe, ligne après ligne… mais sans rien comprendre… rien, rien… rien… Le dimanche qui suivait, lorsque je me rendis à l'église, je commençai à écouter attentivement la parole et à m'intéresser à tout ce qui s'y passait… Je commençai à comprendre et à aimer les cantiques…

Quelque chose venait de se passer dans ma vie… Je cherchai à comprendre et à avoir soif d'aller dans les séances d'intercession, les veillées de prière, les affermissements… Nos amis qui venaient manger et boire chez nous, se faire prêter des sommes, parfois colossales d'argent avaient tous fui… Non, ils ne nous fréquentaient plus… Et, ils étaient allés jusqu'à nous dénigrer, nous calomnier et nous accuser de sorcellerie… et d'avoir adhéré à une secte… Quelle

Secte ? Le Christianisme serait-il une Secte ? Quelle abomination ! Non, le Christianisme n'est ni une religion, ni une secte, mais un mode de vie... Oui, un mode de vie de pardon et d'amour du prochain, un mode de vie de sanctification, un mode de vie de prière, un mode de vie d'adoration et de louange, un mode de vie de persévérance et d'espérance en Jésus-Christ...

Depuis, je devins de plus en plus membre à part entière de l'église...le berger me parla du baptême et organisa un séminaire sur la nécessité de se faire « baptiser, plonger, immerger, submerger, baigner... »

En fait, le baptême est un acte au cours duquel on immerge le candidat dans l'eau, symbole de la fin d'une ancienne manière de vivre et du début du commencement d'un nouveau mode de vie, de penser, de raisonner, d'agir, d'échanger...

Quelques formes de baptême...

Le baptême de repentance pour la rémission des péchés

Pratiqué par le prophète Jean Baptiste, le baptême de repentance est le premier dont parlent les saintes écritures :

Marc 1 : 4 - 5 « 4 – Jean parut, baptisant dans le désert, et prêchant le baptême de repentance, pour la rémission des péchés. 5– Tout le pays de Judée et tous les habitants de Jérusalem se rendaient auprès de lui ; et, confessant leurs péchés, ils se faisaient baptiser par lui dans le fleuve du Jourdain. »

Le prophète Jean Baptiste, missionné pour préparer la venue de Jésus-Christ, le messie, annonçait au peuple de Dieu de se détourner de leurs péchés, de renoncer à leur vie ancienne et de se tourner vers la vérité par la foi en celui qui devait venir et qui vint selon les Saintes Écritures :

Matthieu 3 : 11 « Moi, je vous baptise d'eau, pour vous amener à la repentance... »

Avec l'institution de la nouvelle alliance, grâce à la mort de Jésus-Christ sur la croix, le baptême signifie désormais plus que le pardon des péchés, c'est un engagement à vivre une vie de disciple devant Dieu... Et l'apôtre Pierre de comparer le baptême au déluge du temps de Noé :

1 Pierre 3 : 18–21 « 18 - Christ aussi a souffert une fois pour les péchés, lui juste pour des injustes, afin de nous amener à Dieu, ayant été mis à mort quant à la chair, mais ayant été rendu vivant quant à l'Esprit,19-dans lequel aussi il est allé prêcher aux esprits en prison, 20-qui autrefois avaient été incrédules, lorsque la patience de Dieu se prolongeait, aux jours de Noé, pendant la construction de l'arche, dans laquelle un petit nombre de personnes, c'est-à-dire, huit, furent sauvées à travers l'eau.21-Cette eau était une figure du baptême, qui n'est pas la purification des souillures du corps, mais l'engagement d'une bonne conscience envers Dieu, et qui maintenant vous sauve, vous aussi, par la résurrection de Jésus-Christ. »

Et les Saintes Écritures de souligner :

Genèse 6 : 5 « L'Éternel vit que la méchanceté des hommes était grande sur la terre, et que toutes les pensées de leur cœur se portaient chaque jour uniquement vers le mal. »

Tout comme les eaux du déluge mirent fin à cette méchanceté dans l'ancienne alliance, le baptême symbolise la fin d'une vie centrée sur soi, où l'on fait sa propre volonté. C'est le début d'une nouvelle vie où l'on fait la volonté de Dieu... Puis, le Seigneur Jésus-Christ parut, annonçant le royaume des cieux et le salut pour les hommes... Plusieurs venaient à lui aussi pour être baptisés :

Jean 4 : 1-2 « 1 – Le Seigneur sut que les Pharisiens avaient appris qu'il faisait et baptisait plus de disciples que Jean. 2– Toutefois, Jésus ne baptisait pas lui-même, mais c'étaient ses disciples. »

Ceux qui avaient été baptisés du baptême de Jean Baptiste devaient être rebaptisés du baptême de Jésus-Christ, car, les deux baptêmes n'avaient pas les mêmes objectifs… En fait, le baptême de Jean Baptiste annonce au Peuple de dieu (prépare le peuple de dieu à) la venue du messie par la repentance pour la rémission des péchés ; le baptême de Jésus annonce le royaume des cieux et le salut pour les hommes par le changement radical de la vie du « moi » pour une vie entièrement consacrée à la parole de dieu qui est Jésus-Christ lui-même…

Le baptême « par Immersion » et/ou « au nom de Jésus-Christ »

Ce Baptême est conforme aux prescriptions faites par le Seigneur Jésus-Christ lui-même pour ses disciples selon les saintes écritures :

Matthieu 28 : 19 « Allez, faites de toutes les nations des disciples, les baptisant au nom du Père, du Fils et du Saint-Esprit »

Les apôtres l'ont appelé : « le baptême au nom de Jésus » :

Actes 2 : 38 « Pierre leur dit : Repentez-vous, et que chacun de vous soit baptisé au nom de Jésus-Christ, pour le pardon de vos péchés ; et vous recevrez le don du Saint-Esprit. »

Faisons l'économie du faux débat quant à rebaptiser « au nom de Jésus-Christ », selon la consigne du Seigneur *Actes 2 : 38*, tous les chrétiens déjà baptisés « au nom du père, du fils et du saint-esprit » selon la consigne du Seigneur Jésus-Christ… La parole de dieu qui n'est autre que le Seigneur Jésus-Christ lui-même ne peut pas se contredire en ordonnant d'une part « au nom du père, du fils et du saint-esprit », et l'autre part « au nom de Jésus-Christ »… En effet, en ordonnant le baptême de ses disciples *« au nom »* (singulier et non *pluriel) du Père, du Fils et du Saint-Esprit, ce nom commun du Père, du Fils et du Saint-Esprit est bel et bien « Jésus-Christ » lui-même…* C'est dire et souligner : que l'on soit baptisé « au nom du Père, du Fils et du Saint-Esprit » ou « au nom de Jésus-Christ » ou « au nom de Jésus », cela est conforme aux saintes écritures… Ce qui nous renvoie à cet échange entre le Seigneur Jésus-Christ et Philippe, rapporté par l'apôtre Jean :

Jean 14 : 8 – 11 « 8 – Philippe lui dit : Seigneur, montre-nous le Père, et cela nous suffit. 9– Jésus lui dit : Il y a si longtemps que je suis avec vous, et tu ne m'as pas connu, Philippe ! Celui qui m'a vu a vu le Père ; comment dis-tu : Montre-nous le Père ? 10– Ne crois-tu pas que je suis dans le Père, et que le Père est en moi ? Les paroles que je vous dis, je ne les dis pas de moi-même ; et le Père qui demeure en moi, c'est lui qui fait les œuvres. 11– Croyez-moi, je suis dans le Père, et le Père est en moi ; croyez du moins à cause de ces œuvres. »

Le baptême du Saint-Esprit

Pour être baptisé du saint-esprit, il faut d'abord être né de nouveau… Être baptisé de l'esprit, c'est être inondé par le saint-esprit après la nouvelle naissance… c'est être « plongé, immergé » dans le saint-esprit… être baptisé du saint-esprit, c'est être rempli du saint-esprit… être revêtu de sa puissance… c'est le Seigneur Jésus-Christ lui-même qui nous baptise du saint-esprit :

Matthieu 3 : 11 « Moi, je vous baptise d'eau, pour vous amener à la repentance ; mais celui qui vient après moi est plus puissant que moi, et je ne suis pas digne de porter ses souliers. Lui, il vous baptisera du Saint-Esprit et de feu. »

Marc 1 : 8 « Moi, je vous ai baptisés d'eau ; lui, il vous baptisera du Saint-Esprit. »

Actes 1 : 5 « Car Jean a baptisé d'eau, mais vous, dans peu de jours, vous serez baptisés du Saint-Esprit. »

Toutefois, il est possible que l'on reçoive le baptême du Saint-Esprit par imposition des mains :

Actes 8 : 17 « Alors Pierre et Jean leur imposèrent les mains, et ils reçurent le Saint-Esprit. »

Actes 19 : 6 « Lorsque Paul leur eut imposé les mains, le Saint-Esprit vint sur eux, et ils parlaient en langues et prophétisaient »

Le baptême du Feu

Luc 3 : 16 « Il leur dit à tous : Moi, je vous baptise d'eau ; mais il vient, celui qui est plus puissant que moi, et je ne suis pas digne de délier la courroie de ses souliers. Lui, il vous baptisera du Saint-Esprit et de feu. »

En effet,

Actes 2 : 1 – 4 « 1 – Le jour de la Pentecôte, ils étaient tous ensemble dans le même lieu. 2– Tout à coup, il vint du ciel un bruit comme celui d'un vent impétueux, et il remplit toute la maison où ils étaient assis. 3-Des langues, semblables à des langues de feu, leur apparurent, séparées les unes des autres, et se posèrent sur chacun d'eux. 4– Et ils furent tous remplis du Saint-Esprit, et se mirent à parler en d'autres langues, selon que l'Esprit leur donnait de s'exprimer. »

Il s'agit d'un feu qui nous donne le zèle de l'évangile. Et les saintes écritures déclarent :

Jean 2 : 17 « Ses disciples se souviennent qu'il est écrit : Le zèle de ta maison me dévore. »

Psaume 69 : 10 « Car le zèle de ta maison me dévore, et les outrages de ceux qui t'insultent tombent sur moi. »

Il s'agit d'un feu particulier qui nous anime pour Dieu, surtout pour annoncer l'évangile… tout comme ce feu pourrait aussi signifier les épreuves devant subir tout chrétien pour grandir en Christ et espérer aller vers la perfection…

Marc 16 : 16 « Celui qui croira et qui sera baptisé sera sauvé, mais celui qui ne croira pas sera condamné. »

Celui qui croira en Jésus-Christ, Seigneur et Sauveur, et qui sera baptisé, sera sauvé du monde constitué de bien des choses récurrentes, entre autres :
– Le vol, l'arnaque, l'escroquerie, la tricherie, le recel…
– Le mensonge, la magouille, l'hypocrisie, la ruse…
– La fornication, l'impudicité, la prostitution, l'adultère, l'alcool, la drogue…
– Les boîtes de nuit, les danses obscènes, les querelles…
– L'idolâtrie, le fanatisme, les marabouts, les devins, la sorcellerie…
– La haine, la vengeance, la colère, le ressentiment, le manque de pardon…
– La vantardise, l'orgueil, l'égocentrisme, l'égoïsme, trop d'estime de soi…
Sortir du monde, c'est être une nouvelle créature en acceptant et en recevant Jésus-Christ, comme Seigneur et Sauveur, lui appartenir…

2 Corinthiens 5 : 17 « Si quelqu'un est en Christ, il est une nouvelle créature. Les choses anciennes sont passées ; voici toutes choses sont devenues nouvelles. »

C'est dire que chaque candidat au baptême doit renoncer à sa position précédente dans le monde. C'est ce qu'on appelle chercher le salut en abandonnant complètement le monde. Par cette décision courageuse et spirituelle, le candidat au baptême n'appartient plus du tout au monde…

Le baptême devient pour lui un signe de délivrance… le choix d'un nouveau rôle. Il peut alors dire aux autres (ses anciennes fréquentations libertaires, fallacieuses et/ou tendancieuses) qu'il ne fait plus certaines choses parce qu'il croit en Jésus-Christ, celui qui devait venir et qui vint selon les Saintes Écritures… Tout comme il peut d'autant mieux dire qu'il ne fait pas ces choses, qu'il est baptisé… qu'il est dans le monde, mais pas du monde…

Le baptême est une étape à franchir pour se libérer du monde… C'est déclarer devant dieu et devant l'assemblée des hommes, que l'on est sorti des rangs du Monde… que l'on a changé de chemin… que l'on a choisi le chemin de paix, de pardon et d'amour avec les frères et les sœurs, même les personnes qui ne nous aiment pas – le chemin de joie, de prière, d'humilité, de communion et de symbiose avec Jésus-Christ… Un tel baptême est valable… A contrario, si le baptême n'a pas un effet bienfaisant sur la vie du baptisé, c'est qu'il est resté superficiel… En fait, après qu'il est sorti des eaux du Baptême, le baptisé doit réaliser spirituellement qu'il est sorti de son ancienne vie…

En effet, toute personne qui a été baptisée doit chercher la signification de son baptême en se référant toujours à l'adresse de l'apôtre Paul aux Romains :

Romains 6 : 3 – 7 « 3 - Ignorez-vous que nous tous qui avons été baptisés en Jésus-Christ, c'est en sa mort que nous avons été baptisés ? 4– Nous avons été ensevelis avec lui par le baptême en sa mort, afin que, comme Christ est ressuscité des morts par le gloire du

Père, de même nous aussi, nous marchions en nouveauté de vie. 5– En effet, si nous sommes devenus une même plante avec lui par la conformité à sa mort, nous le serons aussi par la conformité à sa résurrection, 6-sachant que notre vieil homme a été crucifié avec lui, afin que le corps du péché fût détruit, pour que nous ne soyons plus esclaves du péché ; 7-car celui qui est mort est libre du péché. »

Et la Détermination de l'apôtre Paul dans son adresse à l'Église de Philippes est une méticuleuse feuille de route, quant au cheminement vers la perfection en Christ :

Philippiens 3 : 2 – 14. « 2 – Prenez garde aux chiens, prenez garde aux mauvais ouvriers, prenez garde aux faux circoncis. 3– Car les circoncis, c'est nous, qui rendons à Dieu notre culte par l'Esprit de Dieu, qui nous glorifions en Jésus-Christ, et qui ne mettons point notre confiance en la chair. 4– Moi aussi, cependant, j'aurais sujet de mettre ma confiance en la chair. Si quelque autre croit pouvoir se confier en la chair, je le puis bien davantage, 5 – moi, circoncis le huitième jour, de la race d'Israël, de la tribu de Benjamin, Hébreux né d'Hébreux ; quant à la loi, pharisien ; 6 – quant au zèle, persécuteur de l'Église ; irréprochable, à l'égard de la justice de la loi. 7– Mais ces choses qui étaient pour moi des gains, je les ai regardées comme une perte, à cause de Christ. 8– Et même je regarde toutes choses comme une perte, à cause de l'excellence de la connaissance de Jésus-Christ mon Seigneur, pour lequel j'ai renoncé à tout, et je les regarde comme de la boue, afin de gagner Christ, 9-et d'être trouvé en lui, non avec ma justice, celle qui vient de la loi, mais avec celle qui s'obtient par la foi en Christ, la justice qui vient de Dieu par la foi, 10-afin de connaître Christ, et la puissance de sa résurrection, et la communion de ses souffrances, en devenant conforme à lui dans sa mort, pour parvenir, 11-si je puis, à la résurrection d'entre les morts. 12 – Ce n'est pas que j'aie déjà remporté le prix, ou que j'aie déjà atteint la perfection ; mais je cours, pour tâcher de le saisir, puisque moi aussi j'ai été saisi par Jésus-Christ, 13 — Frères, je ne pense pas l'avoir saisi ; mais je fais une chose : oubliant ce qui est en arrière et me portant vers ce qui est en avant, 14-je cours vers le but, pour remporter le prix de la vocation céleste de Dieu en Jésus-Christ. »

Le baptême exprime une mort et une résurrection, l'ensevelissement du pécheur crucifié avec Jésus-Christ, et la naissance de l'homme régénéré, né d'en haut :

Jean 3 : 3 « ... en vérité, en vérité... si un homme ne naît de nouveau, il ne peut voir le royaume de Dieu. »

Le baptême symbolise la rupture avec le passé et l'entrée dans la sphère nouvelle de la foi et de la vie en Christ :

Colossiens 2 : 12 – 13 « 12 – Ayant été ensevelis avec lui par le baptême, vous êtes aussi ressuscités en lui et avec lui, par la foi en la puissance de Dieu, qui l'a ressuscité des morts. 13-Vous qui étiez morts par vos offenses et l'incirconcision de votre chair, il vous a rendus à la vie avec lui, en nous faisant grâce pour toutes nos offenses. »

Galates 3 : 27 « Vous tous, qui avez été baptisés en Christ, vous avez revêtu Christ. »

Le baptême est à la fois un engagement et un témoignage. En effet, le baptisé rend témoignage vis-à-vis des hommes de l'engagement qu'il a pris devant dieu. Il confesse sa foi. Le baptême ne s'envisage que si, et seulement si, l'on croit en Jésus-Christ et que l'on a accepté de le recevoir dans sa vie comme « seul » seigneur et « seul » sauveur... Nous retiendrons hermétiquement que ce n'est pas le baptême en lui-même qui sauve, il constitue un engagement envers Jésus-Christ, seigneur et sauveur... Seule la foi en Jésus-Christ sauve... Le baptême accompagne la Foi...

Le « baptême par immersion au nom de Jésus-Christ », a déclenché dans ma vie une certaine fierté d'appartenance à la grande Église Universelle de Jésus-Christ... En effet, mon assiduité, mon exactitude et ma régularité à toutes les activités de l'église (affermissements, enseignements, séminaires, veillées de prière, retraite...) ont fortement transformé ma vie... une métamorphose, un cheminement certain, palpable et probant vers la nouvelle identité en Christ attestée par :
– Le mode de vie ;
– La référence à Christ dans le quotidien et dans tous les actes de la vie ;
– Le témoignage du dedans et du dehors ;
– L'essentiel de l'image véhiculée autour de soi...

En effet, confesser et recevoir Jésus-Christ comme seul Seigneur et seul Sauveur dans sa vie, participer assidûment aux affermissements et activités de l'Église, mettre en pratique les enseignements et les commandements de Christ inoculent une attitude nouvelle, un comportement nouveau, un langage nouveau, une réactivité nouvelle, un changement radical...

Loin d'être « religieux » et « fanatique », l'on est une nouvelle créature en Christ... Loin du « déclaratif », l'on est en son for intérieur un imitateur de Christ... Alors on acquiert la nouvelle identité en Christ que si et seulement si, l'entourage note une véritable transformation de mentalité, de comportement, de fidélité, d'amour...

Des Conclusions bien éloignées du Comportement de l'identité adamique, identité de l'homme ordinaire qui mène une vie *« sous le soleil » (Ecclésiaste 1 : 3)...* cette identité si lourde à porter, si vieillissante et si embarrassante souffre de l'absence de celui que le prophète *Ésaïe* présente avec les titres de : *« Admirable, Conseiller, Dieu Puissant, Père Éternel, Prince de la Paix. » [Ésaïe 9 : 5]*

L'homme ordinaire, porteur de cette Identité adamique, ne peut éprouver que des difficultés pour parler de lui-même à cause de sa double ignorance :
– Ne pas savoir ce qu'il est réellement ;
– Ne pas savoir ce qu'il veut réellement.

Dans la vie quotidienne, la spécificité de cette identité « sous le soleil », c'est-à-dire « sans Dieu », se résume entre autres en :
– N'a pas de programme dans sa vie si débridée qui se déroule comme un mauvais film sans scénario, sans mise en scène, un véritable méli-mélo ;
– N'a aucun projet en dehors de celui de s'accaparer des projets des autres du genre « organiser des fêtes mondaines, extravagantes » ;
– N'a aucun esprit de discernement ;
– N'a aucun objectif en dehors de celui de participer à des fêtes pour manger, boire, danser, s'éclater comme l'on dit dans le milieu ;
– Reproduit une vie stéréotypée et encline de monotonie ;
– N'a pas de personnalité ;
– C'est quelqu'un d'irréfléchi et d'immature qui dit « oui » à tout ;
– S'évertue, mais en vain, à vouloir être heureux dans un environnement où l'égocentrisme l'emporte sur les vertus de l'amour du prochain, la paix, la concorde, la compassion, l'entraide désintéressée, l'abnégation, l'humilité ;
– Copie maladroitement ce qu'il voit faire ;
– N'a aucune maîtrise de ce qu'il veut ;
– N'a aucune intelligence ;
– N'a aucune sagesse ;
– Les échecs s'accumulent dans sa vie ;
– Évolue dans un milieu chargé et fatigué où les projets présents et à venir gravitent essentiellement autour des boissons alcoolisées, impudicités, incestes, adultères, viols, trahisons, bagarres, danses obscènes, vols, sorcelleries, occultismes, fétichismes, mauvais sorts, vantardises, orgueils, querelles, colères, hypocrisies…

L'identité nouvelle en Christ reste foncièrement tributaire entre autres de :
— La prépondérance de la place de Jésus-Christ dans notre vie...
— La référence au Seigneur Jésus-Christ dans tous nos actes, toutes nos actions et toutes nos activités...
— La mise en pratique des enseignements et commandements de Jésus-Christ.

Et les Saintes Écritures de renchérir :

2 Corinthiens 5 : 17 ; 20 « 17 – Si quelqu'un est en Christ, il est une nouvelle créature. Les choses anciennes sont passées ; voici, toutes choses sont devenues nouvelles. 20– Nous faisons donc les fonctions d'ambassadeurs pour Christ, comme si Dieu exhortait par nous ; nous vous en supplions au nom de Christ : Soyez réconciliés avec Dieu. »

Et, à chaque fois qu'un petit fléchissement semble interférer dans l'intimité de sa relation avec Jésus-Christ, il est urgent et important de s'examiner profondément :

Psaume 1 : 1 – 3 « 1 – Heureux l'homme qui ne marche pas selon le conseil des méchants. Qui ne s'arrête pas sur la voie des pécheurs, et qui ne s'assied pas en compagnie des moqueurs, 2-mais qui trouve son plaisir dans la loi de l'Éternel, et qui la médite jour et nuit. 3– Il est comme un arbre planté près d'un courant d'eau, qui donne son fruit en sa saison, et dont le feuillage ne se flétrit point. Tout ce qu'il fait lui réussit. »

Le porteur de l'identité nouvelle en Christ réussit parce qu'il :
— S'éloigne des méchants, des moqueurs, des pécheurs – place sa confiance en Dieu ;
— Porte et donne des fruits – est le reflet de la foi en Christ et de la Parole de Dieu.

Il réussit parce qu'il est comme « un arbre planté près d'un courant d'eau » : ce qui symbolise la vitalité – la réussite – la longévité…

« Le fait que les racines de cet arbre soient dans l'eau » symbolise le Saint-Esprit et/ou la parole de dieu (c.-à-d. Jésus-Christ lui-même) – « Le feuillage de cet arbre ne se flétrit pas » veut dire « qu'il ne perd pas son éclat »… Ce qui symbolise l'image de marque de cet homme ayant l'identité nouvelle en Christ, homme apprécié de toutes et de tous, homme ayant un bon témoignage du dedans et du dehors…

L'idéal, pour une assemblée des saints ou église de Jésus-Christ, serait qu'elle soit un Lieu privilégié des frères et des sœurs, fils et filles de dieu récipiendaires de la nouvelle identité en Christ, formant la famille de Christ, lieu d'amour et de pardon, d'entraide et d'abnégation…

Ce qui, a fortiori, formerait des églises véritables du Seigneur Jésus-Christ :
– Églises que les chercheurs et déserteurs infatigables de « l'église exemplaire » ne briseraient ni ne quitteraient…
– Églises qui ne donneraient aucune opportunité de mensonge, de commérages, de dénigrement, de calomnies à des esprits démoniaques, champions de désertion et de changement d'assemblée à cause d'untel, jamais à cause de leur course effrénée et diabolique vers de nouveaux horizons pour quelques jours, quelques semaines, quelques mois, voire quelques années avant une nouvelle émigration spirituelle… et ceci en permanence…

Oui, l'église de Jésus-Christ, lieu privilégié du « pardon »…

En effet, il n'y a pas d'églises parfaites…Il n'y a pas des serviteurs/servantes de Dieu parfait(e)s… tout comme il n'y a pas de chrétien(ne)s parfait(e)s…

L'église étant une grande famille où bien de plaintes et de déceptions, bien des commérages prennent corps contre les uns, les autres... le pardon, la parole du Seigneur, puissance qui libère devrait être, l'une des conditions sine qua non d'appartenance même à la famille chrétienne... Et les saintes écritures de renchérir :

Hébreux 10 : 25-27 « 25 – N'abandonnons pas notre assemblée, comme c'est la coutume de quelques-uns ; mais exhortons-nous réciproquement, et cela d'autant plus que vous voyez s'approcher le jour. 26 – Car, si nous péchons volontairement après avoir reçu la connaissance de la vérité, il ne reste plus de sacrifice pour les péchés, 27-mais une attente terrible du jugement et l'ardeur d'un feu qui dévorera les rebelles. »

Quatrième partie
Ministère chrétien évangélique

Après mon baptême par immersion au nom de Jésus-Christ, ma relation avec le Seigneur, ses ministres, ses filles et fils devint presque fusionnelle...

Je ne parlais que de Jésus-Christ autour de moi, lorsqu'un vieil ami, ancien socio-marxiste résidant en France nous visita, mon épouse et nos enfants... Nous le reçûmes avec une prière de bienvenue recommandant, entre les saintes mains de Jésus-Christ, son arrivée, son séjour et tout ce que nous partagerions...

Étonné, il répliqua d'un air moqueur :
– Que se passe-t-il ici ? quoi, tu as rencontré Jésus-Christ ?
– C'est merveilleux ! et je suis né de nouveau... Je suis une nouvelle créature... lui répondis-je, heureux et rayonnant...
– Attends ! attends ! attends ! on parle bien de Jésus de Nazareth que je connais depuis plus de 30 ans ! J'ai été baptisé et cette affaire de Christ, je connais bien...
– Quoi ? lui dis-je, tu connaissais Jésus-Christ pendant que, tout en étant déjà marié et père de famille, tu ne cessais de draguer toutes les femmes belles de figure, leur promettant un mariage de rêve ? non, ne me dis pas que tu connaissais Jésus-Christ pendant que tu ne cessais de débiter du mensonge ?
– Je le connais depuis plus de 30 ans... eh oui, il y a plus de 30 ans que je l'ai reçu comme seigneur et sauveur...
– Non ce n'est pas possible... tu as probablement reçu un Christ falsifié... non, nous n'avons pas certainement rencontré le même Jésus-Christ... car, celui que je viens de rencontrer a bouleversé ma vie positivement... Oui, ma vie est nouvelle... une vie d'amour, une vie de pardon, une vie de bonté, une vie de vérité, une vie

d'abnégation, une vie de compassion... la vie avec Jésus-Christ, seigneur et sauveur...

– Ah ! oui ? mais tu es là-dedans ? tu as vraiment changé...
– Oui, et pendant que l'on apprête la table, j'ai un petit passage biblique à partager avec toi, si tu veux bien...
– Pourquoi pas, cela m'amuse bien...Toi, parler de Jésus-Christ, l'agent responsable de l'inoculation de l'opium au peuple ?
– Ah ! les vieux démons du psittacisme socialo-marxiste ! mon frère, reprends ta vie avec Jésus-Christ, je viens de découvrir qu'il est vraiment « ... *le chemin, la vérité et la vie...* » *[Jean 14 : 6]*... Et, comme le déclarent les Saintes Écritures, *« L'heure vient, et elle est déjà venue, où les vrais adorateurs adoreront le Père en esprit et en vérité ; car ce sont là les adorateurs que le Père demande. » [Jean 4 : 23]*

Ce fut mon premier essai d'exhortation... En effet, j'avais essayé de faire saisir à mon ami, les conséquences désastreuses d'une vie sans Jésus, *« une vie sous le soleil » [Ecclésiaste 1 :3]* et, en fin de repas, mon ami m'avait fait la promesse de reprendre ses activités avec Jésus-Christ... Le dimanche qui suivait, mon ami vint à l'église avec sa femme et ses enfants... Tous les dimanches, toute sa petite famille communiait avec la nôtre dans la même assemblée des saints où bien d'autres amis nous rejoignirent...

Depuis, bien des choses se précipitèrent dans mon cheminement vers le Seigneur, entre autres :
– Une formation, puis une autre, et plusieurs autres en interne : école des disciples, école du ministère...
– *Modération et conduite de culte;*
– *Responsabilités de la modération et de la formation des modérateurs;*
– *Responsabilités administratives (secrétaire général puis vice-président);*

– *Formation méticuleuse auprès du pasteur, berger de l'église;*
– *Formation à la prédication de la parole de dieu;*
– *Formation en théologie en institut biblique ;*
– *Formation permanente, chaque jour étant une école dans la vie en Jésus-Christ...*

Je dirigeais déjà les cultes (modération) et prêchais la parole de dieu... ceci bien avant le début de ma formation en institut biblique, lorsque trois ministres de dieu que je ne connaissais pas et qui ne me connaissaient pas, invités par le berger de notre église, confirmèrent mon appel pour le ministère :
 – Le 1er était un pasteur, originaire du Nigeria... Il officiait à Bruxelles en Belgique... Ce dimanche-là, c'était lui, notre invité de marque qui nous apportât la parole, lorsque, en pleine prédication, il s'arrêtât un moment... se dirigeât vers moi... me prît par la main et priât très, très très fort... sa face était remplie des larmes... son corps était en transe... Il pria encore... encore... encore et s'adressa à l'assemblée des Saints :
 — Église, amen ! église amen ! église amen ! acclamons ! acclamons ! acclamons pour le Seigneur ! cet homme que voici ne sait pas encore qu'il servira Jésus-Christ de toute son âme ! église amen ! église amen ! église amen ! le saint-esprit m'ordonne de vous présenter ce frère choisi par Jésus-Christ... C'est un ministre de dieu... C'est un pasteur... oui, un pasteur avec une grâce spéciale et des potentialités spéciales de docteur de la parole, oui, c'est un enseignant de la parole... c'est un docteur de la Parole !
 L'église applaudit... poussa des alléluia et des amen...

Le 2e était un apôtre, résidant à Genève en Suisse... Il était originaire de la République du Congo-Kinshasa... À la fin de sa prédication, il appela avec insistance Abraham...
 — Oui, où est Abraham ! où est Abraham ! Abraham ! viens ! viens ! viens !
 Il se dirigea vers moi et, me tenant par la main, il déclara :

— Oui, voici Abraham ! tu as la foi d'Abraham… tu serviras Jésus-Christ… église, voici Abraham… Ce frère servira Jésus-Christ avec la foi infaillible d'Abraham… Voici Abraham, Abraham, Abraham ! église, je vous présente le ministre de Jésus-Christ…

L'église applaudit… poussa des alléluia et des amen…

Le 3e était un Prophète, originaire de Douala en République du Cameroun… Il venait de débarquer en France en provenance de la Belgique… et fréquentait notre église depuis déjà plusieurs mois, rejoignant ainsi l'équipe de prédicateurs… Un dimanche, tout juste après qu'il m'eut écouté prêcher pour la 5e fois, il demanda la parole auprès du berger de l'église qui la lui accorda… Alors, m'ayant rejoint à l'autel, il me présenta à l'église:

— Église, amen ! nous avons écouté ce grand homme qui nous a apporté la parole ce dimanche matin… je ne peux plus me taire : j'ai eu la grâce, l'honneur et la joie de l'écouter spirituellement à cinq reprises… église amen! église amen! église amen! ainsi parle l'Éternel, peuple de Dieu, voici le docteur… qui vient de nous enseigner. Il est docteur de la parole… Il est enseignant de la parole…

L'église applaudit…poussa des alléluia et des amen…

Mais, ce plébiscite dérangea le Berger de l'église qui invitât un autre pasteur, à qui il donnât, probablement quelques consignes… Il s'était agi d'un certain pasteur Moïse, originaire de la République du Congo-Kinshasa et qui réside à Lyon en France… Arrivé trois jours avant le culte de dimanche, il fut logé chez le berger… Ce jour-là, je faisais la modération… donc je présidais au déroulement du culte… après l'adoration agrémentée par la chorale, j'avais invité, sous les applaudissements de l'ensemble de l'assemblée, le berger en ces termes enclins à l'idolâtrie et à l'ignorance :

— Qui suis-je ? Je m'efface et j'invite la voix la plus autorisée de l'Église à nous présenter l'éminent orateur de ce matin…

À l'époque, une idolâtrie sans mesure pour le berger m'animait fortement, oubliant même que s'il est bien vrai que le berger est l'ange de l'église *[Apocalypse 3 : 14 ; 22]*, il n'est pas moins vrai que Jésus-Christ en reste la voix la plus autorisée...

Après sa présentation par le berger, l'invité du Jour, le pasteur Moïse de Lyon, ne savait comment aborder ce qui le préoccupait ce matin-là... en vérité, il n'avait pas un thème clair et précis à développer.

Dès que le berger lui cédât le micro, il se mit à imposer les mains et à distribuer des « étendues de vigne », en guise de bénédiction... avant de chercher « papa Kalépé »... Où est papa Kalépé ? papa Kalépé ? papa Kalépé ?

L'assemblée resta muette, personne n'y portait ce nom... alors confus et ridicule, le soi-disant pasteur Moïse se tourna vers le berger et lui parla à l'oreille, oubliant qu'il avait un micro grandement ouvert :
« kombo ya papa ouana pé nani, Kalépé té? » (quel est le nom du fameux papa en question, n'est-ce pas Kalépé ?)

Confus le berger se bloqua et ne put répondre à son hôte qui lui demandait le nom de la personne dont il devait parler... Confusion... confusion... confusion totale...

Alors, à l'unisson, poussés certainement par le saint-esprit, bien des frères et sœurs de l'église ayant entendu et compris la démarche complotiste s'écrièrent :
— Papa Péléka ! Papa Péléka ! Papa Péléka !

Une sœur se leva et ajouta :
— Papa Péléka est tout juste à côté de vous... c'est lui qui fait la modération ce matin...

Bien que démasqué, le soi-disant pasteur Moïse de Lyon eut, bon gré mal gré le courage de poursuivre son message que ne personne n'écoutait plus...

L'assemblée n'étant pas dupe, tous les frères et sœurs avaient bel et bien compris la manigance sordide du berger et son hôte, le fameux pasteur Moïse de Lyon en France... et d'ailleurs, ils furent exposés et confondus par le Saint-Esprit...

En effet, jusqu'à la fin du culte, le fameux pasteur de Lyon n'a pas pu prononcer correctement le nom du frère Péléka dont l'appel pour le ministère a été confirmé trois fois de suite...

Et, dans la Conclusion de sa prédication dont l'idée centrale était de me dissuader de ne pas répondre à l'appel de Jésus-Christ, le pasteur Moïse de Lyon en France réitérant son conseil déclara:
— Église, excusez-moi pour le nom de Papa Kalépé que j'ai écorché... En fait, pour l'essentiel, Jésus-Christ m'a révélé de vous dire à vous qui voulez faire « pasteur » ce papa Kalépé de ne pas le faire... Il n'a pas un appel pour le ministère pastoral... papa Kalépé a bien le ministère de Barnabas pour financer l'œuvre de Dieu... Il aura à jouer un rôle important dans l'avancement de cette œuvre qui nous réunit ce matin... Tel est le message que je suis venu vous annoncer de la part de notre Seigneur et Sauveur, Jésus-Christ...

De tels comportements ne font nullement l'honneur du sacerdoce... et l'on peut comprendre pourquoi il est rarissime de trouver de vrais serviteurs de l'Éternel Dieu... Le berger, pour des raisons jamais révélées, voulait m'empêcher d'aller jusqu'à la faisabilité de ma destinée selon le Seigneur...

La suite de ce croc-en-jambe est qu'il explique bien la raison essentielle de mon départ de mon église formatrice pour démarrer une œuvre autonome... tout en gardant de très bonnes relations avec mon berger... Toutefois, l'église et le berger avaient bel et bien prié pour mon retrait avec mon épouse et nos enfants...

L'étouffement de bien des appels pour le ministère est devenu une pratique « antichrist » dans bien des églises chrétiennes évangéliques où le renouvellement de l'équipe dirigeante et des prédicateurs devient tabou, voire diffamatoire... Ce qui est regrettable et me permet d'extrapoler en posant le problème de manque récurrent de vrais ouvriers « appelés de l'Éternel Dieu », compétents et intègres... Une vérité irréfutable que relevait déjà le Seigneur lui-même en présence de ses disciples :

Matthieu 9 : 37 – 38 « 37 – Alors il dit à ses disciples : La moisson est grande, mais il y a peu d'ouvriers 38 – Priez donc le maître de la moisson d'envoyer des ouvriers dans sa moisson. »

Luc 10 : 2 « Il leur dit : La moisson est grande, mais il y a peu d'ouvriers. Priez donc le maître de la moisson d'envoyer des ouvriers dans sa moisson. »

Pour s'exécuter, le Seigneur a pourvu en *[Éphésiens 4 : 11 – 16]*, l'on peut lire : « *11– Et il a donné les uns comme apôtres, les autres comme prophètes, les autres comme évangélistes, les autres comme pasteurs et docteurs 12– pour le perfectionnement des saints en vue de l'œuvre du ministère et de l'édification du corps de Christ. 13– jusqu'à ce que nous soyons tous parvenus à l'unité de la foi et de la connaissance du Fils de Dieu, à l'état d'homme fait, à la mesure de la stature parfaite de Christ, 14– afin que nous ne soyons plus des enfants, flottants et emportés à tout vent de doctrine, par la tromperie des hommes, par leur ruse dans les moyens de séduction, 15– mais que, professant la vérité dans la charité, nous croissions à tous égards en celui qui est le chef, Christ. 16– C'est de lui, et grâce à tous les liens de son assistance que tout le corps, bien coordonné en formant un solide assemblage, tire son accroissement selon la force qui convient à chacune de ses parties, et s'édifie lui-même dans la charité. »*

En fait, pour permettre que son œuvre ne s'arrête pas à la croix, mais qu'elle perdure, qu'elle touche toute la création terrestre, Jésus-Christ, le maître de la moisson a choisi cinq « onctions spéciales » ou cinq ministères en donnant les uns comme…, les autres comme… pour, ensemble, dans l'unité :
– Perfectionner et édifier son corps (son église) ;
– Faire parvenir son corps (l'église) à l'unité de la foi et à la connaissance du fils de dieu (qui n'est autre que Jésus-Christ lui-même) ;
– Donner une formation solide à son église afin qu'elle ne se laisse pas séduire, ne cède pas à toutes les doctrines, mais s'attache aux enseignements qu'il aura donnés à ses Disciples (les apôtres) pour les transmettre, les pérenniser ;
– Que l'amour (la charité) soit au milieu de leur action *[1 Corinthiens 13 : 4 – 13]*

Un adage « Koongo/Laari » du Pool, en République du Congo stipule :
« *Leembo mosi ka ou soukoulaka ndjiri ko* » *(un seul doigt ne peut pas laver la figure)*

Ce qui voudrait tout simplement faire saisir l'importance de l'unité dans l'exécution de la « mission » confiée aux ouvriers de la vigne du Seigneur (l'église)…

C'est dire que les cinq ministères octroyés par Jésus-Christ constituent les cinq onctions spécifiques, unies et solidaires, nécessaires pour le bon fonctionnement de l'église (corps du Christ) selon la volonté parfaite de l'Éternel Dieu…

Ce qui disqualifie la tendance actuelle de l'église (corps de Christ) avec un ministère en « solitaire », un leader tout puissant, régnant sans partage, par égoïsme et autosuffisance...

Et, sans vouloir faire l'économie sur le sujet, bien des langues officielles de bien des pays déclarent et enseignent : « *L'union fait la force* »...

Pour illustrer cette vérité sociale, mon défunt père géniteur, Paul Mvouza-Tsiounga *(+paix à son âme)*, à chaque fois qu'une querelle malheureuse s'incrustait dans ma relation avec un de mes frères, nous réunissait et nous présentait une brindille de balai, que l'on pouvait casser sans aucun effort, a contrario d'un amas de brindilles que l'on ne pouvait casser...

En donnant les uns comme..., les autres comme...Jésus-Christ a octroyé une onction spéciale, une grâce spéciale à chacun des cinq ministères qui, dans l'unité, forment le ***Ministère de Jésus-Christ***...

Cinq onctions différentes, cinq grâces différentes, mais complémentaires pour l'efficacité et la réussite de la mission commune, pour une œuvre commune et solidaire... C'est dire que lorsqu'une onction/une grâce s'installe en solitaire, il lui manque les quatre autres pour mener à bien la mission confiée par le Seigneur aux ouvriers dans sa vigne...

L'Installation d'un ministère « solidaire » fait penser à un ouvrier qui se dit « multi-service » et devrait en une journée, entre autres :
1. Laver la voiture du patron ;
2. Faire la vaisselle ;
3. Faire à manger ;
4. Coudre des tenues pour le Patron, sa Femme et les Enfants ;
5. Faire des courses ;
6. Déposer le courrier à la Poste ;

7. Accompagner les enfants à l'école ;
8. Faire promener les chiens…

Heureusement, bien des églises chrétiennes évangéliques ayant reçu la révélation spirituelle de la mission des cinq ministères regroupés travaillent en symbiose, en collège pastoral…

Ce n'est pas en solitaire que l'on devrait remplir la mission confiée aux uns comme…et aux autres comme… par le Seigneur, mais ensemble, par l'addition de la grâce de chacune des entités, une équipe complétée par des ministères locaux (diacres, responsables des divers départements : chorale, jeunesse, mamans, hommes…)

Pour ce faire :
L'APÔTRE, dont l'onction spéciale, reçue de la part de Jésus-Christ, apporte l'unité au sein de l'église (corps de Christ), l'unité de l'église locale avec d'autres églises… Dans la pratique, l'apôtre :
– Pose la fondation (les bases de l'Église) ;
– Révèle Christ et le cœur de Christ ;
– Conscientise chaque personne qui accepte Jésus-Christ comme Seigneur et Sauveur, en ce qu'elle a perdu sa vie d'antan et que sa vie nouvelle appartient à Jésus-Christ ;
– Forme les Anciens en tant que « Colonnes, Piliers » de l'Église Locale (et d'autres Églises amies) ;
– Sécurise et protège l'Église ;
– Est garant de la saine doctrine.

LE PROPHÈTE
– Inspiré par le Saint-Esprit, le prophète est le porte-Parole de l'Éternel Dieu… Ses prédications excellent sur la repentance, la crainte de dieu, la purification et la séparation entre le péché et la crainte (l'amour) de dieu ;
– Apporte à l'église locale une direction divine, tout en lui adressant la correction de dieu quand c'est nécessaire.

De nos jours, le ministère de prophète est le plus prostitué dans le sens où bien des frères et sœurs, voire des serviteurs de dieu, ont confondu le don de prophétie et le ministère prophétique…

Bien des chrétiens et des serviteurs de dieu s'attardent sur un seul aspect pour définir et reconnaître le ministère de prophète : – *la manifestation des Dons de l'Esprit*, à savoir, entre autres :
– La Prophétie,
– La Parole de sagesse ;
– La Parole de connaissance.

Bien des frères et sœurs, bien des serviteurs se revendiquent (s'autoproclament) « *prophètes* » parce qu'ils prophétisent… c'est de l'ignorance, car, les quatre filles de l'évangéliste Philippe n'étaient pas des prophétesses, quand bien même, elles prophétisaient *[Actes 21 : 8 – 9]*…

Le prophète Nathan, envoyé de l'Éternel Dieu *[2 Samuel 12 : 1 - 15]*, dans la gestion de l'adultère du roi David, ne l'a pas ouvertement condamné, il lui a cité la parabole de la brebis du pauvre… Cela a violemment enflammé David qui a déclaré cet homme coupable et condamné à mort pour son ignoble forfait… Alors le prophète Nathan a dit au roi que cet homme c'était lui (le roi David)…

Le prophète Nathan a apporté un message sans compromis, ayant produit conviction et crainte de dieu…

Promis aux apôtres et aux chrétiens par le Seigneur *[Jean 14 : 16 – 18]*, le Saint-Esprit leur a été octroyé le jour de la Pentecôte *[Actes 2]*, afin de leur permettre de poursuivre le ministère de Jésus-Christ…

Ainsi, grâce à cette présence divine dans l'église, corps de Christ, l'on relève de nombreux signes surnaturels entre autres :

– Diverses guérisons de maladies ;
– Délivrances et résurrections des morts ;
– Expression des paroles inspirées.

Et, le récit rapporté dans *[Actes 21 : 8 – 11]*, de relater qu'il y avait, dans la maison de l'évangéliste Philippe, quatre Filles qui prophétisaient sans être des prophétesses et le prophète Agabus (ministère de prophète) à qui le Saint-Esprit déclara ce qui attendait l'apôtre Paul à Jérusalem… (et qui arrivât…)

Les quatre filles avaient le Don de Prophétie, qui est un des signes évidents de l'effusion du Saint-Esprit… Et, ce qui avait été dit au prophète *[Joël 2 : 28]* se confirme en *[Actes 2 : 17]* « *Dans les derniers jours, dit Dieu, je répandrai de mon Esprit sur toute chair ; vos fils et vos filles prophétiseront, vos jeunes gens auront des visions, vos vieillards auront des songes* »…

L'Éternel Dieu ne nous dit pas que vos filles et vos fils deviendront des prophétesses et des prophètes, mais il précise qu'ils prophétiseront…

Bien des récits de l'ancienne alliance et de la nouvelle alliance relatent comment le don de prophétie pouvait se manifester chez bien des frères et sœurs, qui n'étaient pas prophètes, entre autres :
– *1 Samuel 10 : 10–11* : « *10 – Lorsqu'ils arrivèrent à Guibea, voici, une troupe de prophètes vint à sa rencontre. L'esprit de Dieu le saisit, et il prophétisa au milieu d'eux. 11 – Tous ceux qui l'avaient connu auparavant virent qu'il prophétisait avec prophètes, et l'on se disait l'un à l'autre dans le peuple : Qu'est-il arrivé au fils de Kis ? Saül est-il aussi parmi les prophètes ?* »

– *Nombres 11 : 25* « *L'Éternel descendit dans la nuée, et parla à Moïse ; il prit de l'esprit qui était sur lui, et le mit sur les soixante-dix*

anciens. Et dès que l'esprit reposa sur eux, ils prophétisèrent ; mais ils ne continuèrent pas. »
– Actes 21 : 9 « Il avait quatre filles vierges qui prophétisaient. »

L'Éternel Dieu, dans sa souveraineté peut passer par n'importe quel chrétien pour communiquer un message inspiré… Toutefois, même si un frère (une sœur) prophétise assez souvent, cela ne fait de lui (d'elle) un prophète (une prophétesse) parce que la plénitude du Saint-Esprit donne aux fils/filles de dieu la capacité de transmettre des paroles inspirées, révélant les desseins de dieu afin d'édifier, d'exhorter et de consoler comme le soulignent les saintes écritures :
1 Corinthiens 14 : 3 « Celui qui prophétise, au contraire, parle aux hommes, les édifie, les exhorte, les console »

Le ministère de prophète est :
– D'abord un appel de dieu, venant avant la naissance naturelle :
Jérémie 1 : 5 « Avant que je t'eusse formé dans le ventre de ta mère, je te connaissais, et avant que tu fusses sorti de son sein, je t'avais consacré, je t'avais établi prophète des nations »
– Et ensuite une fonction exercée par l'élu sur terre.

L'ÉVANGELISTE
– Proclame la bonne nouvelle (l'évangile) de Jésus-Christ pour le salut des âmes ;
– Ses messages sont simples et souvent accompagnés des miracles et des guérisons ;
– Son onction inspire les fidèles au sein de l'église et les stimule à partager cette bonne nouvelle (richesse inépuisable qui est la parole de dieu) dans leur entourage…

LE PASTEUR
– Est l'administrateur de la maison de dieu ;
– Veille sur le peuple, le nourrit et le protège ;

– Son onction lui octroie l'autorité sur l'église locale ; mais cette autorité ne voudrait aucunement signifier que le pasteur domine sur les autres anciens et les fidèles, voire les autres ministères présents dans l'église locale ;

– C'est en principe le pasteur qui gère le fonctionnement administratif de l'église ;

– Anime les activités de l'église.

LE DOCTEUR

– Enseignant dont l'onction contribue fortement sur la fondation posée par l'apôtre et lui permet de comprendre les saintes écritures et de les communiquer avec clarté

– C'est l'œil vigilant des prophètes ;

– Creuse et décortique la parole de dieu.

Après ces précisions sur les ministères octroyés aux uns et aux autres par le Seigneur, il est important de souligner que l'exercice harmonieux et victorieux de toute mission spirituelle passe par une nouvelle naissance, une certaine transformation qui avait tant agacé Nicodème, docteur de la loi, lors de son entretien avec Jésus-Christ *[Jean 3 : 1-21]*... En effet, la grâce offerte gratuitement à toutes celles et à tous ceux qui ont reçu Jésus-Christ comme seigneur et sauveur, et qui ont cru en son nom, conduit, en principe, chacun d'eux, dans la majorité des cas, dans un processus spirituel, moral et social de transformation vers l'identité nouvelle en Jésus-Christ...

2 Corinthiens 5 : 17 « Si quelqu'un est en Christ, il est une nouvelle créature. Les choses anciennes sont passées ; voici, toutes choses sont devenues nouvelles. »

La nouvelle identité unit les filles et fils de dieu en un seul corps, le corps du Christ, les transforme en disciples et imitateurs de Jésus-Christ en offrant leur *« ... corps comme un sacrifice vivant, saint, agréable à Dieu... » Romains 12 : 1*

La grâce de dieu et les dons spirituels ou charismatiques en chacun d'eux qui sont « comme Christ », c'est-à-dire « chrétiens », devraient, en principe, susciter en eux, un comportement nouveau, irréprochable, basé sur l'amour, le pardon, la solidarité, la compassion, la paix, la prière, la sanctification, le partage, l'humilité, l'effacement de soi, l'abnégation…

Matthieu 5 : 43 - 44 « 43 – Vous avez appris qu'il a été dit : Tu aimeras ton prochain, et tu haïras ton ennemi. 44– Mais moi, je vous dis : Aimez vos ennemis, bénissez ceux qui vous maudissent, faites du bien à ceux qui vous haïssent, et priez pour ceux qui vous maltraitent et qui vous persécutent. »

Luc 6 : 27 – 28, 27 – « Mais je vous dis, à vous qui m'écoutez : Aimez vos ennemis, faites du bien à ceux qui vous haïssent, 28 – bénissez ceux qui vous maudissent, priez pour ceux qui vous maltraitent. »

Romains 12 : 18 « S'il est possible, autant que cela dépend de vous, soyez en paix avec tous les hommes. »

Sur le sujet, l'on se permettrait d'insister sur une forme d'Amour nécessaire pour une vie harmonieuse en Église Chrétienne Évangélique :

– L'amour facilitateur, un comportement souvent incompris… mais qui ne devrait pourtant pas nous décourager. C'est à cela que nous exhorte, à juste titre, l'apôtre Pierre, à ne pas nous en étonner, dans le sens où, avant nous, le seigneur Jésus-Christ lui-même a injustement souffert, non pour ses fautes, mais pour les péchés de ceux qu'il aime, nos péchés à nous, ses adorateurs…. Les péchés de l'humanité entière qu'il a tant aimée jusqu'au sacrifice suprême… En souffrant malgré ou à cause de notre comportement irréprochable, nous disciples, ne suivons que l'exemple glorieux du Seigneur Jésus-Christ qui est amour :

1 Pierre 3 : 13 – 18 « 13 - Et qui vous maltraitera, si vous êtes zélés pour le bien ? 14– D'ailleurs, quand vous souffririez pour la justice, vous seriez heureux. N'ayez d'eux aucune crainte, et ne soyez pas troublés. 15– Mais sanctifiez dans vos cœurs Christ le Seigneur, étant toujours prêts à vous défendre, avec douceur et respect, devant quiconque vous demande raison de l'espérance qui est en vous, 16-et ayant une bonne conscience, afin que, là même où ils vous calomnient comme si vous étiez des malfaiteurs, ceux qui décrient votre bonne conduite en Christ soient couverts de confusion. 17– Car il vaut mieux souffrir, si telle est la volonté de Dieu, en faisant le bien qu'en faisant le mal. 18– Christ aussi a souffert une fois pour les péchés, lui juste pour les injustes, afin de nous amener à Dieu, ayant été mis à mort quant à la chair, mais ayant été rendu vivant quant à l'Esprit. »

Et, par ailleurs, l'on peut lire :
Proverbe 25 : 21-22 « 21 – Si ton ennemi a faim, donne-lui du pain à manger ; s'il a soif, donne-lui de l'eau à boire. 22 – Car ce sont des charbons ardents que tu amasses sur sa tête, et l'Éternel te récompensera. »
Romains 12 : 20 « Mais si ton ennemi a faim, donne-lui à manger ; s'il a soif, donne-lui à boire ; car en agissant ainsi, ce sont des charbons ardents que tu amasseras sur sa tête. »

L'on notera, à propos « des charbons ardents amassés sur la tête du méchant », qu'ils n'ont pas pour but de lui rendre le mal par le mal, mais plutôt de l'amener à Jésus-Christ à partir de notre témoignage, en étant, partout et en tous lieux des facilitateurs de la Paix… à l'exemple du vieux berger dont je nous invite à décortiquer l'histoire :

Trois jeunes adolescents avaient hérité équitablement de leurs parents : de l'orgueil, de l'indifférence, de l'arrogance, de l'estime exagérée de soi… Par ailleurs, selon le testament de leurs parents, ils

devaient se répartir le gros héritage selon les recommandations suivantes :
- L'aîné : la ½ (moitié) de l'héritage ;
- Le second : le ¼ (quart) de l'héritage ;
- Le troisième : le $^{1/6}$ (sixième) de l'héritage…

Au moment de rentrer en possession de leurs parts respectives, les 3 héritiers orgueilleux, arrogants, indifférents se rendirent compte qu'ils avaient un gros problème : l'héritage comprenait 11 vaches au total… Comment faire pour prendre :
- ► La ½ de 11… (5,5) ;
- ► Le ¼ de 11… (2,75) ;
- ► Le $^{1/6}$ de 11… (1,83) ?

Une dispute éclata… aucune solution ne s'offrait à eux. Que faire ? fallait-il diviser une vache vivante en 2, en 4 ou en 6 ? que faire ? personne ne pouvait les aider, car par leur éducation les trois héritiers ne parlaient à personne, ne saluaient personne, ne comptant que sur leur beauté physique, la richesse de leurs parents, leur classe sociale… Devant cette impasse, le plus grand, surpassant son orgueil, alla solliciter les conseils d'un vieux berger qui, après avoir longuement ri, leur céda gracieusement **1** (une) vache… Maintenant, ils avaient : 11 + 1 = 12 vaches à partager :
- ► Le 1er héritier 12 : 2= 6 ;
- ► Le 2e héritier 12 : 4= 3 ;
- ► Le 3e héritier 12 : 6= 2.

Après le partage : 6 + 3 = 9;   9 + 2 = 11… Il leur restait encore 1 (une) vache qu'ils rendirent au vieux berger, tout en le remerciant… Le vieux berger, en leur cédant une (1) vache, a largement été « facilitateur de la paix » entre les trois héritiers…

Au lieu d'allumer et de rallumer le feu dans notre église, dans notre lieu de travail, dans notre établissement scolaire et/ou universitaire, dans notre couple, dans notre famille… soyons chacun « facilitateur de la paix »… une qualité devant présider à toute vie en communauté en Jésus-Christ.

Par ailleurs, cinq attitudes parmi tant d'autres semblent singulariser la volonté plus ou moins affichée du chrétien à aller dans la direction de l'appel de dieu :
– La première attitude, décrit le chrétien qui, en son for intérieur, est convaincu d'avoir un appel de dieu. Il aimerait exercer une responsabilité au sein de l'assemblée. Pour ce faire, il attend dans son petit coin que, ou le collège pastoral, ou le berger, ou les anciens le découvrent et lui confient des responsabilités… De lui-même, il ne fait aucune proposition, ne montre aucun intérêt pour quoi que ce soit et continue d'attendre passivement que Jésus-Christ lui parle distinctement…
– La deuxième attitude définit le chrétien qui prend à cœur l'état de délabrement spirituel des personnes menant une vie sans dieu… c'est un chrétien désireux d'être un des acteurs dynamiques de la mission que Jésus-Christ a confiée à tous d'aller faire de toutes les nations des disciples… Mais il attend inexorablement la confirmation de Jésus-Christ Lui-même. Et, parce que ce signe espéré tarde à venir, il demeure dans une passivité spirituelle. Alors, contre toute attente, il conforte son silence en se disant n'avoir pas été « appelé »…
– La troisième attitude est celle du chrétien plus ou moins présomptueux, ayant une trop haute opinion de soi… En effet, s'appuyant sur un capital ridicule de deux ou trois versets bibliques, il ne tarit point d'éloges sur ses propres potentialités… C'est un chrétien qui, exagérément imbu de sa personne, demeure dans une victimisation hypocrite et dans un sentiment de rébellion silencieuse contre les Responsables de la communauté qui ne le traiteraient pas à sa juste valeur… Il entretient un climat nauséabond, exigeant fallacieusement, d'une manière illisible, des responsabilités qu'il feint de refuser en réunion générale de l'Assemblée… De tels frères sont à l'origine de bien des « coups d'état » et des paralysies au sein de l'équipe dirigeante…

Romains 12 : 3 « Par la grâce qui m'a été donnée, je dis à chacun de vous de n'avoir pas de lui-même une trop haute opinion, mais de revêtir des sentiments modestes, selon la mesure de foi que Dieu a départie à chacun. »

– La quatrième attitude définit le chrétien qui ne se pose ni la question de savoir s'il a un appel de dieu, ni celle de savoir quelle responsabilité aussi minime soit-elle, il peut avoir au sein de l'église, ni celle de savoir quelle tâche peut l'intéresser…

– La cinquième attitude décrit le chrétien tourné vers l'avant et qui cherche à améliorer sa contribution dans l'avancement de l'œuvre de Jésus-Christ. Toujours disponible, il n'hésite pas à proposer sa participation désintéressée dans les divers petits travaux domestiques. Il participe avec joie et efficacité aux activités de l'église : service de protocole, évangélisation, visite aux frères et sœurs, malades ou absents, chorale, réunion, affermissement, séminaire, retraite, veillée des prières, intercession, école du dimanche pour les enfants… Un zèle plein d'amour et d'abnégation anime ce Chrétien prêt à rendre service, à propager et pérenniser la Bonne Nouvelle de Jésus-Christ, à aider à la compréhension de la Parole (méditation, partage et étude).

Force est d'admettre qu'il y a des chrétiens qui ne ménagent aucun effort pour contribuer activement à la pérennisation de la bonne nouvelle de Jésus-Christ, et ceux qui ne prennent pas à cœur l'œuvre de dieu en se réfugiant dans des stratégies inefficaces et/ou destructrices… Pour chaque « chrétien, disciple de Jésus-Christ », l'appel qu'il reçoit de Christ devient suffisamment lisible, audible et visuelle à travers son abnégation et son empressement motivationnels en faveur de l'œuvre de dieu.

Romains 12 : 1 – 8 « 1 – Je vous exhorte donc, frères, par les compassions de Dieu, à offrir vos corps comme un sacrifice vivant, saint, agréable à Dieu, ce qui sera de votre part un culte raisonnable.

2- Ne vous conformez pas au siècle présent, mais soyez transformés par le renouvellement de l'intelligence, afin que vous discerniez quelle est la volonté de Dieu, ce qui est bon, agréable et parfait.3-Par la grâce qui m'a été donnée, je dis à chacun de vous de n'avoir pas de lui-même une trop haute opinion, mais de revêtir des sentiments modestes, selon la mesure de foi que Dieu a départie à chacun.4-Car, comme nous avons plusieurs membres dans un seul corps, et que tous les membres n'ont pas la même fonction, 5-ainsi, nous qui sommes plusieurs, nous formons un seul corps en Christ, et nous sommes tous membres les uns des autres.6-Puisque nous avons des dons différents, selon la grâce qui nous a été accordée, que celui qui a le don de prophétie l'exerce selon l'analogie de la foi ; 7-que celui qui est appelé au ministère s'attache à son enseignement, 8-et celui qui exhorte à l'exhortation. Que celui qui donne le fasse avec libéralité ; que celui qui préside le fasse avec zèle ; que celui qui pratique la miséricorde le fasse avec joie. »

1 Corinthiens 12 : 4–14 « 4 - Il y a diversité de dons, mais le même Esprit ; 5-diversité de ministères, mais le même Seigneur ; 6-diversité d'opérations, mais le même Dieu qui opère tout en tous.7-Or, à chacun la manifestation de l'Esprit est donnée pour l'utilité commune. 8 – En effet, à l'un est donnée par l'Esprit une parole de sagesse ; à un autre, une parole de connaissance, selon le même Esprit ; 9-à un autre, la foi, par le même Esprit : à un autre, le don des guérisons, par le même Esprit ; 10 – à un autre, le don d'opérer des miracles ; à un autre, la prophétie ; à un autre, le discernement des esprits ; à un autre, la diversité des langues ; à un autre, l'interprétation des langues. 11– Un seul et même Esprit opère toutes ces choses, les distribuant à chacun en particulier comme il veut. 12– Car, comme le corps est un et à plusieurs membres du corps, malgré leur nombre, ne forment qu'un seul corps, ainsi en est-il de Christ. 13– Nous avons tous, en effet, été baptisés dans un seul Esprit, pour former un seul corps, soit Juifs, soit Grecs, soit esclaves, soit libres, et nous avons tous été abreuvés d'un seul Esprit. 14– Ainsi le corps n'est pas un seul membre, mais il est formé de plusieurs membres. »

Éphésiens 4 : 8 – 13 « 8 – C'est pourquoi il est dit : étant monté, il a emmené des captifs, et il a fait des dons aux hommes. 9– Or, que signifie : il est monté, sinon qu'il est aussi descendu dans les régions inférieures de la terre ? 10– Celui qui est descendu, c'est le même qui est monté au-dessus de tous les cieux, afin de remplir toutes choses. 11– Et il a donné les uns comme apôtres, les autres comme prophètes, les autres comme évangélistes, les autres comme pasteurs et docteurs, 12-pour le perfectionnement des saints en vue de l'œuvre du ministère et de l'édification du corps de Christ, 13 – jusqu'à ce que nous soyons tous parvenus à l'unité de la foi et de la connaissance du Fils de Dieu, à l'état d'homme fait, à la mesure de la stature parfaite de Christ. »

Ces trois textes bibliques ci-dessus, inspirés, nous permettent de faire 4 observations :
– L'appel à l'exercice d'un ministère est un don souverain de dieu ;
– Le don souverain de dieu est accordé par le Saint-Esprit ;
– Celui qui est appelé à un ministère reçoit la capacité de ce don souverain de dieu ;
– Il y a diversité de dons, et diversité d'appels.

Sur les différents dons dans l'église selon la grâce qui a été accordée par Jésus-Christ à chacun de nous, les saintes écritures déclarent, entre autres :

Romains 12 : 4 – 8 « 4 – Car, comme nous avons plusieurs membres dans un seul corps, et que tous les membres n'ont pas la même fonction, 5-ainsi, nous qui sommes plusieurs, nous formons un seul corps en Christ, et nous sommes tous membres les uns des autres. 6– Puisque nous avons des dons différents, selon la grâce qui nous a été accordée, que celui qui a le don de prophétie l'exerce selon l'analogie de la foi ; 7 — que celui qui est appelé au ministère s'attache à son ministère ; que celui qui enseigne s'attache à son enseignement, 8-et celui qui exhorte à l'exhortation. Que celui qui donne le fasse avec libéralité ; que celui qui préside le fasse avec zèle ; que celui qui pratique la miséricorde le fasse avec joie. »

Dans ce texte, l'on notera 7 Dons :

1 – La prophétie ;
2 – L'appel au ministère ;
3 – L'enseignement ;
4 – L'exhortation ;
5 – La libéralité ;
6 – La présidence de culte (ou Modération) ;
7 – La miséricorde.

1 Corinthiens 12 : 8 - 10 « 8 – En effet, à l'un est donné par l'Esprit une parole de sagesse ; à un autre, une parole de connaissance, selon le même Esprit ; 9-à un autre, la foi, par le même Esprit ; 10-à un autre, le don d'opérer des miracles ; à un autre, la prophétie ; à un autre, le discernement des esprits ; à un autre, la diversité des langues ; à un autre, l'interprétation des langues »

Ici l'on notera 9 Dons :

1 – La parole de sagesse, exemple *1 Rois 3 : 16-28* Le jugement de Salomon à propos des 2 femmes prostituées qui se présentèrent devant le Roi pour se disputer le Fils de l'une des 2, resté en vie…

2 – La parole de connaissance, exemple *Jean 4 : 7–19* Jésus-Christ et la femme Samaritaine qui avait eu 5 maris + le 6e qu'elle avait, n'était pas le sien ;

3 – La foi ;
4 – Le don de guérison ;
5 – Le don d'opérer des miracles ;
6 – La prophétie ;
7 – Le discernement des esprits ;

8 – La diversité des langues ou le parler en langues ;
9 – L'interprétation des langues.

La liste des dons accordés par Jésus-Christ à son église n'est pas exhaustive, car la pratique chrétienne nous révèle aussi, entre autres :
– Le don de la louange ;
– Le don de l'adoration ;
– Le don de jouer d'un instrument de musique ;
– Le don d'encadrer les enfants ;
– Le don d'encadrer les mamans ;
– Le don d'encadrer les papas ;
– Le don d'encadrer les jeunes ;
– Le don d'organisation.

Le « don souverain de la grâce de dieu » est nécessaire dans l'exercice du ministère comme le souligne l'apôtre Paul, lui dont le passé n'était pas en phase avec le Seigneur Jésus-Christ :

Éphésiens 3 : 7 « *... j'ai été fait ministre selon le don de la grâce de Dieu, qui m'a été accordée par l'efficacité de sa puissance.* »

Tout comme il est important aussi d'entretenir ce don par des pratiques et des comportements qui contribuent fortement à son épanouissement :
• La sanctification sans laquelle personne ne verra le Seigneur Jésus-Christ ;
• L'amour du prochain et le pardon ;
• L'étude et la méditation de la parole ;
• La prière et le jeûne.

L'autorité, l'envergure, le rayonnement et la puissance de chaque ministère sont fonction de la grâce donnée à chacun « *selon la mesure du don du Christ* » *Éphésiens 4 : 7*

Il est important de discerner la volonté de Dieu dans le ministère... Les saintes écritures distinguent cinq ministères essentiels :

Éphésiens 4 : 11 – 16 « 11 – Et il a donné les uns comme apôtres, les autres comme prophètes, les autres comme évangélistes, les autres comme pasteurs et docteurs, 12-pour le perfectionnement des saints en vue de l'œuvre du ministère et de l'édification du corps de Christ, 13 – jusqu'à ce que nous soyons tous parvenus à l'unité de la foi et de la connaissance du Fils de Dieu, à l'état d'homme fait, à la mesure de la stature parfaite de Christ, 14-afin que nous ne soyons plus des enfants, flottants et emportés à tout vent de doctrine, par la tromperie des hommes, par leur ruse dans les moyens de séduction, 15-mais que, professant la vérité dans la charité, nous croissions à tous égards en celui qui est le chef, Christ.16-C'est de lui, et grâce à tous les liens de son assistance, que tout le corps, bien coordonné et formant un solide assemblage, tire son accroissement selon la force qui convient à chacune de ses parties, et s'édifie lui-même dans la charité. »

Pour exercer harmonieusement, selon la volonté de dieu, les dons spirituels *[Romains 12 : 6-8]* , il est vivement conseillé d'observer bien des attitudes spirituelles non conflictuelles, entre autres :
- S'offrir à dieu comme un sacrifice vivant, saint et agréable ;
- Avoir de l'humilité ;
- Avoir une intelligence renouvelée ;
- Ne pas avoir une trop haute opinion de soi ;
- Comprendre au préalable la coexistence pacifique et spirituelle des ministères.. , les avantages du fonctionnement en collège pastoral harmonisant, distribuant les fonctions et rôles, les décisions, les choix, les activités, les thèmes et les programmes divers…

Pour les aspirants aux différents ministères et/ou activités, responsabilités, il leur est conseillé d'être humbles et attentifs aux conseils et enseignements du collège pastoral… et avec l'aide du Saint-Esprit, il leur sera possible d'accéder de façon non conflictuelle au service dans l'église... Prenons nos distances avec la mise en circulation anarchique des serviteurs de dieu « auto-proclamés »... Cette façon d'accéder à l'exercice du ministère n'est pas en harmonie avec la pratique biblique. En effet :

- *Le jeune Samuel* a appris son métier de prophète auprès du prophète Eli *1 Samuel 3 : 4 – 10*

- *Le jeune Élisée* était auprès du prophète Élie qui avait une école des fils de prophètes à Guilgal, Béthel et Jéricho *2 Rois 2 : 1 – 13*

- *Les douze apôtres* choisis par le Seigneur, l'accompagnaient partout et apprenaient auprès de LUI.

- Sous l'éclairage du Saint-Esprit, les anciens d'Antioche avaient mis à part, *Barnabas et Saul* pour l'œuvre à laquelle ils étaient appelés. *Actes 13 : 2*

- *Silas* s'affermit dans le service auprès de l'apôtre Paul. *Actes 15 : 40*

- *Timothée* fut formé pour le service sous la direction de l'apôtre Paul. *Actes 16 : 1 – 3*

Malheureusement, de nos jours, on observe, surtout en milieu évangélique, au sein des églises dites de réveil ou églises réveillées (selon l'usage), bien des aspirants au service de dieu qui s'enflent d'orgueil, d'une trop haute opinion de soi, de rébellion et d'autosuffisance, devenant ainsi, de véritables dangers spirituels ambulants... On assiste à une foison d'églises bâties, non sur la Parole de dieu qui n'est autre que Jésus-Christ lui-même, mais plutôt sur des intérêts égoïstes, voire, suite à des rébellions (coups d'état permanents), un point qui devient la gangrène même de l'évangile... Comment éviter la prise en otage de l'église du seigneur Jésus-Christ par des éléments suspects, insensés, incontrôlés, n'ayant aucune crainte véritable de dieu ?

– Ne pas confier des responsabilités à des frères et sœurs nouvellement baptisés ou à ceux qui viennent de rejoindre l'église,
– Ne pas se précipiter, mais attendre qu'il fasse suffisamment preuve de maturité et de sagesse avant d'élever tout aspirant à la responsabilité ;
– Ne pas faire de l'autel de dieu une tour de Babel incontrôlée ou une tribune de règlement des comptes ;
– Veiller au langage, aux interventions et actes de tout aspirant,
– N'élever que l'aspirant enclin à l'humilité, l'obéissance, la discrétion, le respect, la crainte de dieu, l'exécution avec minutie et dextérité des tâches confiées, la soif d'apprendre et de découvrir,
– Ne pas faire de ses désirs des prophéties (… dieu a dit, alors qu'il n'a rien dit… dieu a parlé, alors qu'il n'a pas parlé…)
– Le monde dit que la confiance n'exclut pas le contrôle, le Seigneur Jésus-Christ nous enseigne de ne pas suspecter tout le monde, cela deviendrait de la paranoïa et/ou de l'hystérie, c'est bien à lui-même de veiller sur son œuvre, et Il le fait si harmonieusement,
– Veiller et prier sans cesse… afin de ne pas céder aux séductions de l'iniquité comme le relève l'apôtre Paul dans son adresse à l'église de Thessalonique :
2 Thessaloniciens 2 : 10 – 13 « 10-et avec toutes les séductions de l'iniquité pour ceux qui périssent parce qu'ils n'ont pas reçu l'amour de la vérité pour être sauvés. 11– Aussi Dieu leur envoie une puissance d'égarement, pour qu'ils croient au mensonge, 12-afin que tous ceux qui n'ont pas cru à la vérité, mais qui ont pris plaisir à l'injustice, soient condamnés. 13– Pour nous, frères bien-aimés du Seigneur, nous devons à votre sujet rendre continuellement grâces à Dieu, parce que Dieu vous a choisis dès le commencement pour le salut, par la sanctification, de l'Esprit et par la foi en la vérité. »

En effet, nous observons, dans le fonctionnement de bien des églises, une véritable confusion dans les fonctions spirituelles des ministres de dieu et dans les dons spirituels… Les attentes des brebis deviennent de plus en plus inaudibles… Des abus, des usurpations, des tromperies et des arnaques voient le jour en milieu chrétien…

Pour ce qui concerne **l'accès harmonieux à l'exercice d'un ministère de Dieu,** il est impératif, entre autres :

1 – D'être appelé, choisi de dieu

C'est le seigneur Jésus-Christ lui-même qui opère le choix de ses ministres… Ce choix ne dépend ni de la volonté de l'homme, ni de l'ambition légitime de l'homme, mais de la volonté souveraine de dieu comme le rappelle l'apôtre Paul :

Romains 9 : 16 « … cela ne dépend ni de celui qui veut, ni de celui qui court, mais de Dieu qui fait miséricorde »

C'est dire, s'il est vrai que tous les chrétiens sont appelés au salut et au service dans un sens général, il n'est pas contradictoire que dieu puisse opérer un choix judicieux de ses ministres… Ainsi, même durant le premier séjour du seigneur Jésus-Christ sur terre, tous les disciples n'étaient pas des « apôtres ». Jésus-Christ en avait choisi 12 parmi un nombre incommensurable. Ce qui pouvait faire dire à Paul :

1 Corinthiens 12 : 29 « Tous sont-ils Apôtres ? »

Et, rappelant son choix aux apôtres, Jésus-Christ déclara :

Jean 6 : 70 « N'est-ce pas moi qui vous ai choisis, vous les douze ? »

Sur le choix souverain de Saul qui n'avait pas un bon témoignage au départ, le seigneur Jésus-Christ précisa :

Actes 9 : 15 – 16 « 15 – ... cet homme est un instrument que j'ai choisi, pour porter mon nom devant les nations, devant les rois, et devant les fils d'Israël ; 16-et je lui montrerai tout ce qu'il doit souffrir pour mon nom »

Le choix et la volonté de dieu dans l'exercice d'un ministère sont soulignés dans :

Marc 3 : 13 – 19 « 13 – Il monta ensuite sur la montagne ; il appela ceux qu'il voulut, et ils vinrent auprès de lui. 14– Il en établit douze, pour les avoir avec lui, 15-et pour les envoyer prêcher avec le pouvoir de chasser les démons. 16– Voici les douze qu'il établit : Simon, qu'il nomma Pierre ; 17 – Jacques, fils de Zébédée, et Jean, frère de Jacques, auxquels il donna le nom de Boanergès, qui signifie fils du tonnerre ; 18 – André ; Philippe ; Barthélemy ; Matthieu ; Thomas ; Jacques, fils d'Alphée ; Thaddée; Simon le Cananite ; 19 – et Judas Iscariot, celui qui livra Jésus. »

Luc 6 : 12 – 13 « 12 – En ce temps-là, Jésus se rendit sur la montagne pour prier, et il passa toute la nuit à prier Dieu. 13– Quand le jour parut, il appela ses disciples, et il en choisit douze, auxquels il donna le nom d'apôtres. »

Romains 9 : 13 « ... J'ai aimé Jacob et j'ai haï Ésaü. »

Dieu a aimé Jacob et il a rejeté Ésaü en tant qu'instrument impropre de service et non en tant qu'homme... Comment savoir que l'on est appelé ? Comment dieu appelle ses serviteurs ? Il appelle qui il veut *[Marc 3 : 13]*, sans tenir compte de la condition sociale des élus : *[1 Corinthiens 1 : 26 ; 9 : 13]*

Dieu appelle :

- À voix audible : exemples : Abraham *Genèse 12 : 1 – 3*
Samuel 1 Samuel 3 : 3 – 18
Jérémie Jérémie 1 : 4 – 12

- Ou par l'intermédiaire d'anges ou d'êtres humains (conducteurs d'églises…)
- L'appel peut aussi prendre la forme d'une conviction intérieure croissante, confirmée par les avis des frères et sœurs, et, éventuellement, par les circonstances.

C'est d'un appel reçu directement du seigneur Jésus-Christ lui-même dont l'apôtre Paul rend témoignage à :

- Timothée, son fils en Christ :

1 Timothée 1 : 12 – 14 « 12 – Je rends grâces à celui qui m'a fortifié, à Jésus-Christ notre Seigneur, de ce qu'il m'a jugé fidèle, 13- en m'établissant dans le ministère, moi qui étais auparavant un blasphémateur, un persécuteur, un homme violent. Mais j'ai obtenu miséricorde, parce que j'agissais par ignorance, dans l'incrédulité ; 14-et la grâce de notre Seigneur a surabondé, avec la foi et la charité qui est en Jésus-Christ. »

- L'église de Rome :

Romains 1 : 1 « Paul, serviteur de Jésus-Christ, appelé à être Apôtre, mis à part pour annoncer l'Évangile de Dieu. »

- L'église de la Galatie :

Galates 1 : 15 « Mais, lorsqu'il plut à celui qui m'avait mis à part dès le sein de ma mère, et qui m'a appelé par sa grâce… »

La parole de dieu nous donne quatre indications sur notre appel :

1 – L'aspiration intérieure :

1 Timothée 3 : 1 « Cette Parole est certaine : si quelqu'un aspire à la charge d'Évêque, il désire une œuvre excellente. »

2 – La parole de connaissance accordée à un autre :

Actes 9 : 15 « ... cet homme est un instrument que j'ai choisi, pour porter mon nom devant les nations, devant les rois, et devant les fils d'Israël. »

3 – Le don spirituel en harmonie avec l'aspiration intérieure : les anciens d'Antioche priaient et jeûnaient, lorsque le Saint-Esprit ordonna la mise à part de Barnabas et de Saul pour l'œuvre à laquelle ils avaient été appelés. On leur imposa les mains *Actes 13 : 2 – 3.*

4 – Le discernement : cas de Timothée, son Appel au travers du discernement de Paul, en harmonie avec l'Église Locale qui lui rend un bon témoignage. Les Anciens lui ont imposé les mains. *Actes 16 : 1 – 2*

2-D'être formé

La formation est importante dans l'exercice du ministère chrétien évangélique... il est évident que le fait d'être « choisi, appelé de dieu » ne voudrait en aucune façon signifier que l'on « est opérationnel sur-le-champ »... La formation est vivement conseillée, voire exigée, en prenant le temps qu'il faut auprès des anciens, du collège pastoral... En fait, avec la plénitude du Saint-Esprit, une bonne expérience, par essais et erreurs, soutenue et forgée, d'une part, et d'abord, par une formation interne, sur le tas (séminaire, retraite, école du ministère, veillée de prière, intercession, conduite de réunion de culte, exhortation, prédication…) et de l'autre part, en complément, par une formation, si possible, en institut et/ou école de théologie… ce qui, assurément,

- Remplit puissamment, équipe les aspirants au ministère (en sagesse, connaissance, expérience, compétence, sagacité)…
- Et les éprouve comme le recommandent les saintes écritures :

1 Timothée 3 : 10 « Qu'on les éprouve d'abord, et qu'ils exercent ensuite leur ministère, s'ils sont sans reproche. »

3-D'être consacré

La consécration peut se faire :

– Par dieu-*1 Corinthiens 12 : 28 ; 1 Timothée 1 : 12 ;*
– Directement par le Saint-Esprit *Actes 20 : 28 ;*
– Mais, dans bien des cas, elle passe par les ministères plus anciens, l'approbation de dieu, de l'église et de la fédération (s'il y a lieu).

4-D'être reconnu

La reconnaissance du ministère est fonction du sérieux, du travail et de ses fruits… craignant dieu, et en parfaite harmonie avec les vertus théologales de sanctification, pardon, humilité, amour du prochain, abnégation, jeûne et prière, l'aspirant à l'exercice d'un ministère de dieu doit être assidu et persévérant dans les enseignements, l'étude la Parole… la recherche de la paix avec tout le monde, l'efficacité et l'entière symbiose avec la plénitude du saint-esprit doivent constituer l'essentiel de ses préoccupations…

Dans sa recherche de la confirmation/Infirmation objective de son appel, il lui est vivement conseillé de prendre en compte l'avis de l'assemblée des anciens, du pasteur conducteur, des ministres de dieu en service ou retraités, des chrétiens de l'église locale, du collège pastoral… Certains défauts comme l'autosuffisance intellectuelle et/ou spirituelle, l'égocentrisme et l'égoïsme, l'individualisme et l'indifférence, l'orgueil et le manque de respect de l'autre, les colères hystériques et morbides... doivent être écrasés définitivement. En fait, dans le cas où les personnes auprès desquelles est sollicité un avis sur notre candidature à l'exercice d'un ministère émettent dans leur grande majorité des réserves en faisant remarquer des carences non négligeables dans notre caractère de chrétien ou des déficiences dans notre service, nous devons admettre que nous ne sommes manifestement pas encore convenablement préparés ou qualifiés pour la responsabilité envisagée... Dans l'autre sens, si les personnes sollicitées admettent objectivement et en toute liberté, avoir pensé depuis longtemps que nous avons démontré des qualités qui feraient de nous un ministre capable et attentif, cela confirme notre appel...

Et l'apôtre Paul d'extrapoler en parlant des marques de Jésus-Christ sur son corps :

Galates 6 : 14 - 17 « 14 – Pour ce qui me concerne, loin de moi la pensée de me glorifier d'autre chose que de la croix de notre Seigneur Jésus-Christ, par qui le monde est crucifié pour moi, comme je le suis pour le monde ! 15 – Car ce n'est rien d'être circoncis ; ce qui est quelque chose, c'est d'être une nouvelle créature. 16 – Paix et miséricorde sur tous ceux qui suivront cette règle, et sur l'Israël de Dieu ! 17– Que personne désormais ne me fasse de la peine, car je porte sur mon corps les marques de Jésus. »

Il me paraît important de clarifier une confusion récurrente assez répandue en milieu chrétien évangélique selon laquelle, à l'instar des noms des deux patriarches modifiés par l'Éternel Dieu, Abram en Abraham *[Genèse 17 : 5]* et Jacob en Israël *[Genèse 32 : 28]*, le nom de Saul serait lui, aussi modifié en Paul... C'est de l'ignorance regrettable... En vérité, Paul est un nom grec, dérivé du patronyme latin Paulus... Saul est un nom hébreu apparenté au nom du premier roi d'Israël, de la tribu de Benjamin, à laquelle Saul appartenait

[Philippiens 3 : 5]... C'est dire que Saul et Paul sont les deux noms d'une seule et même personne avant et après sa conversion... Non, nulle part dans les saintes écritures, dieu a changé le nom Saul en Paul... En effet, le Seigneur Jésus-Christ l'a appelé « Saul, Saul » lors de leur rencontre sur la route de Damas *[Actes 9 : 4]* – Ananias l'a appelé « Saul » après sa conversion *[Actes 9 : 17]* – Le Saint-Esprit l'a appelé « Saul » avant son premier voyage missionnaire avec Barnabas *[Actes 13 : 2]...* C'est son ami, le *médecin* Luc, auteur de l'évangile qui porte son nom (Luc) et des Actes des Apôtres, qui, pour la première fois a modifié le nom de « Saul » en « Paul » :

Actes 13 : 13 « Paul et ses compagnons, s'étant embarqués à Paphos, se rendirent à Perge en Pamphylie... »

Cela étant précisé, essayons d'examiner les marques de Jésus-Christ sur le corps de l'Apôtre Paul *Galates 6 : 14 - 17...* D'entrée de jeu, l'on notera ici que les Saintes Écritures soulignent que, sur la route de Damas, Saul respirait *« ... encore la menace et le meurtre contre les disciples du Seigneur »* Actes 9 : 1 lorsqu'il réalisa que Jésus-Christ était vivant... Sa rencontre en vrai avec Jésus-Christ et le dialogue qu'ils eurent ensemble, le bouleversèrent foncièrement *Actes 9 : 3 – 6... Alors*, le recommandant à Ananias, le Seigneur déclara :

Actes 9 : 15 - 16 « 15 – ... cet homme est un instrument que j'ai choisi, pour porter mon nom devant les nations, devant les rois, et devant les fils d'Iraël ; 16-et je lui montrerai tout ce qu'il doit souffrir pour mon nom. »

En vérité, l'on ne devrait donc pas s'étonner que l'apôtre, Paul choisi par le Seigneur Lui-même, destiné, entre autres, à être l'objet de bien des souffrances, bien des coups et blessures pour le nom du seigneur, porte ***des marques indélébiles de Jésus-Christ*** sur son corps, marques dont la liste (non exhaustive) est impressionnante *[2*

Corinthiens 11 : 22 - 33]... sans oublier l'écharde dans sa chair qui le souffletait *[2 Corinthiens 12 : 7 – 10]...* à tout ceci s'ajoutent le rejet par ses compatriotes et la haine qu'éprouvaient ses amis contre lui, ceux-là mêmes à qui il voulait faire accepter et recevoir Jésus-Christ comme seigneur et sauveur... Que l'apôtre Paul souffre pour le nom de Jésus-Christ ne fait qu'accomplir les Saintes Écritures, car :

Ésaïe 55 : 11 « Ainsi en est-il de ma parole, qui sort de ma bouche : elle ne retourne point à moi sans effet, sans avoir exécuté ma volonté et accompli mes desseins. »

Par extrapolation, l'on notera que, sur le corps de chacun des vrais enfants/fils de dieu, en esprit et en vérité, l'on devrait apercevoir bien des marques plus profondes de Jésus-Christ, entre autres :

• ***La marque d'appartenance »***, élément distinctif et significatif apportant la preuve que l'on appartient à Jésus-Christ à part entière et que tout le monde (famille, amis, collègues de travail, petits camarades de classe et/ou de quartier...) peut observer cette marque... constater, voir, relever les changements intervenus dans notre vie depuis que nous avons accepté et reçu Jésus-Christ, comme seigneur et sauveur... qu'est-ce qui a changé dans notre vie depuis que Jésus-Christ est devenu notre ami ? depuis que nous sommes « comme christ » c.-à-d. « chrétiens » ?

Il est à préciser qu'en ce temps-là, les esclaves portaient les marques de leur propriétaire... Certes que Jésus-Christ est appelé :

« Maître » *[Marc 4 : 38 ; Luc 8 : 24]*
« Rabbi » *[Matthieu 26 : 25]*
« Rabbouni » *[Marc 10 : 51]*

Et nous sommes serviteurs de notre maître, nous lui appartenons... Il ne s'agit pas ici d'appartenance au maître sous le générique de « l'esclavage et/ou de la traite des noirs » à l'instar des traitements inhumains infligés aux peuples africains pendant la colonisation, il s'agit ici d'un nouveau fonctionnement qui fait connaître la vérité qui affranchit, Jésus-Christ étant la vérité :

Jean 8 : 32 « Vous connaîtrez la vérité, et la vérité vous affranchira. »

C'est quoi donc « appartenir à Jésus-Christ » ? c'est :
♦ *Avoir un lien fusionnel, une certaine intimité spirituelle avec Jésus-Christ...*
♦ *Lui être soumis, lui être fidèle...*
♦ *Obéir à sa parole et surtout la mettre en pratique, partout et en tous lieux...*

Porter la marque d'appartenance à Jésus-Christ, « c'est être reconnu comme fidèle, disciple de Christ, enfant/fils de dieu»... autour de nous, le reconnaît-on ? le voit-on ? le constate-t-on ? depuis que l'on est enfant de dieu, quels sont les changements visibles intervenus dans notre vie ? Ces changements sont-ils observables par notre entourage ? qu'est-ce que les autres disent de nous ? et nous que disons-nous de nous-mêmes ? quelle est la marque de notre appartenance à Jésus-Christ ? quels sont les changements significatifs apportés par notre rencontre avec Jésus-Christ ? quels progrès avons-nous réalisés grâce à Jésus-Christ ? quels sont les effets de notre appartenance à Jésus-Christ sur notre vie ? quel impact sur :
♦ Notre orgueil ?
♦ Notre indifférence et notre manque de compassion ?
♦ Notre honte de parler de Jésus-Christ dans notre milieu ambiant ?
♦ Notre inquiétude sur notre vie ?
♦ Notre angoisse ?
♦ Nos peurs...
♦ Notre amertume ?
♦ Notre témoignage observable ?
♦ Nos projets ?

- *« La marque de persévérance et de fiabilité »*

S'engager dans la vie chrétienne est un véritable sacerdoce. Bien des personnes nous éviteront, beaucoup nous fuiront... Parmi ceux qui étaient nos amis d'avant, beaucoup nous retireront leur amitié à cause de Jésus-Christ... L'on est objet des critiques à cause de notre nouvelle vie en Christ... l'on est victime des complots machiavéliques, à cause de Jésus-Christ, mais la parole de dieu rassure :

Ésaïe 54 : 17 « Toute arme forgée contre toi sera sans effet. »

L'on devrait persévérer dans notre foi en Christ :

Hébreux 4 : 14 « ... demeurons fermes dans la foi que nous professons »

Matthieu 10 : 22 ; Marc 13 : 13 « Vous serez haïs de tous, à cause de mon nom, mais celui qui persévérera jusqu'à la fin sera sauvé. »

L'on devrait persévérer dans les enseignements, dans le jeûne et la prière, dans la présence aux réunions de culte, intercessions, veillée de prière, retraite, séminaire... L'on devrait être « fiables » dans notre engagement, le manque de fiabilité étant synonyme d'infidélité, d'hypocrisie... Notre fiabilité dans :
- Les engagements;
- Les promesses;
- L'intimité avec Christ;
- Le service dans l'Église;
- La joie de travailler pour le corps de Christ;
- La fierté d'être utile;
- La fierté de ne pas être oisif;
- La fierté de suggérer;
- La fierté de proposer... d'aller en avant dans Christ:

♦ La fierté d'entretenir le Corps de Christ à l'instar de Marie dont parle les Saintes Écritures :

Jean 12 : 3 « Marie, ayant pris une livre d'un parfum de nard pur de grand prix, oignit les pieds de Jésus, et elle lui essuya les pieds avec ses cheveux ; et la maison fut remplie de l'odeur du parfum. »

Et nous, que faisons-nous pour l'église de Jésus-Christ ? quelle activité exerçons-nous dans l'église de Jésus-Christ ? Que faisons-nous pour faire avancer l'œuvre de dieu ? Quels sacrifices consentons-nous pour Jésus-Christ à l'instar de Dorcas (Tabhita) qui fut justifiée par ses œuvres ? *[Actes 9 : 36 – 43]*

• *« La marque d'excellence »*, se traduisant par le temps que l'on passe avec Jésus-Christ :

– Prière ;
– Jeûne ;
– Écoute de la parole ;
– Lecture de la bible ;
– Adoration ;
– Méditation de la parole ;
– Louange ;
– Culte ;
– Veillée de prière ;
– Intercession ;
– Retraite ;
– Séminaire…

La marque préside à la tenue de la bouche de l'enfant de dieu qui ne s'ouvre pas pour ne rien dire, mais pour bénir, pour ne pas maudire, rien que pour aimer… pardonner…

Luc 6 : 27 – 28 « 27 - Mais je vous dis, à vous qui m'écoutez : Aimez vos ennemis, faites du bien à ceux qui vous haïssent, 28- bénissez ceux qui vous maudissent, priez pour ceux qui vous maltraitent. »

Romains 12 : 14 « Bénissez ceux qui vous persécutent, bénissez et ne maudissez pas. »

Exode 14 : 14 « L'Éternel combattra pour vous ; et vous gardez le silence. »

Dans le travail, dans le monde, partout et en tous lieux, créons la différence avec les non chrétiens et les chrétiens que nous sommes par notre amour, notre bonté, notre puissance du pardon... Pendant les réunions de culte... de répétitions de la chorale... d'intercession... manifestons notre joie :
2 Timothée 1 : 7 « Car ce n'est pas un esprit de timidité que Dieu nous a donné, mais un esprit de force, d'amour et de sagesse. »

Galates 4 : 6 « Et parce que vous êtes fils, Dieu a envoyé dans nos cœurs l'Esprit de son Fils, lequel crie : Abba ! Père ! »

L'on va vers, l'on vise l'excellence, quand bien même le chemin est long, sinueux et plein d'embûches, mais nos victoires sont certaines... Aussi la marque de Christ se traduit par un comportement, une conduite, une réactivité, une action, une activité, une réponse, une manière d'être, une manière de faire... qui rappellent le vécu de Jésus-Christ... la réaction de Jésus-Christ dans l'adversité ou non... c'est une marque de valeur, une grâce que l'on ne peut comparer à aucune autre... ce qui requiert, de chacun de nous, fille et fils de dieu, bien des qualités, entre autres : La dignité du glorieux nom d'ambassadeur pour Christ, le roi des rois, par une conduite irréprochable qui inclut :
- ♦ La fiabilité de notre engagement ;
- ♦ La fiabilité de notre langage ;

♦ La fiabilité de nos pratiques ;
♦ La fiabilité de nos fréquentations ;
♦ La fidélité et l'obéissance à Jésus-Christ ;
♦ Notre sanctification rigoureuse et permanente ;
♦ Notre amour qui supporte tout, pardonne tout, ne soupçonne point le mal ;
♦ La parole de dieu qui doit guider nos pas ;
♦ La lumière de dieu qui doit éclairer notre chemin ;
♦ Notre mise en pratique des commandements de Jésus-Christ ;
♦ L'exécution, non pas de notre volonté, mais toujours et sans faille, de la volonté de Jésus-Christ, seigneur et sauveur…

Cinquième partie
Pratiques et/ou événements susceptibles d'influer sur l'efficacité et la renommée du ministère

- **La prédication**

Foncièrement inspiré du livre de l'éminent bibliste et pasteur, le professeur Jules Marcel Nicole, je noterais bien que la prédication vise à convaincre la raison, toucher les sentiments, remuer la conscience, stimuler la volonté... En effet, s'il est bien vrai que la prédication est un acte extraordinaire, il n'est pas moins vrai que la routine peut vite l'intégrer et que le prédicateur perde la main, s'enfermant alors dans un aquarium récurrent et rébarbatif... Pour ce faire, le prédicateur doit se réexaminer afin de vérifier s'il est toujours dans le modèle biblique de communication de la parole de dieu... Il doit toujours se convaincre d'avoir reçu quelque chose et de prêcher fidèlement ce qu'il a reçu de Jésus-Christ... Le prédicateur reçoit donc « quelque chose de Dieu », grâce à une connexion spirituelle validée par des moments importants de jeûne et de prière... C'est dire que le message qu'il porte en public lui est transmis par le saint-esprit... En d'autres termes, inspiré par le saint-esprit, le message prêché est, a fortiori, exempt des règlements de compte, des exubérances injustifiées, des propos tendancieux, des intentions fallacieuses, des ressentiments machiavéliques et des idolâtries de tous genres... Il est important de souligner que pendant la prédication, le monde de Satan et toutes ses armées ne cessent de livrer des combats invisibles contre la communication de la vraie parole de dieu. En fait, toutes leurs tentatives d'incrustation dans le message, fut-il inspiré de dieu, ne seront sans effet que si, et seulement si, le prédicateur demeure dans la sanctification, le jeûne, la prière, l'étude foncière de la vraie parole de Jésus-Christ, la lecture régulière et la méditation des saintes écritures... Pour éviter les dérives doctrinales et les dérapages déontologiques, le prédicateur doit toujours se remettre en cause... En effet, un prédicateur qui ne

s'inquiète plus de l'impact de ses messages devient inquiétant... Alors il lui est vivement conseillé de s'interroger sur le contenu de ses communications et les enseignements à en tirer :
– Le prédicateur, lui-même, est-il convaincu de ce qu'il prêche ?
Son message :
– Est-il porteur d'une réponse ou suscite-t-il une réaction ?
– Est-il suivi des conversions et des engagements de l'auditoire ?
– Suscite-t-il la soif de la vie de prière, l'amour, le pardon, la fraternité, la crainte de Dieu, la sanctification, la repentance, la restauration, la libéralité, la générosité... ?
– Touche-t-il toutes les couches de la Communauté chrétienne ?
– S'accompagne-t-il des miracles, des signes et des prodiges ?
– Contribue-t-il à la pérennisation de l'œuvre de Jésus-Christ ?
– Permet-il d'aller chercher la société périphérique inculte là où elle se trouve ?
– A-t-il le courage et le mérite de proclamer la vérité, rien que la vérité biblique, de ne rien cacher, de dénoncer les abus et les dérives ?
– Fait-il entièrement confiance à l'œuvre de la parole de Jésus-Christ ?
– Est-il communiqué dans l'humilité, l'abnégation et la persévérance ?
– Contient-il des illustrations conformes aux saintes écritures ?

La prédication se singularise en ce que l'orateur, lui-même « pécheur » sauvé par la grâce, proclame à d'autres « pécheurs » la grâce qui lui est octroyée par le seigneur Jésus-Christ... Quant aux qualités d'une bonne prédication et d'un bon prédicateur, en s'inspirant de notre seigneur et sauveur Jésus-Christ, orateur infatigable, fortement inspiré des réalités profondes et cachées du cœur de l'homme, les thèmes de prédication s'appuient sur la vraie parole de Jésus-Christ, le vécu, la pratique, le quotidien des enfants et fils de dieu... Ce qui éloignerait, a fortiori, le prédicateur de tout compromis avec la fornication, le vol, la tricherie, la haine, le ressentiment, les règlements de compte de tous genres...

Dans ce registre, je parlerais aussi et surtout de l'apôtre Paul qui reste sans conteste, l'un des plus grands prédicateurs, ministre de dieu, appelé de vive voix par Jésus-Christ lui-même, empreint d'une humilité indélébile, fort d'un itinéraire exceptionnel, doté de capacités intellectuelles phénoménales et incontestables, suffisamment cultivé, possédant une formation théologique doctorale et une expérience unique avec le Seigneur en recevant la révélation intérieure que Jésus-Christ était vivant. *[Actes 9 : 4 – 6]*... L'apôtre Paul reste un exemple incontournable pour tout prédicateur désireux de réussir sa mission si noble, si vivante, si agréable, si stimulante et si exigeante... Pour ce faire, décortiquons le message de l'apôtre Paul à l'église de Corinthe :

1 Corinthiens 2 : 1–13 « 1 – Pour moi, frères, lorsque je suis allé chez vous, ce n'est pas avec une supériorité de langage ou de sagesse que je suis allé vous annoncer le témoignage de Dieu. 2– Car je n'ai pas eu la pensée de savoir parmi vous autre chose que Jésus-Christ, et Jésus-Christ crucifié. 3– Moi-même j'étais auprès de vous dans un état de faiblesse, de crainte, et de grand tremblement ; 4-et ma parole et ma prédication ne reposaient pas sur les discours persuasifs de la sagesse, mais sur une démonstration d'Esprit et de puissance, 5-afin que votre foi fût fondée, non sur la sagesse des hommes, mais sur la puissance de Dieu. 6– Cependant, c'est une sagesse que nous prêchons parmi les parfaits, sagesse qui n'est pas de ce siècle, ni des chefs de ce siècle, qui vont être anéantis ; 7-nous prêchons la sagesse de Dieu, mystérieuse et cachée, que Dieu, avant les siècles, avait destinée pour notre gloire, 8-sagesse qu'aucun des chefs de ce siècle n'a connue, car, s'ils l'eussent connue, ils n'auraient pas crucifié le Seigneur de gloire. 9– Mais, comme il est écrit, ce sont des choses que l'œil n'a point vues, que l'oreille n'a point entendues, et qui ne sont point montées au cœur de l'homme, des choses que Dieu a préparées pour ceux qui l'aiment. 10– Dieu nous les a révélées par l'Esprit. Car l'Esprit sonde tout, même les profondeurs de Dieu. 11– Lequel des hommes, en effet, connaît les choses de l'homme, si ce n'est l'esprit de l'homme qui est en lui ? De même, personne ne connaît les choses de

Dieu, si ce n'est l'Esprit de Dieu. 12– Or nous, nous n'avons pas reçu l'esprit du monde, mais l'Esprit qui vient de Dieu, afin que nous connaissions les choses que Dieu nous a données par sa grâce. 13– Et nous en parlons, non avec des discours qu'enseigne la sagesse humaine, mais avec ceux qu'enseigne le Saint-Esprit, employant un langage spirituel pour les choses spirituelles. »

De ce message, je me permettrais de noter quelques qualités d'une « bonne » prédication biblique (liste non exhaustive) :

V. 1 – 2 – La Simplicité, voire la Clarté devant singulariser le message, évitant ainsi l'étalage des connaissances historiques et l'approfondissement de la doctrine théologique ;

V. 3 – L'humilité... Le prédicateur ne doit pas être imbu de lui-même, mais plutôt humble et dépendant de Jésus-Christ ;

V. 4 – 5 – La Puissance. L'efficacité de la prédication reste tributaire de la Puissance de Dieu. Cette puissance est fonction de la préparation du message, de la recherche de l'Onction spirituelle accessible par le biais de la sanctification, le jeûne, la prière, la lecture de la bible, la méditation de la Parole de Dieu ;

V. 6 – 10 – La Révélation... Donnée par le Saint-Esprit au Prédicateur, la Révélation est essentielle pour l'impact indubitable du message ;

V. 11 – 13 – La Pertinence « surnaturelle », nécessaire pour que la prédication produise un effet « transformateur », un effet de changement, de révolution positive chez l'auditoire... Pour ce faire, le Prédicateur doit être attentif au Saint-Esprit, censé lui communiquer la volonté de Dieu.

Quant aux qualités du porteur du message, je noterais, entre autres :

– La nouvelle naissance... Il est important que le prédicateur lui-même soit né de nouveau. Celui qui n'a pas fait cette expérience ne peut voir le royaume de Dieu *[Jean 3 : 3 – 5]*, encore moins le proclamer. Jadis, quand le pastorat conférait un certain prestige social et parfois une rémunération alléchante, le danger était plus grand de voir des inconvertis embrasser une carrière pastorale... Aujourd'hui encore, tout risque de ce genre n'est, malheureusement, pas complètement écarté... En effet, bien des « charlatans, faiseurs de miracles » ont envahi les milieux évangéliques, usant de tous les subterfuges pour soutirer fallacieusement de l'argent aux adeptes « naïfs » des frissons et des miracles... Un « business juteux » de l'évangile de la prospérité et des miracles...

– Il faut avoir été appelé par le seigneur... Jérémie a des menaces sévères contre les prophètes qui ont couru sans avoir été envoyés et qui prophétisent sans avoir reçu un message d'En–Haut *Jérémie 23 : 21 ; Ézéchiel 13*.

Tous les chrétiens sont exhortés au témoignage *[Luc 12 : 8 – 9 ; Romains 10 : 9 – 10]*, mais tous ne sont pas exhortés au ministère de la Parole. C'est le Seigneur Jésus-Christ Lui-même, rien que le Seigneur Jésus-Christ Lui-même qui *« 11 – ... a donné les uns comme apôtres, les autres comme prophètes, les autres comme évangélistes, les autres comme pasteurs et docteurs, 12 – pour le perfectionnement des saints en vue du ministère et de l'édification du corps de Christ » [Éphésiens 4 : 11 - 12]*.

C'est le Saint-Esprit qui établit les anciens pour faire paître le troupeau *[Actes 20 : 19]* Dans l'église, il ne faut pas s'imaginer que n'importe qui, peut faire n'importe quoi... même les Anciens ne sont pas tous chargés de la prédication et de l'enseignement *[1 Timothée 5 : 17]*.

– Le ministère doit être reconnu par l'Église. L'imposition des mains sera le signe de cette mise à part *[1 Timothée 4 : 14]*. Le messager de l'évangile n'est pas un franc-tireur livré à ses propres initiatives. Même lorsqu'il est chargé d'une mission lointaine, il s'en acquitte comme Délégué de l'église à laquelle il doit rendre compte de son activité *[Actes 13 : 1 – 3 ; 14 : 27]*

– Au milieu des séductions du monde et des embûches du diable, il est important que le Serviteur de Dieu veille sur lui-même et sur son enseignement, qu'il soit un modèle en Parole et en Conduite *[1*

Timothée 4 : 12, 16]... Inutile d'insister sur les ravages provoqués par certains télévangélistes indignes ou certains théologiens hérétiques !

Par ailleurs, l'apôtre Paul requiert de la part des anciens, bien des qualités éthiques *[1 Timothée 3 : 7 – 10 ; Tite 1 : 5 -9]*

L'on pourrait souhaiter, cependant, que chaque Frère (chaque sœur) qui occupe une responsabilité au sein d'une communauté chrétienne examine régulièrement, à la lumière de la parole de Jésus-Christ, sa vie, sa pratique… Une solide préparation intellectuelle et surtout spirituelle constitue une base indispensable pour un ministère fécond… Certes, les apôtres n'ont pas fréquenté les écoles rabbiniques, mais ils ont fait deux ou trois ans d'étude sur le terrain et par l'exemple sous l'égide du maître par excellence, Jésus-Christ lui-même…

La prédication doit être bien équilibrée. Le prédicateur doit travailler ses sermons, car Jésus-Christ lui confie une responsabilité réelle. Il doit, pour ce faire, compter sur la grâce de dieu, qui, seule, le rend capable d'apporter un message efficace…Toutefois, prétendre que le prédicateur est bon est un leurre déviationniste traduisant tôt ou tard une empreinte d'idolâtrie en direction du messager…En fait, le prédicateur n'étant qu'un instrument utilisé par le Saint-Esprit pour communiquer la volonté de dieu à un public, j'affirme que c'est bien le message prêché qui est bon et non l'orateur (humilité), nonobstant le fait que le sermon est certes, la résultante du travail du prédicateur (méditation de la parole, lecture de la bible, sanctification, moment d'intimité spirituelle avec Jésus-Christ, jeûne et prière)

Quant au choix du texte d'appui, l'habitude a prévalu, depuis les origines de l'église, de baser la prédication sur un texte biblique que l'on explique ou applique. Cette pratique a un triple avantage :

– Elle honore la parole de dieu en ce que le prédicateur se présente non comme un conférencier qui fait part de ses observations et de ses réflexions, mais bien comme l'instrument au service de l'Éternel Dieu;
– Elle donne de l'autorité à la prédication (respect absolu des saintes écritures plus que des points de vue d'un individu) ;
– Elle proclame l'efficacité et la puissance de la parole de dieu.

Mais, pourrions-nous, de ce fait conclure que n'importe quel texte biblique se prête à servir de base pour un sermon ? absolument pas ! quand nous choisissons nos textes, donnons la préférence à ceux qui sont clairs et indiscutables. Nous ne risquons jamais d'être à court d'en découvrir.

Quant à la durée, *un bon message dure 30 à 45 minutes (prédication) ou 10 à 15 minutes (exhortation)*... Le prédicateur doit s'y tenir au lieu de rallonger son message par des billevesées produisant le plus souvent, un malaise dans l'auditoire et un désintérêt consécutif aux indiscrétions maladroites et hors du sujet biblique décortiqué dans les 30 ou 45 premières minutes.

Contenu : Pour être efficace, le message de la prédication doit :

– Soit amener le public à la conversion : c'est *de l'évangélisation;*
– Soit inciter les « brebis » à réaliser tel ou tel progrès dans la vie chrétienne : c'est *de l'édification;*
– S'articuler en respectant certaines dispositions;
– Le plan doit être exhaustif (ne négliger aucun élément important du sujet).
– Les différentes parties doivent être convergentes (se rapporter à l'idée centrale), distinctes, ordonnées, correctement subdivisées, homogènes, équilibrées
Le prédicateur veillera à la progression dans l'intérêt et à l'intitulé des diverses parties :

– *Introduction* : La réussite d'une communication est sans conteste tributaire de l'efficacité de son introduction. En effet, sûr d'être écouté pendant les premières minutes de son propos, le Prédicateur doit bien soigner les paroles qu'il prononce d'entrée de jeu. C'est un moment important qui devrait durer 1/5e du temps de l'ensemble du message. Pour ce faire, elle :
– Doit être brève et suffisamment claire ;
– Pourrait bien partir soit d'un incident relatif à l'expérience, soit d'un événement politique, historique, social, culturel, religieux, soit d'une observation…
– Doit être vivante et dynamique.

Pour bien introduire une prédication, l'Intervenant doit au préalable avoir prévu quelles en seraient les grandes lignes.

– *Développement* : corps du sujet, le développement devrait durer 3/5e du temps de l'ensemble du message.

– *Conclusion* : moment privilégié pour inviter le public à prendre une décision en rapport avec le thème prêché, la conclusion doit être brève, adéquate, claire, persuasive, récapitulative et si possible, Prospective. Elle devrait durer 1/5e du temps de l'ensemble du message.

Pour ce qui concerne **l'évangélisation**, c'est-à-dire annoncer l'évangile, amener les gens à croire au Dieu de la Bible, Jésus-Christ… apporter la « bonne nouvelle de Jésus-Christ » à des personnes « non converties », donc ignorant les enseignements du Seigneur, dans le but de sauver leur âme, les appeler à un changement intellectuel de la conception de dieu, corriger l'idée qu'ils se font de l'Éternel Dieu :

Actes 4 : 12 « Il n'y a de salut en aucun autre ; car il n'y a sous le ciel aucun autre nom qui ait été donné parmi les hommes, par lequel nous devions être sauvés. »

Règles de base : Pour maintenir une bonne communication, le prédicateur doit intervenir dans un but précis en poursuivant un triple objectif :
– L'information ;
– Le changement d'attitude ;
– L'action…

En d'autres termes, le message d'évangélisation vise l'intelligence, les émotions et la volonté… En effet, l'auditoire a besoin de savoir ce qu'est le seigneur Jésus-Christ et ce que signifie l'expression « suivre le seigneur Jésus-Christ » avant de prendre la décision de lui donner la vie (Information). Par ailleurs, ceux qui écoutent plus d'une fois la « bonne nouvelle de Jésus-Christ » ont besoin de quelque chose susceptible de transformer leur attitude (émotions) et de les conduire à la décision d'accepter Jésus-Christ comme leur seigneur et leur sauveur (volonté).

– Parler d'une manière claire et exprimer dans un langage compréhensible la pensée reçue de dieu par le biais du saint-esprit…
– Tenir compte du milieu ambiant en adaptant son langage. En effet, une adresse très appropriée aux adultes peut être inappropriée aux enfants ;
– Tenir le public en haleine par une attitude maintenant l'attention (alléluia, amen, humour, mime, modification de la voix…) ;
– Chercher à faire participer le public en posant des questions (même si l'on est convaincu que les auditeurs ne réagiront pas) ;
– Maintenir le contact en demandant de pousser un amen, un alléluia, de répéter un mot, une parole, de dire quelque chose à son voisin ;
– Connaître le public (âge, intérêts, culture, problèmes, besoins…). Éviter les messages trop théoriques ou trop symboliques qui ne résolvent aucun besoin profond du public… En effet, connaître l'auditoire conduit à utiliser un langage adapté et à apporter des messages moins intellectuels et moins abstraits… Quoiqu'il advienne, le prédicateur doit éviter les termes théologiques. Ainsi, il remplacera

« frères et sœurs » par « chrétiens », « se repentir » par « demander pardon », « la repentance » par « le pardon », la « rémission des péchés » par « l'effacement de nos fautes » ;

– Introduire son propos par ce que le public connaît avant de passer à quelque chose de nouveau, s'appuyer sur des exemples de la vie courante ;

– Tenir compte des attitudes du public (certains auditeurs résistent, d'autres sont plus réceptifs et plus ouverts). Choisir en conséquence le moment le plus favorable pour placer l'appel à accepter Jésus-Christ comme seigneur et sauveur et à le suivre ;

– Ne pas hésiter à renforcer son message par des méthodes et des moyens attrayants (transparent, vidéo, mime d'une scène, d'une action, sketch…)

Quelques conseils :

– Être sensible au saint-esprit (afin de recevoir le message de dieu) ;

– Imager le message dans sa tête, dynamiser son intervention, l'illustrer ;

– Communiquer la foi avec son propre vécu ou avec des témoignages d'autres personnes ;

– Éviter les longs passages de lecture biblique ou de faire abusivement référence à des versets. En effet, le prédicateur doit prendre de préférence un seul passage biblique et le développer. Il doit en faire un commentaire vivant et dynamique. Si c'est vraiment nécessaire d'aller à d'autres passages bibliques pour la compréhension du message, il lui est vivement conseillé de les dire de mémoire ou de les lire lui-même sans inviter l'auditoire à les trouver ou les lire ;

– Agir sous le contrôle du saint-esprit, faire un (des) appel(s), prier pour les malades (le Prédicateur doit oser, vaincre sa timidité ou sa crainte) ;

– Baser l'essentiel du message sur la repentance et le salut quand bien même certaines formes de l'évangélisation dite moderne s'appuient plus sur l'amour, la paix, la joie que Dieu apporte…

Approche (Vocabulaire) et Contenu : L'apôtre Paul s'adresse aux Incroyants en utilisant deux arguments : la création et la résurrection... Il n'utilise pas un dieu « virtuel », mais un dieu concret... L'approche de Jésus-Christ est aussi différente selon l'auditoire : la samaritaine, le jeune homme riche, Nicodème... À chaque fois, Jésus-Christ met le doigt sur un point : la conversion, la repentance. Pour ce faire :
– À Nicodème, c'est la nouvelle naissance ;
– À la samaritaine, il lui parle du drame de sa vie. Elle vit avec un nouveau mari et c'est un péché. En fait, la samaritaine croyait en Dieu, Jésus-Christ part de cette situation pour lui souligner le péché. La repentance est au centre même de leur entretien ;
– Au jeune homme riche, Jésus-Christ met le doigt sur son amour d'argent.

Ne pas parler d'une seule et même manière à tous les auditoires... De nos jours, dans bien des assemblées des saints, lorsque l'on se tient debout pour annoncer les oracles de Jésus-Christ, l'auditoire les entend certes, mais, sans les écouter méticuleusement, sans les intérioriser foncièrement, car, la vraie écoute du message prêché reste généralement fonction de l'exemplarité du prédicateur... En effet, aujourd'hui, pour bien des « brebis » de Jésus-Christ, la validation du message reçu reste foncièrement tributaire de la validation des actions et des comportements du prédicateur... Ainsi, bien des messages sont entendus sans être écoutés, sans être validés... Ils ne le sont que si, et seulement si, la vie du messager est en parfaite communion, en parfaite harmonie avec les Paroles qu'il se dit recevoir du saint-esprit... Les temps sont révolus où les Prédicateurs pouvaient dire aux brebis : « Faites ce que je vous dis de faire, car c'est bien de la part de dieu que je vous parle, et surtout ne faites pas ce que je fais, moi je suis mis à part... » Avant d'exhorter les autres, il est essentiel pour le prédicateur de s'exhorter lui-même en premier... Ainsi, le prédicateur ne communiquera la foi véritable en Jésus-Christ que, si et seulement si, lui-même marche *« ... par la foi et non par la vue »* [2

Corinthiens 5 : 7], partout et en tous lieux… Et l'apôtre Paul d'insister :

1 Corinthiens 9 : 27 « Mais je traite durement mon corps et je le tiens assujetti, de peur d'être moi-même rejeté, après avoir prêché aux autres. »

Pour ce faire, le prédicateur ne devrait ni avoir une trop grande estime de soi, ni s'égosiller pour se présenter : « … puissant ministre de Jésus-Christ… bishop… avocat… » Ce sont les autres qui, en l'écoutant, en le côtoyant, en le voyant, en le saluant, en lui parlant, devraient confesser à juste titre : « cet hmme est vraiment de Jésus-Christ » à l'instar de l'église d'Antioche d'où les disciples ont été appelés pour la première fois « chrétiens » non pas par eux-mêmes, mais par ceux qui les ont vu faire comme Jésus-Christ, avec la présence et les enseignements de Paul et Barnabas.

Actes des Apôtres 11 : 25 – 26 « 25 – Barnabas se rendit ensuite à Tarse, pour chercher Saul ; 26 – et, l'ayant trouvé, il l'amena à Antioche. Pendant toute une année, ils se réunirent aux assemblées de l'Église, et ils enseignèrent beaucoup de personnes. Ce fut à Antioche que, pour la première fois, les disciples furent appelés chrétiens. »

Et l'apôtre Matthieu de renchérir :

Matthieu 5 : 16 « Que votre lumière luise ainsi devant les hommes, afin qu'ils voient vos bonnes œuvres, et qu'ils glorifient votre Père qui est dans les cieux. »

Par ailleurs, le jour où les personnes, qui auront été touchées par la bonne nouvelle de Christ qui leur aura été annoncée à travers la modeste prestation du messager, donneront leur vie à dieu, elles glorifieront Christ d'avoir mis en face d'elles un véritable prédicateur de la parole de dieu… Pour ce faire, le prédicateur doit avoir une vie irréprochable, transparente, sans nuage ni obscurité… Sinon, d'une manière ou d'une autre, les nouveaux et les anciens onvertis s'en apercevront et les dégâts seront incommensurables... Le seigneur Jésus-Christ, chef du gouvernement céleste, attend de ses prédicateurs qu'ils deviennent non seulement de vrais hommes de dieu, mais aussi et surtout qu'ils aient un cœur dégageant de la sagesse, de l'intelligence et de la bonne odeur spirituelle...

Le prédicateur de la parole de dieu prendra le temps de se tenir dans la présence de Jésus-Christ (méditation, lecture, écoute, prière, jeûne, intercession, lamentation, actions de grâce...) Ce sera pour lui une source d'eau vive intarissable c'est-à-dire des bénédictions qui restent tributaires non seulement du temps de son intimité avec Jésus-Christ, mais aussi et surtout de la disposition de son cœur et de sa sanctification complète et efficace. C'est de la sorte qu'il sera à son tour une source de bénédiction pour les autres... En d'autres termes, le ministre de Dieu ne parlera de la part de Jésus-Christ et ne pourra enflammer les autres, que si et seulement s'il :
− Est dans la présence de Jésus-Christ en esprit et en vérité ;
− Est toujours à l'écoute de Jésus-Christ ;
− Est appliqué, attentif, disposé et disponible ;
− Prêche la vraie Parole de Dieu ;
− Ne prêche que la vraie Parole du Christ crucifié et ressuscité ;
− Garde précieusement la Parole de Jésus-Christ en la serrant dans son cœur.

La réussite du message est fonction :
− D'un plan bien précis que le prédicateur se propose de suivre certes, mais sans y être lié aveuglément, la souveraineté du Saint-Esprit pouvant y apporter en toute liberté une touche de parole de sagesse ou de connaissance...
− De l'écoute du Christ, car, quand bien même le message est préparé le Saint-Esprit peut le modifier ou le changer totalement ;
− De l'écoute de ce que le Saint-Esprit dit au prédicateur, de manière à traduire exactement la pensée du seigneur Jésus-Christ. En effet, les chrétiens ne viennent pas aux Réunions (évangélisation,

culte, prière…) pour écouter le prédicateur, mais bien Jésus-Christ lui-même par le biais du message ;

– Du courage du prédicateur qui doit dire la vérité, rien que la vérité des saintes écritures, sans chercher des compromis qui affaiblissent la puissance de la parole de Christ. La prédication du compromis n'est avantageuse ni pour le vrai prédicateur ni pour la vraie brebis née de nouveau, en esprit et en vérité… En effet, si la parole de Christ n'est pas prêchée avec courage, elle ne devient que compromis. En fait, comme chaque chrétien est à même de le savoir, seule la vérité des saintes écritures affranchit et conduit sur le vrai chemin de Christ, chemin de la victoire et de la vie, chemin de la repentance et de la restauration, chemin de l'amour et du pardon…

– De la foi du prédicateur qui saura inoculer dans les pratiques de l'auditoire, le virus des trois vertus théologales (la foi, l'espérance et l'amour) *1 Corinth. 13 : 13*

Je me permettrais quelques redondances conscientes pour souligner l'importance de l'évangélisation, action qui se rapporte à la phase initiale de l'annonce de l'évangile… En effet, l'évangélisation est la proclamation de la bonne nouvelle de Jésus-Christ révélée dans la bible avec la puissance du Saint-Esprit, d'une manière adaptée aux temps, compréhensible, convaincante et avec l'intention claire de convertir des personnes à Jésus-Christ… Elle est une présentation de l'évangile à la société : une confrontation de cette dernière avec l'évangile afin d'exiger une décision… Elle traduit en quelque sorte un sentiment de découverte de quelque chose par une première personne, une chose qui :

– Lui fait du bien ;
– Lui donne tant de satisfaction ;
– Lui donne tant de succès…

Et, comme cette première personne pleine d'amour pour son prochain n'est ni égoïste ni égocentrique, elle en parle à une deuxième personne et à plusieurs autres personnes afin qu'elles puissent à leur

tour bénéficier de la même satisfaction, du même succès, tellement que la chose découverte est infaillible, fidèle et juste… L'on comprend que la chose découverte qui fait tant de bien c'est la bonne nouvelle de Jésus-Christ. Et le fait d'en parler à d'autres personnes c'est :
– Les évangéliser ;
– Les convertir à Christ.

La question que l'on pourrait se poser ici, c'est celle de l'origine de la Puissance et des miracles générés par l'évangélisation… Bien des essais de réponses peuvent être avancés, entre autres :

1 – Commanditée par le Seigneur Jésus-Christ, l'évangélisation est une mission, un commandement avec pro*messe de la présence de Christ Lui-même aux côtés des mandatés :*

Matthieu 28 : 19 – 20 « 19 – Allez, faites de toutes les nations des disciples, les baptisant au nom du Père, du Fils et du Saint-Esprit, 20- et enseignez-leur à observer tout ce que je vous ai prescrit. Et voici, je suis avec vous tous les jours, jusqu'à la fin du monde. »

2 – La soif d'évangéliser est un Don de Dieu que le mandaté doit ranimer en recevant l'onction du Saint-Esprit par :

– La prière :

Matthieu 26 : 41 ; Marc 14 : 38 ; Luc 22 : 46 « Veillez et priez, afin que vous ne tombiez pas dans la tentation ; l'esprit est bien disposé, mais la chair est faible. »

Luc 21 : 36 ; Marc 13 : 33 « Veillez donc et priez en tout temps, afin que vous ayez la force d'échapper à toutes ces choses qui arriveront, et de paraître debout devant le Fils de l'homme. »

– La sobriété :

Éphésiens 5 : 18 « *Ne vous enivrez pas de vin : c'est de la débauche. Soyez, au contraire, remplis de l'Esprit.* »

– La louange :

Éphésiens 5 : 19 « *Entretenez-vous par des psaumes, par des hymnes, et par des cantiques spirituels, chantant et célébrant de tout votre cœur les louanges du Seigneur.* »

– L'action de grâce :

Éphésiens 5 : 20 « *Rendez continuellement grâces pour toutes choses à Dieu le Père, au nom de notre Seigneur Jésus-Christ.* »

– L'humilité :

Éphésiens 5 : 21 « *Vous soumettant les uns aux autres dans la crainte de Christ.* »

3 – L'évangélisation génère des miracles si, entre autres, la vie personnelle du mandaté reflète :
– Le témoignage de puissance se traduisant par l'obéissance à la parole, la délivrance de l'esclavage du péché, la sanctification, la repentance et le pardon :

Psaume 119 : 11 « *Je serre ta parole dans mon cœur, afin de ne pas pécher contre toi.* »

– Les actes concrets : d'amour

Jean 13 : 34 – 35 « *Je vous donne un commandement nouveau : Aimez-vous les uns les autres ; comme je vous ai aimés, vous aussi, aimez-vous les uns les autres. À ceci tous connaîtront que vous êtes mes disciples, si vous avez de l'amour les uns pour les autres.* »

Luc 15 : 10 « De même, je vous le dis, il y a de la joie devant les anges de Dieu pour un seul pécheur qui se repent. »

− De solidarité ;
− De foi en Christ ;
− De soif infaillible et indéfectible de gagner des âmes afin d'obtenir la Couronne de Joie ;
− De fidélité à la mission ;
− De persévérance ;
− D'enthousiasme dans l'exécution de la mission.

4 − L'évangélisation génère des miracles si, entre autres, le cœur de la personne qui reçoit la Parole est disposé :

Hébreux : 3 : 7 - 8 « 7 − C'est pourquoi, selon ce que dit le Saint-Esprit : Aujourd'hui, si vous entendez sa voix, 8 − n'endurcissez pas vos cœurs, comme lors de la révolte, le jour de la tentation dans le désert. »

Et le témoignage de **« la fille heureuse du roi »,** variante retouchée par mes soins, vient bien à propos :

Chaque dimanche, après le culte, le pasteur et son fils, âgé de onze ans, sortaient pour distribuer les prospectus de l'évangélisation... Un après-midi, qu'il faisait très froid dehors et qu'il pleuvait beaucoup, que le pasteur et son fils devaient, en principe, aller comme d'habitude, assurer la distribution des tracts... L'enfant qui était déjà prêt, dit à son père :
— Oui, papa, je suis prêt !

Et le père de s'étonner :
— Prêt à quoi ?
— Papa, il est temps de rassembler nos tracts et de sortir...

— Mais, mon fils, il pleut et il fait très froid dehors !

Le garçon surprit alors son papa en lui demandant :
— Mais papa, les gens ne vont-ils pas en enfer même le jour de pluie ?

Son père lui répondit :
— Désolé mon fils, le temps si maussade ne le permet pas...

Et le garçon d'insister :
— Papa, je peux y aller ? s'il te plaît !

Le père hésita un moment avant de lui dire :
— Mon fils, si tu peux y aller, voici les prospectus, sois prudent !
— Merci, papa !

Après la permission de son père, le petit garçon, à peine âgé de onze ans, sortit seul sous la pluie... Il alla dans les rues, de porte à porte, distribuant des tracts à toutes les personnes qu'il rencontrait... Après deux heures de marche sous la pluie, il était tout trempé, mais il ne lui restait qu'un tout dernier tract. Il s'arrêta au coin d'une rue, cherchant à qui remettre le traité... mais les rues étaient totalement désertes... Puis, il se dirigea spontanément vers la première maison à sa portée, il démarra la sonnette... Il sonna, sonna, sonna, mais personne ne répondit... Alors, déçu probablement, le jeune garçon de onze ans décida de rentrer chez lui... mais quelque chose l'en empêcha... Encore, une fois, il retourna vers la porte et se mit à sonner et à frapper fort, très fort... lorsqu'il entendit comme un petit bruit de l'intérieur... il sonna avec insistance... et cette fois, la porte s'ouvrit timidement... Debout à la porte arriva une dame âgée avec un regard très triste... Elle demanda doucement :
— Qu'est-ce que je peux faire pour toi, mon petit garçon ?

Avec des yeux radieux et un sourire qui illuminait son monde, le petit garçon lui dit :

— Mamie ! excusez-moi, mais je voudrais tout simplement vous dire que Jésus-Christ vous aime ! Je me propose de vous donner mon tout dernier livret qui vous dira tout sur Jésus-Christ, seigneur et sauveur... mamie ! Jésus-Christ, c'est la vie, Jésus-Christ c'est l'amour... Jésus-Christ vous aime ! »

Et le petit garçon, après lui avoir remis son tout dernier traité, se retourna pour partir, lorsqu'elle l'appela et lui dit :

— Merci du fond de mon cœur ! Que dieu te bénisse mon tout petit ange !

Le dimanche qui suivit, à l'église, le pasteur, père de ce petit garçon de onze ans, demanda à l'assemblée s'il y avait un frère ou une sœur qui voulait témoigner ou tout simplement dire quelque chose... Il eut un silence assourdissant... Le pasteur réitéra sa demande deux, trois, quatre fois... et, une dame âgée, d'un regard d'éclat glorieux sur son visage, se leva lentement de la dernière rangée pour témoigner :
— Personne ne me connaît dans cette église... Je n'ai jamais été ici... dimanche dernier, je n'étais pas chrétienne... mon mari est décédé, me laissant toute seule dans ce monde... cela me faisait de la peine de vivre toute seule... dimanche dernier, il avait beaucoup plu et il faisait terriblement froid... J'étais arrivée à bout... j'avais décidé dans mon cœur de me suicider... je n'avais plus l'espoir ni la volonté de vivre... alors, seule à l'étage supérieur de la maison, disons dans le grenier, j'avais pris une corde et une chaise... j'avais attaché la corde à une poutre du toit... et, je me tenais sur la chaise, la corde autour de mon cou... si seule, le cœur brisé, je m'apprêtais à sauter quand tout à coup la sonnette me fit attendre... j'ai pensé, je vais attendre une minute, espérant que celui qui sonne s'en irait... j'ai attendu et attendu, mais la clochette a été insistante, et la personne a aussi

commencé à frapper fort, très fort... j'ai pensé, quel diable pourrait-il être?... personne ne sonne jamais ma clochette... on ne vient jamais me rendre visite... j'enlevai la corde de mon cou et me dirigeai vers la porte, et la sonnette retentissait toujours plus fort... lorsque j'ai ouvert la porte, j'ai vu qui était là, je ne pouvais pas y croire parce que debout était le garçon le plus radieux comme un ange... jamais vu dans ma vie... son sourire, oh, je ne pourrais vous le décrire ! ... les mots qui sortaient de sa bouche donnaient à mon cœur qui était mort, une espérance de vie quand le petit ange s'écria d'une voix pleine d'amour :

— Mamie, je suis juste venu ici pour vous dire que Jésus-Christ vous aime...

Il m'a donné ce traité évangélique, que je tiens dans mes mains... le petit ange ayant disparu dans le froid et la pluie, j'ai fermé la porte et j'ai commencé à lire chaque mot de ce prospectus... je suis remontée au grenier pour récupérer ma corde et ma chaise... je n'en avais plus besoin... vous voyez, je suis maintenant une fille heureuse du roi ! puisque l'adresse de votre église était sur le dos de cette brochure, je suis venue ici pour dire de vive voix, merci, à adieu... il a épargné mon âme d'une éternité en enfer...

L'heure était aux acclamations dans l'église... les cris de louange et d'honneur au Roi des rois résonnèrent longuement dans le bâtiment... Le pasteur descendit de la chaire et se dirigea vers la rangée de devant, où le petit Ange était assis... Il le prit dans ses bras en pleurant très très très fort... L'église avait passé un glorieux dimanche, et probablement, cet univers n'a jamais vu un Père si plein d'amour, de fierté et de respect pour son Fils...

*****

● L'imposition des mains

L'imposition des mains semble devenir un vrai problème, une véritable préoccupation chez bien des ministres de Dieu qui en font un usage abusif, voire extravagant, tendancieux et fallacieux... En vérité, l'imposition des mains est une pratique sous inspiration du Saint-Esprit, faisant partie intégrante de l'immense et précieuse richesse spirituelle de la bonne nouvelle (évangile) de Jésus-Christ, seigneur et sauveur, nous exhortant a fortiori, entre autres, à imposer « *... les mains aux malades, et les malades seront guéris* » *Marc 16 : 18*

Malheureusement, de nos jours, cette pratique biblique est sérieusement égratignée par bien des serviteurs de dieu, qui en font un automatisme ahurissant, fastidieux et rocambolesque... Pour ce faire, croyant foncièrement en la puissance du saint-esprit, la souveraineté du seigneur Jésus-Christ, les miracles et la guérison des malades par imposition des mains, je m'érige en faux contre une certaine pratique appelée « le service », pratique tolérée dans bien des églises chrétiennes évangéliques octroyant une sorte de liberté au prédicateur du jour (surtout lorsqu'il est invité) de prophétiser publiquement sur chaque sœur, chaque Frère (présents, demandeurs ou non, volontaires ou non) en imposant les mains pendant un temps non défini, parce que ledit invité prédicateur serait conduit par le saint-esprit... C'est le moment privilégié pour le prédicateur de faire la démonstration de sa puissance conformément aux annonces faites par l'église hôte en faveur du carnet des miracles dudit invité, annonces du genre : « venez ! venez ! venez ! tous vos problèmes seront résolus avec le sur-puissant untel... avec l'éminent serviteur de dieu untel qui sera parmi nous le... vous trouverez l'homme (la femme) de votre vie... la réponse et la solution à tous vos problèmes... » Je ne prête aucune attention à de telles billevesées stéréotypées, fantaisistes et démagogiques... Et pour cause, elles ne sont rien d'autre que de la pire escroquerie signée : l'évangile du spectacle, l'évangile du ventre, l'évangile de la prospérité. J'ai la liberté et le droit d'être, non pas, ennemi, mais ami de la croix selon le modèle de Jésus-Christ recommandé par l'apôtre Paul aux Philippiens...

Philippiens 17 : 21 « 17 - Soyez tous mes imitateurs, frères, et portez les regards sur ceux qui marchent selon le modèle que vous avez en nous. 18– Car il en est plusieurs qui marchent en ennemis de la croix de Christ, je vous en ai souvent parlé, et j'en parle maintenant encore en pleurant. 19 – Leur fin sera la perdition ; ils ont pour dieu leur ventre, ils mettent leur gloire dans ce qui fait leur honte, ils ne pensent qu'aux choses de la terre 20 – Mais notre cité à nous est dans les cieux, d'où nous attendons aussi comme Sauveur le Seigneur Jésus-Christ, 21-qui transformera le corps de notre humiliation, en le rendant semblable au corps de sa gloire, par le pouvoir qu'il a de s'assujettir toutes choses. »

Le Seigneur Jésus-Christ, nous a affranchis par sa vérité :

Jean 8 : 32 « Vous connaîtrez la vérité, et la vérité vous affranchira. »

Et Luc, médecin, évangéliste, ami de Paul, nous encourage à être comme les chrétiens de Bérée qui *« ... avaient des sentiments plus nobles que ceux de Thessalonique ; ils reçurent la parole avec beaucoup d'empressement, et ils examinaient chaque jour les Écritures, pour voir si ce qu'on leur disait était exact. »* Actes 17 : 11

Et l'apôtre Paul pouvait dire à Timothée, son fils dans la foi en Christ :

1 Timothée 5 : 22 « N'impose les mains à personne avec précipitation... »

Je n'accorde aucune importance aux témoignages d'autosatisfaction de ces fameux serviteurs avides de spectacle et adeptes de l'imposition généralisée et automatisée des mains qui ne cessent de se vanter de leurs prouesses : « j'ai… j'ai… j'ai fait ceci… j'ai fait cela… j'ai prié… la femme morte est ressuscitée… j'ai imposé les mains… j'ai… j'ai…. » Heureusement, le Seigneur Jésus-Christ a pris soin de nous avertir sur le sujet de ces serviteurs pleins d'orgueil, d'arrogance, de vantardise et imbus de leur personnalité :

Matthieu 7 : 21 – 23 « 21 – Ceux qui me disent : Seigneur, Seigneur ! N'entreront pas tous dans le royaume des cieux, mais celui-là seul qui fait la volonté de mon Père qui est dans les cieux. 22– Plusieurs me diront en ce jour-là : Seigneur, Seigneur, n'avons-nous pas prophétisé par ton nom ? N'avons-nous pas chassé des démons par ton nom ? Et n'avons-nous pas fait beaucoup de miracles par ton nom ? 23– Alors je leur dirai ouvertement : Je ne vous ai jamais connus, retirez-vous de moi, vous qui commettez l'iniquité. »

Et le livre de la sagesse de préciser :

Proverbe 15 : 33 « La crainte de l'Éternel enseigne la sagesse, et l'humilité précède la gloire. »

Proverbe 16 : 18 « L'arrogance précède la ruine, et l'orgueil précède la chute. »

Un peu de retenue, frères et sœurs, ministres d'aujourd'hui dans l'église de Jésus-Christ… Notre seigneur et sauveur Jésus-Christ, lui qui est omniscient, omnipotent, omniprésent, ne s'est jamais vanté d'avoir fait tel ou tel miracle… IL n'a jamais revendiqué tel ou tel miracle… Il n'a jamais donné « rendez-vous » à tel ou tel groupe de personnes dans un endroit bien précis et à une heure bien précise pour tel ou tel miracle qu'il produirait ou accomplirait. Non, ce n'est pas le ministre de Dieu qui est puissant. Non, ce n'est pas le ministre de dieu qui bénit. Non, ce n'est pas le ministre de dieu qui guérit. Non, ce n'est pas le ministre de dieu qui sauve, pourvoit, protège… Il n'y a que Jésus-Christ qui sauve, bénit, pourvoit et… *« campe autour de ceux qui le craignent, et il les arrache au danger » [Psaume 34 : 8]*

Par ailleurs, s'il est bien vrai que bien des miracles de guérison et de délivrance ont eu (ont) lieu avec imposition des mains, il n'est pas moins vrai que bien des autres l'ont été (le sont) sans imposition des mains, entre autres :

– La guérison du paralytique de la piscine de Béthesda, guérison espérée depuis 38 ans *[Jean 5 : 1 – 16]*
– La guérison de la femme qui avait une perte de sang depuis 12 ans

[Matthieu 9 : 20 ; Marc 5 : 25 – 34 ; Luc 8 : 43 – 48]

– La conversion inattendue de Zachée, chef Républicain qui donna la moitié de ses biens aux pauvres et rendit le quadruple de ce qu'il a pris illicitement à ses victimes *[Luc 19 : 1 – 10]*

– La guérison du Fils de l'officier du Roi *[Jean 4 : 46 – 53]*
– La guérison du serviteur du centenier *[Matthieu 8 : 5 – 13 ; Luc 7 : 1 – 10]*

Et Luc de nous édifier sur la question en nous rapportant le Témoignage des apôtres Pierre, Jean et l'homme « ... *boiteux de naissance qu'on portait et qu'on plaçait tous les jours à la porte du temple appelée La Belle pour qu'il demandât l'aumône à ceux qui entraient dans le temple* » *[Actes 3 : 2]*... Les apôtres Pierre et Jean ont donné à cet homme boiteux de naissance ce qu'ils avaient qui n'était ni argent, ni or, mais la parole de dieu qui n'est autre que Jésus-Christ lui-même... Le malade, boiteux de naissance a disposé son cœur, il a reçu la parole avec foi, il a cru en cette parole... et, lorsque l'apôtre « *6 – ... Pierre lui dit : Je n'ai ni argent, ni or, mais ce que j'ai, je te le donne : au nom de Jésus-Christ de Nazareth, lève-toi et marche. 7– Et le prenant par la main, il le fit lever. Au même moment, ses pieds et ses chevilles devinrent fermes ; 8 – d'un saut il fit debout, et il se mit à marcher. Il entra avec eux dans le temple, marchant, sautant, et louant Dieu.* 9– *Tout le monde le vit marchant et louant Dieu* » *[Actes 3 : 6 - 9]*

Non, l'apôtre Pierre ne lui a pas imposé les mains, il ne l'a pas fait rouler à même le sol, il ne l'a pas fait trémousser publiquement comme c'est la mode de nos jours… L'apôtre Pierre l'a même aidé à se lever, il l'a même accompagné avec douceur, amour et abnégation… C'est ce comportement-là que nous enseigne le Seigneur Jésus-Christ… On peut imposer les mains à un malade, cela est biblique, mais toute la gesticulation qui accompagne, de nos jours, ce moment si merveilleux où le Saint-Esprit devrait opérer, agir en toute souveraineté, en toute simplicité, avec abnégation et humilité, cette gesticulation-là est devenue le moment de gloire non pas de Jésus-Christ, mais du serviteur de dieu, prédicateur invité du jour, récipiendaire de l'honneur et du mérite « supposé » de guérison…

Cet acteur se disant et/ou appelé « serviteur de dieu » usurpe de ce fait la gloire de Jésus-Christ en imposant automatiquement les mains à tous les frères et sœurs, les faisant tomber d'une manière généralisée et stéréotypée à même le sol, sans aide, sans accompagnement, dans des positions parfois dangereuses et incontrôlées, tout le contraire de l'apôtre Pierre qui accompagne, aide le Boiteux de naissance à marcher… Nous retiendrons aussi que les apôtres Pierre et Jean n'ont pas demandé à l'homme, boiteux de naissance, qui a recouvré l'usage de ses pieds, une somme exorbitante d'argent pour « sécuriser » sa guérison comme c'est l'usage dans bien des églises où sévissent, de nos jours, l'évangile du spectacle, l'évangile du ventre et l'évangile de la prospérité… Que le seigneur Jésus-Christ nous fasse encore grâce :.
– en nous ouvrant grandement les oreilles et les yeux spirituels. – en nous augmentant l'entendement, le discernement et le distinguo spirituels…

*****

- **La prospérité**

Les saintes écritures ne condamnent ni la prospérité ni la richesse, mais elles nous mettent en garde contre le risque de placer notre confiance dans la prospérité… En effet,

− Dieu ne condamne pas la grande fortune d'Abram :

Genèse 13 : 2 « Abram était très riche en troupeaux, en argent et en or. »

− La bible indique que l'Éternel avait béni Job en lui octroyant de grands biens matériels :

Job 42 : 10 « L'Éternel rétablit Job dans son premier état, quand Job eut prié pour ses amis ; et l'Éternel lui accorda le double de tout ce qu'il avait possédé. »

− Les saintes écritures parlent de la prospérité comme étant l'évidence d'une bénédiction divine :

Deutéronome 8 : 17-18 « 17 — Garde-toi de dire en ton cœur ; ma force et la puissance de ma main m'ont acquis ces richesses. 18– Souviens-toi de l'Éternel, ton Dieu, car c'est lui qui te donnera de la force pour les acquérir, afin de confirmer, comme il le fait aujourd'hui, son alliance qu'il a jurée à tes pères. »

Proverbe 22 : 2 « Le riche et le pauvre se rencontrent ; c'est l'Éternel qui les a faits l'un et l'autre. »

Ecclésiaste 5 : 18 « Mais, si Dieu a donné à un homme des richesses et des biens, s'il l'a rendu maître d'en manger, d'en prendre sa part, et de se réjouir au milieu de son travail, c'est là un don de Dieu. »

– La Bible nous enseigne de ne pas placer notre confiance dans la prospérité, mais en l'Éternel Dieu :

Jacques 5 : 2 « Vos richesses sont pourries, et vos vêtements sont rongés par les teignes. »

1 Timothée 6 : 17 « Recommande aux riches du présent siècle de ne pas être orgueilleux, et de ne pas mettre leur espérance dans des richesses incertaines, mais de la mettre en Dieu, qui nous donne avec abondance toutes choses pour que nous en jouissions. »

Toujours est-il que s'il est bien vrai de noter, d'une part, que les Saintes Écritures ne condamnent pas les « Fortunés » à cause de leurs richesses, mais à cause des moyens corrompus et inacceptables par lesquels ils se sont parfois enrichis :

Amos 4 : 1 « Écoutez cette parole, génisses de Basan qui êtes sur la montagne de Samarie, vous qui opprimez les misérables, qui écrasez les indigents, et qui dites à vos maris : apportez, et buvons. »

Amos 5 : 11 « Aussi, parce que vous avez foulé le misérable, et que vous avez pris de lui du blé en présent, vous avez bâti des maisons en pierres de taille, mais vous ne les habiterez pas ; vous avez planté d'excellentes vignes, mais vous n'en boirez pas le vin. »

Michée 6 : 11 « Est-on pur avec des balances fausses, et avec de faux poids dans le sac ? »

Les saintes écritures préviennent les enfants de dieu contre les effets nuisibles et pervers de la prospérité malsaine et démesurée dans leurs vies :

Proverbe 30 : 8 - 9 « 8 – Éloigne de moi la fausseté et la parole mensongère ; ne me donne ni pauvreté ni richesse, accorde-moi le pain qui m'est nécessaire. 9 – De peur que, dans l'abondance, je ne te renie et ne dise : Qui est l'Éternel ? ou que, dans la pauvreté, je ne dérobe, et ne m'attaque au nom de mon Dieu. »

Osée 13 : 6 « Ils se sont rassasiés dans leurs pâturages ; ils se sont rassasiés, et leur cœur s'est enflé ; c'est pourquoi ils m'ont oublié. »

Proverbe 28 : 11 « L'homme riche se croit sage ; mais le pauvre qui est intelligent le sonde. »

Dans son adresse à Gaïus, l'Apôtre Jean, fortement inspiré de Dieu, déclare :

3 Jean : 2 « Bien-aimé, je souhaite que tu prospères à tous égards et sois en bonne santé, comme prospère l'état de ton âme. »

La prospérité, synonyme d'abondance, de richesse, de bien-être, de croissance, fait partie intégrante des projets que dieu a formés sur nous, projets de paix et non de malheur afin de nous donner un avenir et de l'espérance *[Jérémie 29 : 11-13]*.

Toutefois, l'accomplissement de ces dispositions divines reste foncièrement tributaire de notre foi en Christ, notre crainte de dieu, notre mise en pratique de sa parole, rien que sa parole… Les saintes écritures nous enseignent que la richesse est la résultante de la bénédiction de l'Éternel Dieu :

Proverbe 10 : 22 « C'est la bénédiction de l'Éternel qui enrichit, et il ne la fait suivre d'aucun chagrin. »

En effet, la prospérité vient de Christ qui pourvoit à tous les besoins de tout chrétien qui croit en toute la parole de dieu et qui la met foncièrement en pratique (obéissance)… C'est dans ce sens, et à cause de cette vérité biblique, que les enfants d'Israël ne manquèrent de rien durant les 40 années de marche dans le désert :

– Leurs vêtements ne s'usèrent point,

– Leurs pieds ne s'enflèrent point.

Néhémie 9 : 21 « Pendant quarante ans, tu pourvus à leur entretien dans le désert, et ils ne manquèrent de rien, leurs vêtements ne s'usèrent point, et leurs pieds ne s'enflèrent point. »

De nos jours, beaucoup de « chrétiens » bien en deçà de la vraie foi en Christ, qui ne cessent de courir, mais en vain, derrière les richesses matérielles et financières, se noient dans l'apostasie, oubliant sciemment ou inconsciemment les enseignements des Saintes Écritures :

Proverbe 23 : 4 « Ne te tourmente pas pour t'enrichir, n'y applique pas ton intelligence. »

La prospérité vient de la crainte de dieu. Pour l'avoir eue, les femmes égyptiennes furent l'objet d'un bon témoignage et prospérèrent :

Exode 1 : 21 « Parce que les sage-femmes avaient eu la crainte de Dieu, Dieu fit prospérer leurs maisons. »

Psaume 112 : 1 – 3 « 1 – Louez l'Éternel ! Heureux l'homme qui craint l'Éternel, qui trouve un grand plaisir à ses commandements. 2- Sa postérité sera puissante sur la terre, la génération des hommes droits sera bénie. 3– Il a dans sa maison bien-être et richesse, et sa justice subsiste à jamais. »

En effet,
– L'homme agréable à dieu est toujours béni, ainsi que toute sa maison, comme le fut Obed-Edom ;

2 Samuel 6 : 11 « L'arche de l'Éternel resta trois mois dans la maison Obed-Edom de Gath, et l'Éternel bénit Obed-Edom et toute sa maison. »

– La pratique de la justice procure la bénédiction ;

Psaume 37 : 25 – 26 « 25 – J'ai été jeune, j'ai vieilli ; et je n'ai point vu le juste abandonné ni sa postérité mendiant son pain. 26– Toujours, il est compatissant, et il prête ; et sa postérité est bénie. »

– Lorsque l'état de l'âme prospère, tous les domaines de la vie prospèrent aussi ;
– La Bénédiction s'entretient en la faisant fructifier par la crainte de dieu, l'obéissance à sa parole et la pratique de la libéralité qui est une source de richesse.

Proverbe 11 : 24 « Tel, qui donne libéralement, devient plus riche ; et tel, qui épargne à l'excès, ne fait que s'appauvrir. »

*****

- **La Dîme, un acte de foi**

Même si nous nous servons des textes de la loi de Moïse pour expliquer cet enseignement, chacun de nous est sensé savoir que nous ne payons pas la dîme pour obéir à la loi de Moïse, mais parce que nous sommes héritiers de la foi d'Abraham, notre père qui, n'était pas sous la loi quand il l'avait payée à Melchisédech, préfiguration de Jésus-Christ, le seigneur de grâce… En effet, la nouvelle alliance a vu l'installation d'un nouveau souverain sacrificateur selon l'ordre de Melchisédech :

Hébreux 7 : 14 – 17 « 14 – Car il est notoire que notre Seigneur est sorti de Juda, tribu dont Moïse n'a rien dit pour ce qui concerne le sacerdoce.15-Cela devient plus évident encore, quand il paraît un autre sacrificateur à la ressemblance de Melchisédech, 16-institué, non d'après la loi d'une ordonnance charnelle, mais selon la puissance d'une vie impérissable ; 17-car ce témoignage lui est rendu : Tu es sacrificateur pour toujours selon l'ordre de Melchisédech. »

Comme dans la première alliance, les lévites avaient été remis en « *don* » pour faire le service de la tente d'assignation,

Nombres 18 : 6 « Voici, j'ai pris vos frères les lévites du milieu des enfants d'Israël : donnés à l'Éternel, ils vous sont remis en don pour faire le service de la tente d'assignation »

Sous la nouvelle alliance, il a été « *donné* » à l'église, des ministres de dieu qui travaillent à l'autel du seigneur Jésus-Christ, enseignent aux chrétiens les voies de dieu :

Éphésiens 4 : 10 – 15 « 10 – Celui qui est descendu, c'est le même qui est monté au-dessus de tous les cieux, afin de remplir toutes choses.11-Et il a donné les uns comme apôtres, les autres comme prophètes, les autres comme évangélistes, les autres comme pasteurs et docteurs, 12-pour le perfectionnement des saints en vue de l'œuvre du ministère et de l'édification du corps de Christ, 13 – jusqu'à ce que nous soyons tous parvenus à l'unité de la foi et de la connaissance du Fils de Dieu, à l'état d'homme fait, à la mesure de la stature parfaite de Christ, 14-afin que nous ne soyons plus des enfants, flottants et emportés à tout vent de doctrine, par la tromperie des hommes, par leur ruse dans les moyens de séduction, 15-mais que, professant la vérité dans la charité, nous croissions à tous égards en celui qui est le chef, Christ »

– La dîme, un acte d'obéissance au seigneur Jésus-Christ : Le seigneur a formellement demandé de ne pas la négliger *[Mathieu 23 : 23]* ;

– La dîme, le salaire de l'ouvrier : les ministres de Dieu ont été « donnés » pour le perfectionnement des Saints *[Éphésiens 4 : 11]*

Ce perfectionnement passe notamment par l'enseignement afin que les chrétiens puissent être assis dans la vérité, la vraie voie de Jésus-Christ, et ne soient point emportés par tout vent de doctrine. C'est dire que sous la nouvelle alliance, nous sommes aussi sous un Sacerdoce, celui du Fils de Dieu, un Sacerdoce selon l'ordre de Melchisédech :

Hébreux 7 : 1–10 « 1 – En effet, ce Melchisédech, roi de Salem, sacrificateur du Dieu Très-Haut, qui alla au-devant d'Abraham lorsqu'il revenait de la défaite des rois, qui le bénit, 2-et à qui Abraham donna la dîme de tout, qui est d'abord roi de justice, d'après la signification de son nom, ensuite roi de Salem, c'est-à-dire roi de paix, 3-qui est sans père, sans mère, sans généalogie, qui n'a ni commencement de jours ni fin de vie, mais qui est rendu semblable au Fils de Dieu, ce Melchisédech demeure sacrificateur à perpétuité. 4– Considérez combien est grand celui auquel le patriarche Abraham donna la dîme du butin 5 - Ceux des fils de Levi qui exercent le sacerdoce ont, d'après la loi, l'ordre de lever la dîme sur le peuple, c'est-à-dire, sur leurs frères, qui cependant sont issus des reins d'Abraham ; 6-et lui, qui ne tirait pas d'eux son origine, il leva la dîme sur Abraham, et il bénit celui qui avait les promesses. 7– Or c'est sans contredit l'inférieur qui est béni par le supérieur. 8 — Et ici, ceux qui perçoivent la dîme sont des hommes mortels ; mais là, c'est celui dont il est attesté qu'il est vivant. 9– De plus, Lévi, qui perçoit la dîme, l'a payée, pour ainsi dire, par Abraham ; 10-car il était encore dans les reins de son père, lorsque Melchisédech alla au-devant d'Abraham. »

Et, comme sous le sacerdoce de Melchisédech, la dîme était remise en « don volontaire » pour servir le Seigneur, il est évident que même aujourd'hui les chrétiens puissent honorer le Seigneur par leurs dîmes (en plus de leurs offrandes), car nous sommes sous le sacerdoce d'un souverain sacrificateur selon l'ordre de Melchisédech, préfiguration de Jésus-Christ lui-même, à qui Abraham le père de la foi avait remis la dîme... Et sous ce sacerdoce, le Seigneur Jésus-Christ « a remis en don » à l'église des ministres pour son perfectionnement, de même que les lévites avaient été remis en « don » pour le service de la tente d'assignation... De même que ces lévites percevaient la dîme en tant que « remis en don » du temps de l'ancienne alliance, il est tout à fait légitime que les « remis en don » du temps présent perçoivent la Dîme pour le travail qu'ils accomplissent pour le Seigneur Jésus-Christ... De plus, comme les lévites qui, grâce aux dîmes, vivaient du travail qu'ils faisaient, ceux qui annoncent l'évangile ont reçu du seigneur Jésus-Christ l'ordre de vivre de l'évangile :

1 Corinthiens 9 : 14 « De même aussi, le Seigneur a ordonné à ceux qui annoncent l'Évangile de vivre de l'Évangile. »

Sachant que, dans l'ancienne alliance, ce sont les dîmes qui permettaient aux lévites de vivre du travail qu'ils exerçaient dans la maison de l'Éternel Dieu, il est légitime que les ministres de l'église de Jésus-Christ puissent bénéficier du même traitement surtout lorsqu'ils n'ont pas une activité rémunérée en dehors de l'église...

*****

- **La duplicité de cœur**

Une des nuisances importantes à la vie harmonieuse du ministère

Proverbe 6 : 12–19 « 12 - L'homme pervers, l'homme inique, marche la fausseté dans sa bouche ; 13-il cligne des yeux, parle du pied, fait des signes avec les doigts ; 14-la perversité est dans son cœur, il médite le mal en tout temps, il excite des querelles. 15 — Aussi sa ruine arrivera-t-elle subitement ; il sera brisé tout d'un coup, et sans remède. 16– Il y a six choses que hait l'Éternel, et même sept qu'il a en horreur ; 17-les yeux hautains, la langue menteuse, les mains qui répandent le sang innocent, 18-le cœur qui médite des projets iniques, les pieds qui se hâtent de courir au mal, 19-le faux témoin qui dit des mensonges, et celui qui excite des querelles entre frères. »

Psaume 12 : 3 « On se dit des faussetés les uns aux autres, on a sur les lèvres des choses flatteuses, on parle avec un cœur double. »

L'une des ambiguïtés du comportement de l'être humain, « chrétien ou non chrétien », est la « duplicité de son cœur » qui traduit ou un acte d'intérêt, ou un acte d'opportunisme, ou un acte de faiblesse, ou un acte d'orgueil ou un acte d'ambition… La duplicité du cœur de l'homme a des motivations diverses, difficiles à expliquer, impossibles à argumenter, impossibles à déceler… Toujours est-il que la finalité de la « duplicité de cœur » traduit, à quelques rares exceptions : « la ruse, la malice »… disons qu'elle est « la trahison » qui déçoit, surprend, indigne, étonne, consterne… La « trahison » est l'action de « trahir », d'être déloyal, infidèle… C'est l'action de livrer par perfidie… et pour objectifs, entre autres :

– Détruire la cohésion, la bonne entente dans une Communauté : famille chrétienne, famille biologique, équipe de travail, couple conjugal…
– Créer, susciter des scandales, des querelles, des divisions, des haines, des colères…
– Mettre à son profit personnel et égoïste les divisions du groupe, les querelles fratricides… pour faire passer ses idées, ses ambitions…

Mais, le Seigneur Jésus-Christ nous enseigne :

Matthieu 18 : 7 « Malheur au monde à cause des scandales ! Car il est nécessaire qu'il arrive des scandales ; mais malheur à l'homme par qui le scandale arrive ! »

Luc 17 : 1 « ... Il est impossible qu'il n'arrive pas des scandales ; mais malheur à celui par qui ils arrivent ! »

En milieu d'églises chrétiennes évangéliques à dominante africaine ou « églises de réveil» en Europe, plus précisément en France, la trahison est devenue une pratique habituelle, tellement que bien des ambitions individuelles et égoïstes y sont entretenues abusivement auprès des enfants de dieu immatures, non affermis, encore « au lait spirituel »...ainsi, bien des chrétiens charnels africains d'Europe en général, de France en particulier, faute de gouvernement politico-administratif spécifiquement africain, étanchent leur besoin inaliénable des coups d'état, en s'autoproclamant « ministres de dieu...chrétiens...faiseurs des miracles...» afin d'organiser des coups d'état, devenus permanents, dans les églises pour le pouvoir, l'orgueil, les ambitions personnelles, les avantages matériels et financiers, « disons le business »...Les églises africaines en Europe se font et se défont chaque semaine... Ce qui attriste assurément le Saint-Esprit ! La « Trahison » se singularise en un comportement machiavélique décrié dans les Saintes Écritures... Essayons d'en examiner trois :

– Le roi David

Psaume 55 : 13 – 15 « 13 – Ce n'est pas un ennemi qui m'outrage, je le supporterais ; ce n'est pas mon adversaire qui s'élève contre moi, je me cacherais devant lui.14 – C'est toi, que j'estimais mon égal, toi, mon confident et mon ami ! 15– Ensemble, nous vivions dans une douce intimité, nous allions avec la foule à la maison de Dieu ! »

Le roi David est très déçu, surpris, désabusé, étonné, consterné par la trahison probable des deux personnes qu'il aimait le plus, 2 personnes dont il était très proche :

2 Samuel 15 : 1 – 15 son fils Absalom, trahit son père pour le trône...

2 Samuel 16 : 21-22 Achitophel, qui fut son Conseiller... devint Conseiller du Fils Rebelle, Absalom...

Le roi David, déçu, trahi, meurtri, pouvait s'étonner :

Psaume 41 : 10 « Celui-là même avec qui j'étais en paix, qui avait ma confiance et qui mangeait mon pain, lève le talon contre moi »

Et les saintes écritures de nous avertir :

Michée 7 : 5-7 « 5 — Ne crois pas à un ami, ne te fie pas à un intime ; devant celle qui repose sur ton sein garde les portes de ta bouche. 6 — Car le fils outrage le père, la fille se soulève contre sa mère, la belle-fille contre sa belle-mère ; chacun a pour ennemis les gens de sa maison. 7– Pour moi, je regarderai vers l'Éternel, je mettrai mon espérance dans le Dieu de mon salut ; mon Dieu m'exaucera. »

Jérémie 12 : 6 « Car tes frères eux-mêmes et la maison de ton père te trahissent, ils crient eux-mêmes à pleine voix derrière toi. Ne les crois pas, quand ils te diront des paroles amicales. »

– Le prophète Balaam *[Nombres 22 à 24]*
Balaam apparaît dans la Bible vers la fin du ministère de Moïse… En effet, Balak, le Roi de Moab avait peur du Peuple Israélite qui devait camper non loin de son fief… Ce peuple qui se rendait à Canaan lui faisait tant peur pour avoir vaincu tous les Royaumes et Obstacles qui s'étaient opposés à leur avancée… Le Roi Balak ne pouvant affronter frontalement les Israélites, usa de ruse pour les exterminer… Il initia un Complot contre les Israélites en sollicitant la main du prophète Balaam, qu'il se proposa de corrompre par des cadeaux et des honneurs… Le roi Balak invita le prophète Balaam à maudire le peuple israélite… L'attitude versatile et très ambiguë du prophète Balaam, manque de lisibilité :

– 1re invitation par le roi Balak – *Nombres 22 : 5-14* – Refus du Prophète Balaam

– 2ᵉ invitation – *Nombres 22 : 15-21* – Balaam accepte de réexaminer sa réponse en se proposant de forcer l'Éternel qui lui avait déjà donné un avis défavorable… Un comportement très dangereux que de vouloir non pas la volonté parfaite de Dieu, mais la volonté permissive… Balaam pense que Dieu est d'accord, mais en vérité il ne l'est pas… l'Éternel laisse partir Balaam par son insistance : Libre arbitre.

– Conséquences de l'obstination du Prophète Balaam *Nombres 22 : 22-33* Colère de l'Éternel Dieu – Confusion : Dieu parle à Balaam par l'intermédiaire de l'Ânesse : – c'est la 2ᵉ fois dans la Bible ; – la 1re fois, c'est le Serpent qui parle à Eve, la Femme du 1er Adam *Genèse 3 : 1 - 6*

– Repentance de Balaam *Nombres 22 : 34-35*

– Confusion totale… Au lieu de maudire Israël comme le lui demandait le Roi Balak, le Prophète Balaam bénit Israël, selon la volonté de Dieu – Oracles de Balaam poussé par l'Esprit de Dieu… *Nombres 23 et 24*

– Victoire de la Parole de Dieu… La Parole s'est accomplie : Le Peuple israélite avait été « Bénie » *Nombres 24 : 10-16*

L'attitude parfaite à la place du Prophète Balaam, et selon les Enseignements du Seigneur Jésus-Christ, que notre « oui » soit « OUI », que notre « non » soit « NON » – ne pas être situationniste –, ni oui, ni non… Ne pas vendre notre Cœur à cause des avantages matériels, financiers, charnels… Être ferme dans nos décisions face au Monde, ne pas tergiverser… Et les Saintes Écritures de nous confesser la Victoire contre nos ennemis :

Esaïe 54 : 17 « Toute arme forgée contre toi sera sans effet ; et toute langue qui s'élèvera en justice contre toi, tu la condamneras. Tel est l'héritage des serviteurs de l'Éternel, tel est le salut qui leur viendra de moi, dit l'Éternel. »

Exode 14 : 14 « L'Éternel combattra pour vous ; et vous, gardez le silence. »

Deutéronome 32 : 35 « À moi la vengeance, à moi la rétribution, quand leur pied chancellera ! car le jour de leur malheur est proche, et ce qui les attend ne tardera pas. »

Le Prophète Balaam fut tué par l'épée des Enfants d'Israël qu'il voulait maudire *Josué 13 : 22*

– Le Seigneur Jésus-Christ
Jean 13 : 18 « Ce n'est pas de vous tous que je parle ; je connais ceux que j'ai choisis. Mais il faut que l'Écriture s'accomplisse : Celui qui mange avec moi le pain a levé son talon contre moi. »

Psaume 41 : 10 « Celui-là même avec qui j'étais en paix, qui avait ma confiance et qui mangeait mon pain, lève le talon contre moi »

Jean 13 : 21-27 « 21 – Ayant ainsi parlé, Jésus fut troublé en son esprit, et il dit expressément : En vérité, en vérité, je vous le dis, l'un de vous me livrera. 22-Les disciples se regardaient les uns les autres, ne sachant de qui il parlait. 23-Un des disciples, celui que Jésus aimait, était couché sur le sein de Jésus. 24-Simon Pierre lui fit signe de demander qui était celui dont parlait Jésus. 25-Et ce disciple, s'étant penché sur la poitrine de Jésus, lui dit : Seigneur, qui est-ce ? 26– Jésus répondit : C'est celui à qui je donnerai le morceau trempé. Et, ayant trempé le morceau, il le donna à Judas, fils de Simon, l'Iscariot. 27 – Dès que le morceau fut donné, Satan entra dans Judas. Jésus lui dit : Ce que tu fais, fais-le promptement. »

Judas l'Iscariot faisait partie des 12 Apôtres de Jésus-Christ, Apôtres qu'il avait choisis, Apôtres à qui IL parlait non pas en paraboles, comme à la foule et aux Pharisiens, mais en « décodé, découvert » ; apôtres qui étaient ses amis, ses confidents... Probablement, Judas avait beaucoup d'intentions inavouées... surtout qu'il avait été chargé de la Caisse Commune qu'il voulait toujours pleine et pour preuve : son indignation de voir Marie oindre les pieds de Jésus-Christ d'un parfum de nard pur de grand prix... selon lui, le prix de ce parfum, une fois vendu, pouvait remplir la Caisse Commune *Jean 12 : 3-8...*

Et l'on comprend pourquoi Judas était probablement blessé dans son amour propre, lorsque Jésus-Christ le reprit au sujet du parfum... Dans ce cas, l'Orgueil serait une raison probable parmi tant d'autres pour Judas, d'aller livrer son Maître... Aujourd'hui encore, l'Orgueil est à l'origine de bien des maux qui minent nos Églises... En effet, le Pouvoir, l'Orgueil, la cupidité, l'Argent... tant de motivations qui conduisent à bien des trahisons, à bien des Coups d'État dans la Vigne du Seigneur... La Duplicité de cœur (double langage) est une attitude « dangereuse » : – notre Oui doit OUI, notre Non doit être NON... – le OUI, mais... est de Satan, comme le NON, mais... – n'être ni « situationniste », ni « équilibriste », car, *« Le juste montre à son ami la bonne voie, mais la voie des méchants les égare »* Proverbe 12 : 26... Et les Saintes Écritures d'ajouter :

Éphésiens 4 : 31-32 « 31 – Que toute amertume, toute animosité, toute colère, toute clameur, toute calomnie, et toute espèce de méchanceté, disparaissent du milieu de vous. 32-Soyez bons les uns envers les autres, compatissants, vous pardonnant réciproquement, comme Dieu vous a pardonnés en Christ. »

Il n'est vraiment pas facile de pardonner à quelqu'un qui a trahi notre confiance, notre amour, notre intimité... Tout comme, il y a, dans la vie, bien des choses faciles à dire qu'à faire :

Éphésiens 4 : 25-29 « *25 – C'est pourquoi, renoncez au mensonge, et que chacun de vous parle selon la vérité à son prochain ; car nous sommes membres les uns des autres. 26 – Si vous vous mettez en colère, ne péchez point ; que le soleil ne se couche pas sur votre colère ; 27 - et ne donnez pas accès au diable. 28 – Que celui qui dérobait ne dérobe plus ; mais plutôt qu'il travaille, en faisant de ses mains ce qui est bien, pour avoir de quoi donner à celui qui est dans le besoin. 29 – Qu'il ne sorte de votre bouche aucune parole mauvaise, mais, s'il y a lieu, quelque bonne parole, qui serve à l'édification et communique une grâce à ceux qui l'entendent.* »

Toujours est-il que, nous, Enfants de Dieu, nés de nouveau, en esprit et en vérité, sommes condamnés à pardonner et à aimer ceux qui nous haïssent, nous maltraitent, nous critiquent, nous dénigrent, nous trahissent et le ressentiment des Colères ne peuvent en aucun cas nous concerner… Aujourd'hui encore et toujours, le Seigneur Jésus-Christ favorise, par le Saint-Esprit, entre autres :

– La guérison des malades – le renouvellement du souffle de vie ;
– La santé, la paix, l'amour, la fécondité, la prospérité… – la grâce…

Oui, et malheureusement, à cause de nos comportements de désobéissance à la Parole de Dieu, nos conflits fratricides, le Seigneur Jésus-Christ ne cesse d'être encore « crucifié » de nos jours… Quel bel exemple que celui de Christ, trahi, meurtri, désabusé, ne cesse d'intercéder en notre faveur auprès du Père :

Luc 23 : 34 « *Père, pardonne-leur, car ils ne savent ce qu'ils font* »

Sans haine, sans colère, sans aucun ressentiment, mais avec amour, prions pour notre Frère (notre sœur) qui nous trahit ou qui nous a trahi(e)… Il (elle) n'est pas notre ennemi(e), c'est SATAN, notre ennemi, qui est entré dans lui (elle) comme lorsqu'il entra dans le corps de Judas dès que Judas l'Iscariote reçut le morceau de pain *Jean 13 : 27*... Pour ce faire,

Marc 14 : 38 « Veillez et priez, afin que vous ne tombiez pas en tentation ; l'esprit est bien disposé, mais la chair est faible. »

Romains 8 : 28 « Nous savons, du reste, que toutes choses concourent au bien de ceux qui aiment Dieu, de ceux qui sont appelés selon son dessein »

Contrairement aux objectifs inavoués de leurs initiateurs, nous observons avec joie, que tous les cas de trahison que nous avons examinés ont montré, la Gloire de Dieu à ceux qui en doutaient :
– Le Royaume de David est sorti vainqueur de l'Ambition de son Fils Absalom et de la Duplicité de son ami et conseiller Achitophel ;
– La Démarche rocambolesque du prophète Balaam a conforté la puissance de l'Éternel et amplifié sa crainte dans le royaume de Balak ;
– La trahison de Judas a conforté la Renommée de Jésus-Christ qui dit ce qu'il fait, et fait ce qu'il dit...

Ce triple succès de l'Éternel Dieu contre Satan et ses oeuvres reste assurément, une Référence de la victoire certaine de l'église de Jésus-Christ contre toutes provocations de divisions, de querelles, de luttes fratricides pour le pouvoir, les ambitions, l'orgueil, les avantages matériels et financiers... Avec Jésus-Christ, nous sommes plus que « vainqueurs » si, et seulement si nous sommes unis !

*****

• **Le mariage entre un homme et une femme**

Les saintes écritures déclarent :

Genèse 2 : 18 – 24 « 18 – L'Éternel Dieu dit : Il n'est pas bon que l'homme soit seul ; je lui ferai une aide semblable à lui. 19– L'Éternel Dieu forma de la terre tous les animaux des champs et tous les oiseaux du ciel, et il les fit venir vers l'homme, pour voir comment il les appellerait, et afin que tout être vivant portât le nom que lui donnerait l'homme. Alors l'Éternel Dieu fit tomber un profond sommeil sur l'homme, qui s'endormit ; il prit une de ses côtes, et referma la chair à sa place. 20 – Et l'homme donna des noms à tout le bétail, aux oiseaux du ciel et à tous les animaux des champs ; mais, pour l'homme, il ne trouva point d'aide semblable à lui. 21 – Alors l'Éternel Dieu fit tomber un profond sommeil sur l'homme, qui s'endormit ; il prit une de ses côtes, et referma la chair à sa place. 22– L'Éternel Dieu forma une femme de la côte qu'il avait prise de l'homme, et il l'amena vers l'homme. 23– Et l'homme dit : Voici cette fois celle qui est os de mes os et chair de ma chair ! on l'appellera femme, parce qu'elle a été prise de l'homme. 24– C'est pourquoi l'homme quittera son père et sa mère, et s'attachera à sa femme, et ils deviendront une seule chair. »

Ainsi le mariage entre l'homme et la femme est une Institution établie dès la création par l'Éternel Dieu… En fait, afin de ne pas permettre à la société humaine d'être une multitude confuse d'individus dispersés, sans aucun noyau d'attache, sans aucun milieu ambiant privilégié que l'Éternel dieu a institué le mariage entre un homme et une femme dans un état de véritable réciprocité de sentiments, d'estime, disons d'amour indéfectible…

Le couple ainsi formé par « l'homme et la femme » sur la base essentielle de la réciprocité et de la complicité des sentiments, demeure la cellule productrice d'une progéniture dont les deux parents ont l'obligation d'assurer l'éducation, l'entretien et les soins appropriés…

L'institution du mariage entre l'homme et la femme par l'Éternel Dieu dégage quatre objectifs essentiels :
1. La Fécondité pour la Pérennisation de la Race humaine *[Genèse 1 : 27 – 28]* ;
2. La Complicité des conjoints pour une vie heureuse et d'entraide *[Genèse 2 : 18]* ;
3. L'Unité et la concorde des époux *[Genèse. 2 : 21 – 24 ; 1 Corinthiens 11 : 12]* ;
4. La Sanctification et la fidélité des époux pour la non-souillure du lit conjugal *[1 Corinthiens 7 : 2 – 9]*.

L'Éternel Dieu exige de l'homme et de la femme, unis par les liens sacrés du mariage, l'observation de bien des règles et des contraintes.

A contrario, craignant de ne pas pouvoir être à la hauteur de ces exigences, bien des personnes (surtout celles qui n'ont pas encore rencontré Jésus-Christ en esprit et en vérité) font le choix de demeurer « seules », ceci malgré la préoccupation de l'Éternel Dieu :

Genèse 2 : 18 « L'Éternel Dieu dit : Il n'est pas bon que l'homme soit seul ; je lui ferai une aide semblable à lui. »

Bien des raisons motiveraient ce choix insensé et contraire à la volonté de dieu, entre autres :
♦ Le désir d'une Vie de Libertinage inavoué ;
♦ La démangeaison surprenante d'une préoccupation égoïste conduisant à une incompatibilité notoire de caractère et des besoins d'une vie harmonieuse de couple…
♦ La précaution de ne pas avoir des obligations et des contraintes à l'égard de l'autre, voire le désir de lui plaire inaltérable…

Sans aucune ambiguïté, proclamons que, nous ne parlons que de l'Union Sacrée entre un Homme et une Femme selon la Volonté de l'Éternel Dieu clairement définie dans les Saintes Écritures :

Genèse 2 : 2 « C'est pourquoi l'homme quittera son père et sa mère, et s'attachera à sa femme, et ils deviendront une seule chair. »

Cette précaution nous permet de faire l'économie des Polémiques insensées, blasphématoires, fallacieuses et indécentes sur les pratiques et les unions « sous le soleil » (c.-à-d. sans Dieu) :

♦ L'homosexualité ;
♦ Le lesbianisme.

Par ailleurs, en se définissant comme l'accomplissement de l'engagement et de la décision responsable de l'homme qui devrait « quitter son Père et sa mère, pour s'attacher à sa femme », le mariage ne voudrait aucunement créer une séparation nette et sans équivoque entre l'homme, en tant que « fils » qui couperait les liens avec ses parents géniteurs, ses frères et sœurs, sa famille initiale…

Le verbe « quitter » a ici une connotation de « devenir responsable à son tour de la petite famille à venir que l'homme décide de fonder avec son épouse et les enfants qui naîtraient de leur union ».

Ce qui me permet de souligner avec force que les parents, aussi bien ceux de l'épouse que ceux du mari devraient avoir une part importante dans la vie du jeune couple en ce qu'ils en sont non seulement les premiers conseillers, mais aussi et surtout leurs premiers admirateurs, leurs plus grands amis et confidents.

Les deux jeunes époux ne devraient ménager aucun effort pour porter dans leur cœur leurs belles-familles respectives.

Il n'est pas superflu de noter que la paix, la confiance, l'harmonie et la joie dans le couple restent, pour partie, foncièrement tributaires du climat qui prévaudrait entre chacun des époux et la belle-famille.

Dans la situation où les rapports avec la belle-famille seraient dangereusement conflictuels, il est fortement conseillé de tout faire pour les rendre paisibles et consensuelles.

En fait, une vie abondante de prière et de pardon contribuerait fortement à la recherche du consensus et permettrait assurément l'évitement des quiproquos regrettables.

Il est une évidence d'affirmer qu'avec le mariage, l'enfant de dieu entre dans une nouvelle dimension de sa vie. Il fonde une famille dont il aura la responsabilité spirituelle, éducative, pédagogique, sociale, voire professionnelle.

Pour ce faire, son engagement dans le processus du mariage devrait être, non par simple convenance sociale, par routine, snobisme, voire avec légèreté, mais selon la volonté de l'Éternel Dieu dont l'éclairage devrait être sollicité, parce qu'il reste sans nul doute au centre de tout cheminement vers une vie harmonieuse de couple.

En fait, l'enfant de dieu devrait avoir conscience de la vérité biblique selon laquelle, « ... *la voie de l'homme n'est pas en son pouvoir ; ce n'est pas à l'homme, quand il marche, à diriger ses pas* » *[Jérémie 10 : 23]*, mais à l'Éternel Dieu.

Il est donc important que le chrétien (la chrétienne) obtienne, en priant avec foi et en jeûnant, l'éclairage de l'Éternel Dieu pour le choix judicieux d'une Compagne (d'un Compagnon) pour la vie…

L'église, le berger, les ministres de Dieu et les intercesseurs devraient être « les facilitateurs » les plus qualifiés pour accompagner l'aspirant(e) dans cette démarche capitale de recherche de la volonté de dieu pour un choix agréable.

Le succès de cet accompagnement n'est possible que si, et seulement s'il reste tributaire des enseignements sur le mariage (à l'exemple de celui-ci) afin que nous confessions avec le psautier à l'Éternel Dieu que :

Psaume 119 : 105 « Ta parole est une lampe à mes pieds, et une lumière sur mon sentier. »

Psaume 119 : 111 « Tes préceptes sont pour toujours mon héritage, car ils sont la joie de mon cœur. »

Psaume 119 : 130 « La révélation de tes paroles éclaire, elle donne de l'intelligence aux simples. »

La parole de dieu devant occuper une place prépondérante certaine dans le mariage, il n'est pas superflu de nous arrêter un moment sur une partie de l'exhortation de l'apôtre Paul à l'église de Rome :

Romains 5 : 12 « C'est pourquoi, comme par un seul homme, le péché est entré dans le monde, et par le péché la mort, et qu'ainsi la mort s'est étendue sur tous les hommes, parce que tous ont péché... »

Le péché a changé la donne. Déjà, la paix et la joie de vivre dans le jardin d'Éden avaient été grossièrement affectées. Les locataires privilégiés du jardin d'Éden, Adam et Eve, ont été chassés manu militari suite à leur désobéissance... La jalousie de leur premier-né, Caïn a été à l'origine du premier assassinat de l'humanité en la personne de son jeune frère Abel.

La répercussion a été gravissime dans l'humanité entière à telle enseigne que :

Genèse 6 : 5 – 6 « 5 – L'Éternel vit que la méchanceté des hommes était grande sur la terre, et que toutes les pensées de leur cœur se portaient chaque jour uniquement vers le mal. 6– L'Éternel se repentit d'avoir fait l'homme sur la terre, et il fut affligé en son cœur. »

C'est dire que le péché a perverti bien des dispositions de l'homme, entre autres :
- ♦ Sa conscience morale ;
- ♦ Sa conscience sociale ;
- ♦ Sa conscience spirituelle ;
- ♦ Sa crainte de dieu ;
- ♦ Son amour agape (divin et inconditionnel, pour son prochain) ;
- ♦ Son amour philia (parents et enfants) ;
- ♦ Son amour éros (physiologique, entre Époux) ;
- ♦ Sa volonté de pardon et de Repentance ;
- ♦ Sa recherche d'une Paix durable ;
- ♦ Sa soumission à la volonté de l'Éternel Dieu ;
- ♦ Son respect de la place de l'homme ;
- ♦ Son Respect de la place de la femme ;
- ♦ Son Respect de la place des enfants ;
- ♦ Son Respect de la place des parents ;
- ♦ Son Respect de la place de la famille…

En fait, comme le péché a détruit l'Union harmonieuse de l'homme et de la femme par les liens sacrés du mariage selon la volonté de l'Éternel dieu, nous nous exhorterons fortement, les uns et les autres, en tant qu'enfants de dieu, nés de nouveau, en esprit et en vérité, à avoir intensément soif de la parole de dieu, maintenant qu'elle est encore en libre-de-service, car,

Amos 8 : 11 – 13 « 11 – Voici, les jours viennent, dit l'Éternel, où j'enverrai la famine dans le pays, non pas la disette du pain et de la soif de l'eau, mais la faim et la soif d'entendre les paroles de l'Éternel. 12– Ils seront alors errants d'une mer à l'autre, du Septentrion à l'Orient, ils iront çà et là pour chercher la parole de l'Éternel, et ils ne la trouveront pas. 13– En ce jour, les belles jeunes filles et les jeunes hommes mourront de soif »... condition sine qua non de paix, d'amour, de concorde et du succès.

L'enfant de dieu devrait avoir une soif sans modération de la parole de dieu qui est, sans conteste, la vraie lumière qui éclaire sa nouvelle vie, une vie divine au-dessus des convoitises du monde, une vie venant d'en haut et qui est la référence essentielle de toute son existence sur cette terre, se conduisant *« avec crainte pendant le temps de son pèlerinage » [1 Pierre 1 : 17].*

Ainsi, aussi bien dans notre nouvelle vie de couple scellée par les liens sacrés du mariage que dans notre vie professionnelle et sociale, nous, enfants de dieu, nés de nouveau, en esprit et en vérité, ne devrions avoir qu'un seul modèle de vie que nous n'obtiendrions qu'en :

♦ Devenant donc les imitateurs de dieu comme des enfants bien-aimés ; et en marchant dans la charité, à l'exemple de Christ, qui nous a aimés, et qui s'est livré lui-même à Dieu pour nous comme une offrande et un sacrifice de bonne odeur *[Éphésiens 5 : 1 - 2]*

♦ Laissant Christ se former foncièrement en chacun de nous *[Galates 4 : 19]*

♦ Faisant *« mourir les membres qui sont sur la terre, l'impudicité, l'impureté, les passions, les mauvais désirs, et la cupidité, qui est une idolâtrie » [Colossiens 3 : 5]*

Principes bibliques

Les saintes écritures considèrent le besoin de ne se marier qu'entre enfants de dieu. En effet, le mariage chez les enfants de dieu est une alliance pour la vie entre un homme et une femme. Leur unité devrait être comparable à la relation qui unit le Seigneur Jésus-Christ et son épouse, l'église :

Éphésiens 5 : 22 – 23 « 22 – Femmes, soyez soumises à vos maris, comme au Seigneur ; 23-car le mari est le chef de la femme, comme christ est le chef de l'Église, qui est son corps, et dont il est le Sauveur. »

L'homme et la femme ne peuvent pleinement accomplir cette unité que si, et seulement s'ils sont unis spirituellement dans une foi en Christ ressuscité et un amour indéfectible à l'image de l'amour désintéressé de l'Éternel Dieu pour nous, illustré par le sacrifice suprême de son fils qui a accepté de mourir à la croix en se chargeant de nos péchés :

Jean 3 : 16 « Car Dieu a tant aimé le monde qu'il a donné son Fils unique, afin que quiconque croit en lui ne périsse point, mais qu'il ait la vie éternelle. »

Si ce n'est pas le cas, il ne peut en découler que de la division et une souffrance indescriptible :

Amos 3 : 3 « Deux hommes marchent-ils ensemble, sans en être convenus ? »

L'Éternel Dieu ne permet pas à ses enfants que nous sommes de nous marier avec des conjoints qui ne partagent pas notre foi en Christ :

Deutéronome 7 : 3 - 4 « 3 – Tu ne contracteras point de mariage avec ces peuples, tu ne donneras point tes filles à leurs fils, et tu ne prendras point leurs filles pour tes fils ; 4-car ils détourneraient de moi tes fils, qui serviraient d'autres dieux, et la colère de l'Éternel s'enflammerait contre vous : il détruirait promptement. »

Néhémie 13 : 27 « Faut-il donc apprendre à votre sujet que vous commettez un aussi grand crime et que vous péchez contre notre Dieu en prenant des femmes étrangères ? »

On pourrait bien ajouter, entre autres, le récit de Phinées, fils d'Eléazar, fils du sacrificateur Aaron, rapporté par Moïse [Nombres 25] et l'Exhortation de l'apôtre Paul aux chrétiens de l'Église de Corinthe, pour conforter cette recommandation faite aux convertis « de ne se marier qu'entre eux » :

2 Corinthiens 6 : 14 – 16 « 14 – Ne vous mettez pas avec les Infidèles sous un joug étranger. Car quel rapport y a-t-il entre la justice et l'iniquité ? ou qu'y a-t-il de commun entre la lumière et les ténèbres ? 15– Quel accord y a-t-il entre Christ et Bélial ? ou quelle part a le fidèle avec l'infidèle ? 16– Quel rapport y a-t-il entre le temple de Dieu et les idoles ? Car nous sommes le temple du Dieu vivant, comme Dieu l'a dit : J'habiterai et je marcherai au milieu d'eux ; je serai leur Dieu, et ils seront mon peuple. »

Quant aux « personnes devenues chrétiennes et qui se seraient déjà mariées avant de donner leur vie à Christ », l'apôtre Paul précise :

1 Corinthiens 7 : 12 – 16 « 12 - Aux autres, ce n'est pas le Seigneur, c'est moi qui dis : Si un frère a une femme non croyante, et qu'elle consente à habiter avec lui, qu'il ne la répudie point ; 13-et si une femme a un mari non croyant, et qu'il consente à habiter avec elle, qu'elle ne répudie point son mari. 14 – Car le mari non croyant est sanctifié par la femme, et la femme non-croyante est sanctifiée par le frère ; autrement, vos enfants seraient impurs, tandis que maintenant ils sont saints. 15 – Si le non-croyant se sépare, qu'il se sépare ; le frère ou la sœur ne sont pas liés dans ces cas-là. Dieu nous a appelés à vivre en paix. 16– Car que sais-tu, femme, si tu sauveras ton mari ? Ou que sais-tu, mari, si tu sauveras ta femme ? »

Par ailleurs, l'apôtre Paul, toujours dans son adresse aux chrétiens de l'église de Corinthe, évoque la possibilité ou non pour un (e) veuf (veuve) chrétien(ne) de se remarier.

1 Corinthiens 7 : 39 « Une femme est liée aussi longtemps que son mari est vivant ; mais si le mari meurt, elle est libre de se marier à qui elle veut ; seulement, que ce soit dans le Seigneur »

La position de l'apôtre Paul est claire sur le sujet : le (la) veuf (ve) chrétien(ne) peut se remarier, s'il (elle) le désire, avec la femme (l'homme) de son choix, à condition que cette femme (cet homme) soit « dans le Seigneur », c'est-à-dire qu'il(elle) soit un(e) chrétien(ne).

Rencontre et fiançailles

Exogamique, le mariage est une décision personnelle (ou accompagnée), consciente, spirituelle, sage et intelligente de faire le choix de la femme ou de l'homme pour la Vie.

Nous ne dirons pas que Jésus-Christ choisit et donne « la femme ou l'homme », qu'il faut pour le mariage d'un(e) chrétien(ne), mais nous dirons que le Seigneur favorise la rencontre des enfants de dieu qui le lui demandent avec foi, par la prière, en esprit et en vérité et qui :

- ♦ L'adorent ;
- ♦ Le louent ;
- ♦ Ont la crainte de dieu ;
- ♦ Sont nés de nouveau ;
- ♦ Écoutent et mettent en pratique sa parole…

C'est dire que le bon choix de la femme (ou de l'homme) pour la vie reste fonction de :
- ♦ Notre foi en Christ ;
- ♦ Notre culture ;
- ♦ Notre milieu ambiant ;
- ♦ L'avis de nos proches : ministres de dieu, amis, familles, collègues, frères et sœurs en Christ.

Les fiançailles sont une période importante dans la vie du couple en gestation. En effet, elles constituent un temps de préparation au mariage, une approche agapé, une progression vers la meilleure connaissance de l'autre (habitudes chrétiennes, goûts, penchants, faiblesses, fréquentations…)

Le temps de fiançailles requiert de la part du frère et de la sœur engagés dans le processus du mariage :

♦ De la vigilance et de la maîtrise de soi afin de ne pas céder à la tentation de la sexualité facile avant le mariage.

Un comportement contraire serait gravissime de conséquences dans le sens où toute inconduite qui dirigerait les fiancés vers des relations sexuelles avant le mariage, donc hors de… est de la fornication fortement dénoncée par les saintes écritures.

Mariage

Célébration

S'élevant à une dimension spirituelle ayant pour modèle la relation de Christ avec son église *[Éphésiens 5 : 22 – 32]*, le mariage devrait être honoré de tous *[Hébreux 13 : 4]* dans le sens où :

- Le lit conjugal ne devrait, consciemment ou inconsciemment, abriter aucune fornication ;

- La chambre à coucher du couple, lieu de procréation devrait être respectée par tous (enfants, amis, famille, connaissances, sœurs et frères dans la Foi en Christ…).

En effet, le mariage est régi pour l'essentiel par la pureté et la fidélité *[Hébreux 13 : 4]*

Par ailleurs, il est important de préciser que dire que « le mariage doit être honoré de tous » ne voudrait aucunement prétendre signifier que « celui qui a la mauvaise habitude de s'empiffrer vienne vider, tout seul, le menu prévu pour cinquante personnes ou que le couple chrétien aurait l'obligation de prévoir des boissons alcoolisées pour satisfaire tous ceux qui s'adonnent aux boissons fortes »…

La fête organisée par le couple chrétien après la bénédiction nuptiale à l'église devrait se singulariser par son contenu et son déroulement simples, sans excès, loin des folies du monde (alcool, bagarres, danses obscènes, convoitises diverses…)

Oui, frères et sœurs dans la foi en Christ, la fête organisée « dans le Seigneur » par le couple chrétien devrait être loin, très loin des réjouissances mondaines où tout est extravagance, abus, folie, grossièreté, irrespect…

Formes de mariage

– La monogamie

Dès la création, l'Éternel Dieu institua le mariage « monogamique » entre un homme et une femme.

Genèse 2 : 18 – 24 « 18 – L'Éternel Dieu dit : Il n'est pas bon que l'homme soit seul ; je lui ferai une aide semblable à lui. 19– L'Éternel Dieu forma de la terre tous les animaux des champs et tous les oiseaux du ciel, et il les fit venir vers l'homme, pour voir comment il les appellerait, et afin que tout être vivant portât le nom que lui donnerait l'homme. 20 – Et l'homme donna des noms à tout le bétail, aux oiseaux du ciel et à tous les animaux des champs ; mais, pour l'homme, il ne trouva point d'aide semblable à lui. 21 – Alors l'Éternel Dieu fit tomber un profond sommeil sur l'homme, qui s'endormit ; il prit une de ses côtes, et referma la chair à sa place. 22– L'Éternel Dieu forma une femme de la côte qu'il avait prise de l'homme, et il l'amena vers l'homme. 23 – Et l'homme dit : Voici cette fois celle qui est os de mes os et chair de ma chair ! on l'appellera femme, parce qu'elle a été prise de l'homme. 24– C'est pourquoi l'homme quittera son père et sa mère, et s'attachera à sa femme, et ils deviendront une seule chair. »

Matthieu 19 : 5 « et qu'il dit : C'est pourquoi l'homme quittera son père et sa mère, et s'attachera à sa femme, et les deux deviendront une seule chair. »

1 Corinthiens 6 : 16 « Loin de là ! Ne savez – vous pas que celui qui s'attache à la prostituée est un seul corps avec elle ? Car, est-il dit, les deux deviendront une seule chair. »

La monogamie est la seule forme de mariage qui permet l'unité totale, voire la vraie complicité des époux, une symbiose des sentiments qui inspire une certaine discipline des conjoints et une confiance mutuelle totale, voire une confidentialité sans aucune modération.

– La polygamie

La polygamie se définit comme le mariage d'un homme avec deux ou plusieurs femmes. Ce fonctionnement s'érige outrageusement en faux contre la volonté de l'Éternel Dieu qui a institué les liens sacrés du mariage entre un homme et une femme selon le principe que « *l'homme quittera son père et sa mère, et s'attachera à sa femme, et ils deviendront une seule chair* » *[Genèse 2 : 24]*

Pour la première fois dans l'histoire de l'humanité, la polygamie avait été initiée par Lémec, descendant de Caïn, qui prit deux femmes en mariage (Ada et Tsilla). Les saintes écritures ne s'étendent pas sur les raisons de ce choix, mais une chose est certaine, aucune des femmes n'était inféconde. *[Genèse 4 : 19 – 24]*

La polygamie est une pratique rébarbative, non agréable à l'Éternel Dieu en ce qu'elle ternit gravement la pureté du mariage et laisse l'homme être dominé par des motifs charnels et égoïstes *[Genèse 6 : 1 – 2]*

Les saintes écritures nous parlent de certaines polygamies « tolérées » en leur temps, mais « désagréables » à dieu :

♦ Pour pallier l'infécondité présumée de son épouse Sara, Abraham se retrouva circonstanciellement sur l'initiative et l'impatience de Sara avec une deuxième femme, Agar, afin d'obtenir « *ce qu'il croyait être l'accomplissement de la Promesse* » *[Genèse 16 : 1 – 4 ; 17 : 15 – 21 ; 18 : 9 – 15 ; 21 : 1 – 3]*

La révélation biblique de cette impatience est qu'en vérité, Ismaël, fils d'Agar et Abraham n'était ni l'enfant de la promesse ni le 1er fils d'Abraham ; c'est Isaac, fils de Sara et Abraham qui l'était selon la volonté de dieu

♦ Jacob eut deux femmes (les sœurs Rachel et Léa) suite à la tromperie de son beau-père Laban *[Genèse 29 : 16 – 30]*

♦ Elkana « *avait deux femmes, dont l'une s'appelait Anne, et l'autre Peninna ; Peninna avait des enfants, mais Anne n'en avait point* » *[1 Samuel 1 : 2]*

Loin d'apporter la paix, la confiance et l'amour dans le foyer conjugal, la polygamie n'engendre que des problèmes : *[Genèse 16 : 4 – 6]*

En effet, les saintes écritures font un large écho sur les maux générés par la polygamie et les rivalités avilissantes des co-épouses *[Genèse16 : 6 - 16 ; 30 : 1 - 25 ; 1 Samuel 1 : 6]* en opposition aux bonheurs des couples monogamiques *[Proverbe 5 : 18 ; Proverbe 31 : 10 – 29 ; Psaume 128 : 3 ; Ecclésiaste 9 : 9]*

– Le concubinage

Selon les saintes écritures, le concubinage, dont l'une des spécificités demeure la pratique des relations sexuelles hors mariage, est une forme assez répandue de fornication, donc une vie désagréable et contraire à la volonté de l'Éternel Dieu.

En effet, le concubinage est une forme de libertinage traduisant un mode de Vie plus ou moins « commune ou fréquente » d'un homme et d'une femme qui n'ont contracté aucun lien de mariage.

Aujourd'hui, malheureusement, bien des couples « dits chrétiens », plus ou moins conscients de leur état de hors norme, s'évertuent à vivre dans la fornication.

Est-il nécessaire de rappeler que toute indulgence des désirs sexuels en dehors du mariage constitue de la fornication vivement dénoncée dans les saintes écritures :

1 Corinthiens 6 : 19 - 20 « 19 – Ne savez – vous pas que votre corps est le temple du Saint-Esprit qui est en vous, que vous avez reçu de Dieu, et que vous ne vous appartenez point à vous-mêmes ? 20– Car vous avez été rachetés à un grand prix. Glorifiez donc Dieu dans votre corps et dans votre esprit, qui appartiennent à Dieu. »

Jude 7 : « Que Sodome et Gomorrhe et les villes voisines, qui se livrèrent comme eux à l'impudicité et à des vices contre nature, sont données en exemple, subissant la peine d'un feu éternel. »

Nous ne pouvons qu'exhorter nos frères et sœurs qui vivent ensemble :
♦ Avant le mariage, jouissant d'une pleine relation sexuelle ;

♦ Depuis longtemps sans mariage coutumier ou traditionnel (parents), civil (État) sans bénédiction nuptiale à l'église, mais pratiquant une sexualité complète.

À régulariser leur situation devant Jésus-Christ, son église et devant les hommes...

En effet, l'église en tant qu'institution spirituelle, chrétienne et évangélique ne peut pas aller au-delà de l'exhortation, de la mise en garde et de l'enseignement sur le mariage.

C'est dire qu'il revient à ces « faux couples hors-la-loi, vivant en fait dans la Fornication » de prendre conscience de leur situation non conforme à la Parole de Jésus-Christ...

Par ailleurs, serait-on en droit de préférer le célibat dans son sens premier (vivre seul sans contracter le mariage, sans vivre en concubinage, vivre vraiment seul sans s'approcher d'une femme ou d'un homme, fuir toutes formes de fornication) ?

Lorsqu'il fut confronté à la même problématique dans l'église de Corinthe, l'apôtre Paul donna l'avis ci-après :

1 Corinthiens 7 : 8 – 11 « 8-A ceux qui ne sont pas mariés et aux veuves, je dis qu'il leur est bon de rester de rester comme moi. 9 – Mais s'ils manquent de continence, qu'ils se marient ; car il vaut mieux se marier que de brûler. 10-A ceux qui sont mariés, j'ordonne, non pas moi, mais le Seigneur, que la femme ne se sépare point de son mari 11-si elle est séparée, qu'elle demeure sans se marier ou qu'elle se réconcilie avec son mari, et que le mari ne répudie point sa femme. »

La partie dramatique du concubinage dans la vie d'une personne qui se dit « chrétienne », s'accentue vertigineusement lorsque cette personne se dit en même temps « mariée » ou encore lorsque « les deux personnes participantes » sont « mariées » c.-à-d. « une femme mariée qui trompe son époux avec le mari d'une autre femme – ou un homme marié qui trompe sa femme avec l'épouse d'un autre homme »… C'est de l'abomination…

Malheureusement, bien des gens qui déclarent être « des chrétiens » se plaisent à cette forme de prostitution nauséabonde et n'hésitent pas à se faire bonne conscience en citant de façon inopportune, l'exemple du roi Salomon qui *« eût sept cents princesses pour femmes et trois cents concubines » [1 Rois 11 : 3]*…

– La polyandrie
Rarissime, vile et répugnante, la polyandrie est l'état d'une femme qui prend en mariage, sous son toit, sous ses ordres et sous sa responsabilité, plusieurs hommes (dont elle est l'épouse régnant sur eux et disposant d'eux selon sa volonté)…

C'est la vie à l'envers… En effet, contractée sous un Lien de subordination de l'homme à la femme, la polyandrie milite pour la prédominance et la prépondérance de la femme en tant que « cheffe » de ses hommes et gestionnaire de son foyer. C'est la femme qui décide, ordonne, oriente, dirige le foyer, ses hommes lui devant respect et entière soumission.

Notes incontournables

La parole de dieu est le guide privilégié du couple chrétien. Ainsi l'union intime des deux époux, devenus une seule et même chair sous l'éclairage du Saint-Esprit, trouve son inspiration dans l'Union de Christ et son corps qui est l'église.

Les saintes écritures exigent pour l'essentiel :
♦ *De la part de l'époux*

– L'amour pour sa femme à l'image de l'amour de Christ pour l'église : *« Maris, aimez vos femmes, comme Christ a aimé l'église, et s'est livré lui-même pour elle »* [*Éphésiens 5 : 25*]

Il s'agit d'un amour de dévouement, de tendresse, d'affection, de sacrifice, de renoncement, d'abnégation et de purification de tout égoïsme. En effet, le mari devrait :
♦ La chérir, l'aimer comme lui-même ;
♦ Lui prodiguer des soins tendres, affectueux et délicats ;
♦ Pourvoir à ses besoins matériels et financiers ;
♦ S'occuper d'elle spirituellement en l'aidant, la soutenant, l'enseignant, la formant dans la lecture et la méditation de la Parole, la prière et le jeûne...

♦ *De la part de l'épouse*

– *La Soumission* envers son mari à l'image de la soumission de l'église au Seigneur Jésus-Christ... Loin de la soumission d'esclavage, celle que l'Éternel Dieu requiert de la femme se traduit par des actes méticuleux d'amour qui se singularisent en ce que la femme :

♦ Est à l'aise de complaire à son mari ;
♦ Va avec joie au-devant des désirs de son époux ;
♦ Est heureuse de lui alléger sa tâche par dévouement et empressement ;
♦ Se plaît à épargner tout souci à son mari ;
♦ Cherche à porter le fardeau avec son mari.

En effet, consciente que *« le mari est le chef de la femme »* [Éphésiens 5 : 23], la femme demeure pour ce dernier *« une aide semblable à l'homme »* [Genèse 2 : 18], capable de comprendre ses peines, porter avec lui le poids des soucis, l'entourer de son affection, ses consolations et ses conseils pleins de sagesse...

♦ *Entre les deux époux*

– Une confiance mutuelle, pleine, entière et sans aucune ambiguïté devrait sceller la vie de couple... En effet, les saintes écritures confessent que, par les liens sacrés du mariage « *... l'homme quittera son père et sa mère, et s'attachera à sa femme, et ils deviendront une seule chair* ». *[Genèse 2 : 24]*

Selon le Seigneur, unis par l'amour, l'homme et la femme ne sont plus deux, mais ils sont Un. Il est donc impensable qu'ils puissent avoir des secrets entre eux, des zones d'ombre, des suspicions...

Pour la survie de la vie en couple

Le foyer conjugal est une sorte de :

▶ Pépinière familiale permanente, éclairée par l'Épouse et présidée par l'Époux ;
▶ Point de départ des activités et du comportement des Conjoints en direction de leur(s) :
♦ Époux/Épouse ;
♦ Enfants ;
♦ Famille ;
♦ Belle-famille ;
♦ Milieu ambiant ;
♦ Église ;
♦ Vie chrétienne ;
♦ Activité professionnelle...

Toujours est-il que la survie de la vie en couple reste tributaire de bien des sacrifices de fonctionnement, entre autres :

▶ Une bonne communication qui exige de :
♦ Aller au-devant de l'autre ;

- ♦ Se rapprocher ;
- ♦ Dialoguer ;
- ♦ Être attentif (surtout dans les moments difficiles) ;
- ♦ Négocier ;
- ♦ Exprimer nos besoins, nos joies, nos peines ;
- ♦ Prendre du recul ;
- ♦ Échanger avec l'autre ;
- ♦ Discuter sans passion ;
- ♦ Débattre calmement ;
- ♦ Être flexible ;
- ♦ Savoir pardonner ;
- ♦ Tenir compte du point de vue de l'autre ;
- ♦ S'impliquer fortement dans la vie de couple et de famille.

▶ Une bonne écoute :
- ♦ Partager le ressenti de l'autre ;
- ♦ Entendre ce que l'autre a à nous dire ;
- ♦ Ne pas avoir la tentation de couper l'autre ;
- ♦ Le laisser exprimer sa pensée, son point de vue.

▶ Une Vie sexuelle harmonieuse :

Une vie sexuelle harmonieuse et épanouissante est essentielle, car elle a le pouvoir d'instaurer une complicité certaine entre les Partenaires.

Pour ce faire, nonobstant les années passées ensemble, chaque partenaire ne devrait ménager aucun effort pour rendre meilleure la vie sexuelle du couple en y consacrant plus d'attention, plus de soin intime (propreté du corps), plus d'engagement. Chacun devrait s'efforcer de :
- ♦ Exprimer ses désirs, ses préférences et ses pannes ;
- ♦ Savourer ces instants sacrés ;
- ♦ Contrer la routine en innovant ;
- ♦ Être entièrement à la disposition de l'autre.

l'absence de relations sexuelles est un poison qui, agissant lentement, mais sûrement, tue la vie du couple et conduit au discrédit, à la haine, au mépris... si les conjoints ne se parlent pas pour une décision commune, le couple est soumis à de fortes turbulences regrettables...

▶ Le soutien de l'autre

Se soutenir (surtout dans les moments difficiles), compatir, être présent, s'épauler, se consoler, s'encourager, apporter du réconfort, autant d'actions à entretenir chaudement pour la consolidation des liens des conjoints.

▶ Le respect de l'autre

Le respect de notre époux (se) par nos enfants, nos amis et connaissances, nos collègues, nos frères et sœurs, nos familles respectives reste fonction du respect que nous lui apportons... En effet, le manque de respect de l'autre avec ses gros mots, ses paroles proférées sous le coup de la colère, ses insultes et ses injures laissent assurément des lésions émotionnelles incurables.

▶ La jalousie

Poison à petites doses, détruisant foncièrement la confiance, la jalousie (surtout infondée) est un danger imprévisible. En parler, rassurer l'autre est une façon de repartir sur des bases de confiance partagée... Quant à la jalousie maladive, elle nécessite la consultation d'un spécialiste, voire l'intensification de prière et de jeûne sur le sujet.

▶ La question d'argent

Les questions d'argent, pourtant bien négligées par les deux conjoints, demeurent sans conteste, à l'origine de bien des conflits au sein du couple. Il est vivement conseillé de :
♦ Prendre ensemble les décisions pour trouver des solutions satisfaisant les deux conjoints ;
♦ Confier, de commun accord, la gestion financière à la personne qui semble être la moins dépensière du couple.

▶ La confiance et la confidentialité

En principe, les deux conjoints devraient être à la fois deux meilleurs amis et deux meilleurs confidents...

Dans la vie en couple, les deux conjoints devraient avoir une confiance réciproque sans faille qui se traduirait par le fait de se dire bien de petits secrets que chacun garderait hermétiquement. Le contraire cacherait un malaise certain sur la capacité des conjoints de garder le secret de la parole confiée... Ne pas garder un secret est un défaut que l'on s'efforcera de rayer complètement de notre table de vie.

La femme, avec ses mains, elle peut entretenir cette pépinière tout comme elle peut la détruire :

Proverbe 14 : 1 « La femme sage bâtit sa maison, et la femme insensée la renverse de ses propres mains. »

En fait, c'est de cette énorme pépinière que sortiront toutes les boutures et tous les plants du beau jardin de la femme ou de son jardin sans intérêt.

Pour ce faire :
Proverbes 31 : 15–16 « 15 - Elle se lève lorsqu'il est encore nuit, et elle donne la nourriture à sa maison et la tâche à ses servantes. 16– Elle pense à un champ, et elle l'acquiert ; du fruit de son travail, elle plante une vigne. »

Elle veille sur cette pépinière dont elle est la sentinelle qui :

♦ Ne dort pas ;
♦ Se sanctifie dans la crainte de l'Éternel Dieu ;
♦ Prie, jeûne, médite la parole de Dieu ;
♦ Est courageuse, persévérante ;
♦ Travaille avec foi, conviction ;
♦ Est soumise à son époux ;
♦ Gère son foyer (ressources, budget, spiritualité, matériel, santé…) ;
♦ Remplie de sagesse, apaise la tempête, convainc et sait tout pardonner ;
♦ Est pleine d'amour, tendresse, douceur, hospitalité ;
♦ Élève ses enfants selon la Parole de Dieu.

La femme querelleuse déplaît à Dieu, son Mari, ses Enfants, sa Famille, sa Belle-famille, son entourage…

Proverbe 25 : 24 « Mieux vaut habiter à l'angle d'un toit, que de partager la demeure d'une femme querelleuse. »

La modestie vestimentaire de la femme chrétienne et épouse devrait avoir une attention particulière… En effet, l'habillement d'une personne est une bonne lisibilité du contenu de son cœur. Si une femme chrétienne s'habille de façon provocante, c'est qu'elle cache, en vérité, dans son cœur l'envie de se faire admirer et désirer des hommes. Ce qui n'est pas un bon témoignage chrétien en ce qu'il révèle, malheureusement, un cœur empreint de légèreté, d'impudence, d'orgueil… La vraie femme chrétienne et Épouse sait, par la grâce de

Dieu, se faire remarquer par les qualités de son cœur, à savoir, entre autres :
- ♦ La maîtrise de ses pulsions ;
- ♦ La pudeur ;
- ♦ L'humilité ;
- ♦ L'intelligence ;
- ♦ La sagesse ;
- ♦ L'amour agapé ;
- ♦ L'humeur permanente ;
- ♦ L'abnégation ;
- ♦ Le courage ;
- ♦ La persévérance ;
- ♦ La foi infaillible ;
- ♦ Le pardon ;
- ♦ La sanctification ;
- ♦ La crainte de Dieu.

Autant d'atouts chez la sœur chrétienne célibataire qui lui attirent l'admiration, le respect, voire de l'intérêt pour la demande en mariage par un frère chrétien célibataire et digne... Autant d'atouts chez la sœur chrétienne mariée qui appellent le respect, la confiance, l'admiration de toute l'Église.

Sur le sujet, les saintes écritures déclarent :

1 Timothée 2 : 9-10 " 9 – Je veux aussi que les femmes, vêtues d'une manière décente, avec pudeur et modestie, ne se parent ni de tresses, ni d'or, ni de perles, ni d'habits somptueux, 10-mais qu'elles se parent de bonnes œuvres, comme il convient à des femmes qui font profession de servir Dieu. »

Pour une meilleure compréhension de ce passage, essayons de le traduire en langage clair :

« Je veux aussi que les femmes s'habillent de manière simple, irréprochable, soignée et convenable, de telle sorte que leur habillement soit à l'image de leurs bonnes mœurs, leur pureté morale, leur droiture de caractère. Leur aspect extérieur doit traduire leur aspect intérieur. Alors, l'aspect intérieur et l'aspect extérieur doivent être le reflet fidèle de leur vie, afin que par leur pratique exemplaire, l'on puisse lire dès le premier contact, qu'elles sont des sœurs fidèles de Dieu et respectueuses de la Parole de vie. »

Pour ne pas nuire à sa beauté intérieure et à la modestie de son cœur, la femme chrétienne portera des vêtements agréables au retour de notre Seigneur et Sauveur Jésus-Christ et dont elle n'aurait jamais à rougir devant lui.

Pour ce faire, elle devra éviter de porter :

♦ Les vêtements trop luxueux, ou trop découverts et provocants ;
♦ Les vêtements moulants susceptibles d'attirer le regard sur les parties de son anatomie les plus attrayantes ;
♦ Les vêtements ultra-courts, découverts et provocants pouvant distraire l'attention de l'église ;
♦ Les vêtements excitant la convoitise des frères et révélant les passions dévorantes et coupables cachées dans le cœur des sœurs qui portent les parures et les bijoux extravagants.

Dans l'église

La femme chrétienne, sœur, épouse et mère devrait veiller sur le bien-être de toute l'église. En effet, dans son cœur, ne devraient exister que des intentions aimables ; de sa bouche ne devraient sortir que des paroles de vie, d'amour, d'exhortation, d'édification, de pardon, de sanctification, de fidélité à Dieu.

La femme est unique pour dieu. En effet, ayant de la valeur aux yeux de Jésus-Christ, elle a reçu des dons qu'elle doit utiliser pour le bien-être du Corps de Christ (l'église). Si elle ne les exploite pas, le corps de Christ en souffrirait et le Saint-Esprit s'en attristerait et s'éteindrait.

Pour ce faire, elle pourrait bien :
♦ Exercer tous les dons du Saint-Esprit : prophétiser, recevoir et donner des paroles de sagesse, de connaissance, prier pour les malades, exercer les dons de guérison... pourvu que ce soit avec modestie et humilité dans la mesure de la grâce qu'elle a reçue du Seigneur Jésus-Christ ;
♦ Gagner des âmes par l'évangélisation et son témoignage ;
♦ Prier nuit et jour, en tant qu'intercesseuse « violente » pour toute l'église, les dirigeants, le ministère, sujets à toute sorte d'attaque ;
♦ S'occuper des visites aux personnes âgées, seules, malades, chez elles ou à l'hôpital ;
♦s'occuper de l'aide et du secours aux personnes et familles en difficulté en leur apportant des paroles appropriées d'exhortation, de l'écoute attentive
♦ Avoir la responsabilité de l'éducation chrétienne des enfants et des adolescents ;
♦ Être en charge de l'animation et de l'encadrement de l'école du dimanche (écodim) ;
♦ Avoir la responsabilité de l'éducation, des conseils et de l'encadrement des jeunes filles-mères (ou en devenir) ;
♦ Avoir une responsabilité administrative au sein du conseil de l'église ;
♦ Avoir la charge du protocole ;
♦ Avoir la charge de l'animation (chorale)...
♦ Être titulaire d'un ministère selon les dispositions d'*Éphésiens 4 : 11 – 12.*

Autant d'activités que la femme peut exercer dans l'église (cette liste n'étant pas exhaustive). Chaque femme devra trouver la place que le Seigneur lui montre, sans crainte ni complexe, dans la conscience du Service de Dieu. Néanmoins, cela reste tributaire, d'une part, du jeûne et de la prière, de la consécration et de l'humilité dont elle fait montre, de l'autre part, de sa capacité d'attention à l'Appel du Seigneur Jésus-Christ. Déjà, bien des femmes suivaient le Seigneur Jésus-Christ dans ses déplacements, le servaient et l'assistaient.

Luc 8 : 1 – 3 « 1 – ... Jésus allait de ville en ville, de village en village, prêchant et annonçant la bonne nouvelle du royaume de Dieu. 2– Les douze étaient avec lui et quelques femmes qui avaient été guéries d'esprits malins et des maladies : Marie, dite de Magdala, de laquelle étaient sortis sept démons, 3 – Jeanne, femme de Chuza, intendant d'Hérode, Suzanne, et plusieurs autres qui l'assistaient de leurs biens. »

D'autres femmes ont marqué les relations de l'Éternel Dieu avec son peuple, entre autres :

Hébreux 11 : 11 « C'est par la foi que Sara elle-même, malgré son âge avancé, fut rendue capable d'avoir une postérité, parce qu'elle crut à la fidélité de celui qui avait fait la promesse. »

Exode 4 : 24 - 26 (Séphora qui, par sa fiabilité, sa détermination, sa vigilance et sa fidélité, a sauvé son mari Moïse au moment où il devait être frappé par Dieu pour l'incirconcision de son fils…)

Juges 4 : 4 - 14 (Déborah, Juge de renom, épouse et mère irréprochable)

Exode 15 : 20 - 21 (Marie, sœur d'Aaron et de Moïse, Prophétesse, était une femme pleine d'ambition)

Nombres 26 : 59 (Jokébed, mère d'Aaron, Myriam et Moïse, était une femme véritable Sentinelle de son foyer)

Actes 9 : 36 - 43 (Tabitha « Dorcas », a été ressuscitée par Dieu, grâce à la Prière de l'Apôtre Pierre certes, mais aussi et surtout grâce à ses bonnes œuvres)

Ruth 1 : 8 -16 (Ruth, Moabite [donc étrangère] qui par fidélité et amour est devenue femme de la généalogie de Christ en tant que mère d'Obed, le Père d'Isaï qui est le Père du Roi David, de la famille de Joseph, père nourricier du Seigneur Jésus-Christ)

1 Samuel 1 : 5 - 20 (Anne, femme au départ stérile qui, grâce à sa confiance en Dieu et sa persévérance exceptionnelle, devint mère du Prophète Samuel et de ses 3 Frères et ses 2 sœurs.)

Esther 2 : 16-18 (Esther, devenue Reine par la volonté de Dieu, a fait abstraction de ses intérêts personnels pour délivrer son peuple)

Lors de la Crucifixion, « *il y avait aussi des femmes qui regardaient de loin. Parmi elles étaient Marie de Magdala, Marie mère de Jacques le mineur et de Joses, et Salomé, qui le suivaient et le servaient lorsqu'il était en Galilée et plusieurs autres qui étaient montées avec lui à Jérusalem.* » *[Marc 15 : 40]*

Luc 1 : 41 - 56 (Élisabeth, femme stérile et humble, devenue mère à un âge avancé par les miracles de Dieu, mère de Jean Le Baptiste)

Luc 1 : 28 - 38 (Marie, mère porteuse choisie par Dieu pour la naissance humaine du Seigneur Jésus-Christ)
C'est fort de l'omniprésence de la femme et l'importance de sa fonction dans les affaires de Dieu, son rôle éminent dans l'éducation harmonieuse et spirituelle de ses enfants, son implication dans le

bonheur de son Époux, sa bonne intelligence dans son milieu civil, professionnel, chrétien, que la Bible déclare :

Proverbe 19 : 14 « On peut hériter de ses pères une maison et des richesses, mais une femme intelligente est un don de l'Éternel »

Dans la « Vie chrétienne » et la Vie de l'Église, la Femme, Épouse et Mère, est l'image de Douceur, d'Amour, de Sanctification, de Prière et de Jeûne, d'Humilité, de Foi et de Persévérance.

L'Homme est le Chef de la Cellule Familiale. À ce titre, il devrait être un Modèle à imiter par chaque Membre de la Cellule Familiale, un Modèle fiable qui ne ménagerait aucun effort pour en assurer :

- ◆ L'animation ;
- ◆ La bonne éducation des enfants selon le Seigneur ;
- ◆ La paix et la concorde ;
- ◆ La sécurité alimentaire et vestimentaire ;
- ◆ L'éveil chrétien ;
- ◆ La confiance ;
- ◆ L'impartialité ;
- ◆ L'assurance.

L'homme, en tant que premier enfant de dieu de la cellule familiale, devrait être le facilitateur garantissant la Sécurité et ayant à cœur la responsabilité confiée par le Seigneur. Pour ce faire, les États d'âme de toutes natures ne devraient en aucune façon l'habiter. En effet, l'Homme devrait prier Christ, le maître de la sagesse et de l'intelligence pour qu'il lui octroie un cœur qui compatit, écoute, réfléchit, temporise, analyse, discrimine loin de bien des tares comportementales du genre :

- ◆ Colères ;
- ◆ Haines ;

- ♦ Commérages ;
- ♦ Futilités ;
- ♦ Vengeances égoïstes ;
- ♦ Perfidies ;
- ♦ Ingratitudes.

Brisement du silence sur certains tabous de la vie en couple

– La Parole de Dieu demande à la femme en tant qu'Épouse, d'être soumise à son Mari. Cette soumission à son Mari n'a rien de commun avec l'esclavage, car la Parole de Dieu *[Éphésiens 5 : 22 – 33]* demande à l'homme d'aimer sa femme comme sa propre chair, comme Christ a aimé l'Église.

– Sur l'épineuse question des relations de deux sexes opposés, en principe entre l'homme et la femme, mariés selon une symbiose des us et coutumes de leurs familles respectives, et en principe, ayant reçu la bénédiction nuptiale à l'Église, les Saintes Écritures déclarent :

1 Corinthiens 7 : 4 – 5 « 4 – La femme n'a pas autorité sur son propre corps, mais c'est le mari ; et pareillement, le mari n'a pas autorité sur son propre corps, mais c'est la femme, 5-ne vous privez point l'un de l'autre, si ce n'est d'un commun accord pour un temps, afin de vaquer à la prière ; puis retournez ensemble, de peur que Satan ne vous tente par votre incontinence. »

– Aujourd'hui, même chez les couples chrétiens, l'acte sexuel pourtant agréé par Dieu dès la création *[Genèse 1 : 28]* est devenu un point de discorde et de divorce.

Sur le sujet, les saintes écritures *[1 Corinthiens 7 : 4–5]* ordonnent à la femme et à l'homme d'être prêts à tout moment (sauf lorsque l'épouse est en période de menstruations)

C'est dire que, dans la situation de couple dont l'un des deux partenaires n'est pas disciple de Christ, la sagesse chrétienne tolère les relations, même lorsque l'on est en Jeûne et Prière (surtout si c'est l'homme qui n'est pas chrétien, pour ne pas lui donner une raison de trahison)

– *Pratiques sexuelles désagréables à Dieu*

♦ La fellation : la bouche est faite pour manger et adorer Dieu, voire s'embrasser, mais pas pour des choses abominables
♦ La sodomie : ce mot vient de Sodome, la ville détruite par Dieu à cause des pratiques voisines de celles des homosexuels et des lesbiennes ;
♦ Le procédé « Onan » [*Genèse 38 : 8 – 10*] : Cet homme acceptait bien les faveurs de sa belle-sœur, veuve de son frère, mais refusait d'avoir un enfant avec elle. Alors, il se retirait et souillait le lit.
♦ La masturbation – considérée par certains sexologues comme un moyen efficace, voire conseillé, chez les adolescents pour les habituer à aimer la spécificité de leur corps et les initier aux relations sexuelles, la masturbation dans le couple traduit un sentiment de repli sur soi, d'insatisfaction et de frustration, d'égocentrisme et d'égoïsme. Ce procédé conduit l'un des conjoints à consommer l'acte sexuel en l'absence de son (ou sa) partenaire, dans une évasion pouvant, sous certaines conditions, lui faire atteindre l'orgasme.

Il est vivement conseillé à l'homme qui en userait en cachette pour pouvoir passer à l'acte sexuel de voir un sexologue, car il n'est pas exclu que cet homme puisse avoir de vrais soucis qui nécessiteraient la consultation d'un spécialiste.

♦ Les relations sexuelles pendant les menstrues

Pour bien des gens, rien ne s'oppose aux relations sexuelles pendant les règles. En effet, se défendent-ils, l'appareil génital de la femme ne présentant aucun changement physiologique significatif (ni rétrécissement, ni gonflement, ni sensibilité particulière), le déclenchement des menstruations n'étant que la conséquence d'un changement hormonal en fin de cycle, rien ne s'oppose aux relations sexuelles malgré le volume des règles et leur durée.

Les saintes écritures conseillent l'abstinence pendant les règles de la femme :

Lévitique 15 : 19 et 24 – 25 « 19 – La femme qui aura un flux, un flux de sang en sa chair, restera sept jours dans son impureté. Quiconque la touchera sera impur jusqu'au soir. 24– Si un homme couche avec elle et que l'impureté de cette femme vienne sur lui, il sera impur pendant sept jours, et tout lit sur lequel il couchera sera impur. 25- La femme qui aura un flux de sang pendant plusieurs jours hors de ses époques régulières, ou dont le flux durera plus qu'à l'ordinaire, sera impure tout le temps de son flux, comme au temps de son indisposition menstruelle. »

♦ La contraception et l'avortement

S'il est bien vrai qu'après les avoir bénis, l'Éternel Dieu ordonna la procréation à l'homme et à la femme en les invitant à être féconds, à multiplier et à remplir la terre *[Genèse 1 : 28]*, il n'est pas moins vrai que ce sont l'homme et la femme qui exécutent l'acte de procréation. Ce qui leur donne une certaine liberté, voire la responsabilité et la maîtrise du rythme de procréation. C'est dans ce cadre que l'on pourrait situer la Contraception avec sa batterie de Procédés.

Distinguo entre contraception et avortement :
♦ La contraception empêche la fécondation de l'ovule ;
♦ L'avortement détruit l'ovule fécondé, donc le fœtus, disons le futur bébé déjà vivant à l'état embryonnaire. Ce qui signifie, en d'autres termes, « tuer » l'embryon dans le sein de sa mère – violer le

droit que l'Éternel Dieu accorde à la vie en gestation. Nous n'avons pas le droit de tuer la vie... Fort de cela, l'Éternel Dieu attache de l'importance à la procréation et s'érige en faux contre l'avortement : *Exode 23 : 26 « Il n'y aura dans ton pays ni femme qui avorte, ni femme stérile... »*

Divorce et remariage

Le mariage est indissoluble avant le décès de l'un des contractants, sauf en cas d'infidélité conjugale avérée :

Romains 7 : 2 – 3 « 2 — Ainsi, une femme mariée est liée par la loi à son mari tant qu'il est vivant ; mais si le mari meurt, elle est dégagée de la loi qui la liait à son mari. 3– Si donc, du vivant de son mari, elle devient la femme d'un autre homme, elle sera appelée adultère ; mais si le mari meurt, elle est affranchie de la loi, de sorte qu'elle n'est point adultère en devenant la femme d'un autre. »

Matthieu 19 : 3 – 9 « 3 – Les pharisiens l'abordèrent, et dirent, pour l'éprouver : Est-il permis à un homme de répudier sa femme pour un motif quelconque ? 4– Il répondit : N'avez-vous pas lu que le Créateur, au commencement, fit l'homme et la femme 5-et qu'il dit : c'est pourquoi l'homme quittera son père et sa mère, et s'attachera à sa femme, et les deux deviendront une seule chair ? 6– Ainsi ils ne sont plus deux, mais ils une seule chair. Que l'homme donc ne sépare pas ce que Dieu a joint. 7– Pourquoi donc, lui dirent-ils, Moïse a-t-il prescrit de donner à la femme une lettre de divorce et de la répudier ? 8 — Il leur répondit : C'est à cause de la dureté de votre cœur que Moïse vous a permis de répudier vos femmes ; au commencement, il n'en était pas ainsi. 9– Mais je vous dis que celui qui répudie sa femme, sauf pour infidélité, et qui en épouse une autre, commet un adultère. »

Exhortant l'Église de Corinthe, l'apôtre Paul déclare sur le sujet :

1 Corinthiens 7 : 10 – 15 – « 10-A ceux qui sont mariés, j'ordonne, non pas moi, mais le seigneur, que la femme ne se sépare point de son mari 11 - (si elle est séparée, qu'elle demeure sans se marier ou qu'elle se réconcilie avec son mari), et que le mari ne répudie point sa femme. 12– Aux autres, ce n'est pas le Seigneur, c'est moi qui dis : Si un frère a une femme non croyante, et qu'elle consente à habiter avec lui, qu'il ne la répudie point ; 13-et si une femme a un mari non croyant, et qu'il consente à habiter avec elle, qu'elle ne répudie point son mari. 14 – Car le mari non croyant est sanctifié par la femme, et la femme non-croyante est sanctifiée par le frère ; autrement, vos enfants seraient impurs, tandis que maintenant ils sont saints. 15 – Si le non-croyant se sépare, qu'il se sépare ; le frère ou la sœur ne sont pas liés dans ces cas-là. Dieu nous a appelés à vivre en paix. »

La sentence d'une juridiction civile n'annule pas le mariage devant l'Éternel Dieu. En effet, le prononcé d'un tribunal civil n'identifie que les causes réelles et subjectives ayant entraîné la rupture et les conséquences qui en découlent…

Les Saintes Écritures interdisent le remariage des personnes divorcées à tort :

Matthieu 5 : 31 - 32 « 31 – Il a été dit : Que celui qui répudie sa femme lui donne une lettre de divorce. 32– Mais moi, je vous dis que celui qui répudie sa femme, sauf pour cause d'infidélité, l'expose à devenir adultère, et que celui qui épouse une femme répudiée commet un adultère. »

Matthieu 19 : 9 « Mais je vous dis que celui qui répudie sa femme, sauf pour infidélité, et qui en épouse une autre, commet un adultère. »

1 Corinthiens 7 : 10 – 11 « 10-A ceux qui sont mariés, j'ordonne, non pas moi, mais le Seigneur, que la femme ne se sépare point de son mari 11 – (si elle est séparée, qu'elle demeure sans se marier ou qu'elle se réconcilie avec son mari), et que le mari ne répudie point sa femme. »

Quoiqu'il advienne, les Époux devraient se pardonner mutuellement. Même dans le cas d'infidélité notoire et avérée d'un des Contractants, leur AMOUR devrait fortement s'inspirer de l'Attitude du Seigneur à l'égard de la Femme surprise en flagrant délit d'Adultère. *[Jean 8 : 3 – 11]*

Toutefois, si les Époux s'obstinent parce que se trouvant dans une véritable Impasse suite à un Adultère récurrent et que le Divorce s'avère être la seule Solution d'apaisement, il revient au ministre qui avait présidé à cette Union de reconsidérer la situation, car, en octroyant le pouvoir à l'Apôtre Pierre (et par extrapolation aux ministres de Dieu), le Seigneur avait déclaré entre autres :

Matthieu 16 : 19 « ... ce que tu lieras sur la terre sera lié dans les cieux, et ce que tu délieras sur la terre sera délié dans les cieux »

En effet, après enquête minutieuse sous l'inspiration du Saint-Esprit, et s'il y a persistance de rejet de la Repentance, du Pardon et de la Réconciliation par les 2 Époux (ou par un des deux), les liens de mariage pourraient, sous réserve que toutes les solutions spirituelles aient été vraiment épuisées, être déliés devant Dieu et devant les Hommes, rendant ainsi la liberté à la femme et à l'homme. Une telle décision devrait être rarissime, le Mariage étant contracté pour la vie.

Et l'apôtre Matthieu de renchérir en rapportant quelques éléments de la réponse faite aux Pharisiens sur le Divorce, par le Seigneur Jésus-Christ :

Matthieu 19 : 3 – 9 « 3 – Les Pharisiens l'abordèrent, et dirent, pour l'éprouver : Est-il permis à un homme de répudier sa femme pour un motif quelconque ? 4– Il répondit : N'avez-vous pas lu que le Créateur, au commencement, fit l'homme et la femme 5-et qu'il dit : C'est pourquoi l'homme quittera son père et sa mère, et s'attachera à sa femme, et les deux deviendront une seule chair ? 6– Ainsi ils ne sont plus deux, mais ils sont une seule chair. Que l'homme donc ne sépare pas ce que Dieu a joint. 7– Pourquoi donc, lui dirent-ils, Moïse a-t-il prescrit de donner à la femme une lettre de divorce et de la répudier ? 8 — Il leur répondit : C'est à cause de la dureté de votre cœur que Moïse vous a permis de répudier vos femmes ; au commencement, il n'en était pas ainsi. 9– Mais je vous dis que celui qui répudie sa femme, sauf pour infidélité, et qui en épouse une autre, commet un adultère »

Le mariage est une Institution de dieu… une Institution qui réunit deux personnes pour la vie :

♦ Deux personnes, donc deux caractères qui deviennent un seul caractère ;

♦ Deux personnes, donc deux éducations initiales qui deviennent une seule éducation ;

♦ Deux personnes, donc deux tempéraments qui deviennent un seul tempérament ;

♦ Deux personnes, donc deux goûts qui deviennent un seul goût ;

♦ Deux personnes, donc deux conceptions qui deviennent une seule conception ;

♦ Deux personnes, donc deux costumes qui deviennent un seul costume, celui du Mariage avec ses joies, ses contraintes, ses sacrifices, ses réussites, ses échecs, ses victoires ;

♦ Deux personnes qui doivent se dépouiller foncièrement pour devenir une seule chair ;

La réussite de cette vie à deux reste foncièrement tributaire de la capacité du couple de rechercher inaltérablement le consensus dans un esprit de flexibilité, de complémentarité, d'abnégation et d'effacement de soi…

Alors, le mariage s'établit chez les enfants de dieu sur la fondation même de l'amour indélébile et la *miséricorde* pour son *corps* (c'est-à-dire, son église)…

En effet, Christ a donné sa Vie par amour pour son épouse (qui n'est autre que son église… l'ensemble des membres de son église)…

C'est par amour que Christ pardonne nos trahisons, nos faiblesses, nos doutes, nos imperfections, nos défaillances, nos incartades…

C'est par amour que Christ nous protège, nous préserve du mal, compatit à nos détresses…

Le mariage est une opportunité offerte aux enfants de Dieu pour accomplir à l'égard de leur partenaire les fondamentaux *[1 Corinthiens 13 : 4 - 8]* de l'amour qui :
- Est patient ;
- Plein de bonté ;
- N'est point envieux ;
- Ne se vante point ;
- Ne s'enfle point d'orgueil ;
- Ne fait rien de malhonnête ;
- Ne s'irrite point ;
- Ne cherche point son intérêt ;
- Excuse tout ;
- Croit tout ;
- Ne soupçonne point le mal ;
- Espère tout ;
- Supporte tout ;
- Ne se réjouit point de l'injustice, mais se réjouit de la vérité ;
- Ne périt jamais.

C'est dire que le choix d'une fiancée ou d'un fiancé ne devrait pas essentiellement être justifié ou motivé par la beauté physique (quand bien même une personne belle de figure ne serait pas désagréable à regarder), mais par la beauté du coeur à l'image de Christ qui « ... *n'avait ni beauté ni éclat pour attirer nos regards, et son aspect n'avait rien pour nous plaire » (Ésaïe 53 : 2)*

S'il est bien vrai que l'époux ne devrait ménager aucun moyen de plaire à sa femme, il n'est pas moins vrai que l'épouse devrait se renouveler chaque jour pour plaire à son mari.

Quoiqu'il advienne, l'amour qui les unit devrait triompher de toutes les petites contradictions qui pourraient surgir au sein de leur couple... et, un seul Soutien indéfectible du mariage, une seule source de bonheur qui résiste à toutes sortes de Tempêtes tendancieuses et fallacieuses qui pourraient nuire dangereusement à l'harmonie du couple : La Parole puissante de Dieu... En effet, le Couple devrait avoir **« La Parole de Dieu »** comme unique refuge, unique Conseillère, unique Lumière, unique référence en :
 ♦ L'écoutant, la lisant et la méditant nuit et jour ;
 ♦ Veillant sans cesse, en persévérant dans la prière et dans le jeûne.

Quoiqu'il advienne, *« Les grandes eaux ne peuvent éteindre l'amour, et les fleuves ne le submergeraient pas... » [Cantiques des Cantiques 8 : 7]*

Pour ailleurs, s'il devrait attendre de son épouse de l'amour, de la capacité de pardonner en esprit et en vérité, du respect, de la tendresse, de la douceur, de la fidélité, de la confiance et de la considération, l'époux à son tour, devrait, entre autres :
 ♦ Aimer sa femme comme son propre corps ;
 ♦ L'honorer ;
 ♦ La respecter ;
 ♦ La valoriser ;

- ♦ La protéger ;
- ♦ Être attentionné, doux et tendre…
- ♦ Ne pas être soupçonneux, car l'adage, du monde, selon lequel « la confiance n'exclut pas le contrôle » est non seulement tendancieux, mais aussi et surtout, dénué de toute vérité biblique

C'est dire que l'harmonie du couple en général, et en particulier du couple au milieu des enfants de dieu n'est effective que si et seulement si :
- ♦ La parole de dieu préside à tout échange, à toute décision prise ou à prendre de commun accord ;
- ♦ Jésus-Christ occupe une place prépondérante dans le couple, car, *« Si l'Éternel ne bâtit la maison, ceux qui la bâtissent travaillent en vain ; si l'Éternel ne garde la ville, celui qui la garde veille en vain » (Psaume 127 : 1)*
- ♦ Le Respect mutuel et la considération réciproque sont des moyens utilisés à bon escient ;
- ♦ Le Pardon mutuel est une puissance qui libère et qui est bienfaitrice en toutes circonstances ;
- ♦ La Crainte de Dieu, la sanctification occupent une place importante dans la vie du couple ;
- ♦ Les Relations sexuelles et la fidélité jouent un rôle essentiel dans l'intimité du couple ;
- ♦ Le Dialogue, l'échange, la communication, la complémentarité et la recherche consensuelle des solutions font partie du quotidien du couple ;
- ♦ Le Soutien et la compassion sont des moyens bien connus et utilisés avec abnégation…
- ♦ La Confiance et la confidentialité ne souffrent d'aucune imperfection dans le couple qui devrait avoir des oreilles imperméables aux rumeurs méchantes de bien des Jaloux susceptibles de nuire à la Paix, la concorde et à l'harmonie…

Et l'apôtre Pierre de conclure :

1 Pierre 3 : 3 – 17 « 3 – Ayez, non cette parure extérieure qui consiste dans les cheveux tressés, les ornements d'or, ou les habits qu'on revêt, 4-mais la parure intérieure et cachée dans le cœur, la pureté incorruptible d'un esprit doux et paisible, qui est d'un grand prix devant Dieu. 5– Ainsi se paraient autrefois les saintes femmes qui espéraient en Dieu, soumises à leurs maris, 6-comme Sara, qui obéissait à Abraham et l'appelait son seigneur. C'est d'elle que vous êtes devenues les filles, en faisant ce qui est bien, sans vous laisser troubler par aucune crainte. 7 – Maris, montrez à votre tour de la sagesse dans vos rapports avec vos femmes, comme avec un sexe plus faible ; honorez-les, comme devant aussi hériter avec vous de la grâce de la vie. Qu'il en soit ainsi, afin que rien ne vienne faire obstacle à vos prières. 8– En fin, soyez tous animés des mêmes pensées et des mêmes sentiments, pleins d'amour fraternel, de compassion, d'humilité. 9 – Ne rendez point mal pour mal, ou injure pour injure ; bénissez, au contraire, car c'est à cela que vous avez été appelés, afin d'hériter la bénédiction. 10– Si quelqu'un, en effet, veut aimer la vie et voir des jours heureux, qu'il préserve sa langue du mal et ses lèvres des paroles trompeuses, 11 - Qu'il s'éloigne du mal et fasse le bien, qu'il recherche la paix et la poursuive ; 12 – Car les yeux du Seigneur sont sur les justes et ses oreilles sont attentives à leur prière, mais la face du Seigneur est contre ceux qui font le mal. 13– Et qui vous maltraitera, si vous êtes zélés pour le bien ? 14– D'ailleurs, quand vous souffririez pour la justice, vous seriez heureux. N'ayez d'eux aucune crainte, et ne soyez pas troublés ; 15 – Mais sanctifiez dans vos cœurs Christ le Seigneur, étant toujours prêts à vous défendre, avec douceur et respect, devant quiconque vous demande raison de l'espérance qui est en vous, 16-et ayant une bonne conscience, afin que, là même où ils vous calomnient comme si vous étiez des malfaiteurs, ceux qui décrient votre bonne conduite en Christ soient couverts de confusion. 17– Car il vaut mieux souffrir, si telle est la volonté de Dieu, en faisant le bien qu'en faisant le mal. »

*****

- **La persona et la personne**

Concepts omniprésents et nuisibles dans la vie en communauté chrétienne évangélique :

– *La « persona »* : ce que l'on est aux yeux des autres… Comment on est perçu par les autres… une sorte de masque social, une image créée par « le moi », qui cache ce que l'on est réellement, foncièrement… une image qui usurpe l'identité réelle d'un individu…

C'est ce que l'on peut illustrer par des associations des « femmes pleureuses » dans bien des pays d'Afrique… En effet, ces femmes, mères de famille, épouses, célibataires… sont payées pour « accompagner, agrémenter les décès par des pleurs apparemment pleins de tristesse et de lamentations – elles roulent par terre, comme-ci elles étaient membres de la famille du défunt »… en réalité, non… ce sont des « comédiennes » dans l'art de faire croire ce qu'elles ne sont pas… de traduire habilement des sentiments pourtant si gravissimes et si touchants qu'elles ne ressentent pas du tout, mais qu'elles empruntent le temps d'un décès, moyennant un salaire ponctuel…

– *La « personne »* : c'est ce que l'on est en vérité… ce que l'on est réellement, foncièrement…

Illustrons sous le titre *« Pourquoi?... Parce que… »* cette probabilité par un fait réel vécu dans une Communauté Chrétienne Évangélique :

« Deux jeunes, purs produits de la communauté, avaient fréquenté ensemble l'école du dimanche (ÉcoDim), grandi spirituellement ensemble jusqu'aux responsabilités dans le Département de la Jeunesse… Et, des sentiments plus profonds naquirent dans leur relation innocente… Ils s'abandonnèrent aux Saintes Écritures…

Les deux jeunes en parlèrent aux anciens d'abord, puis au pasteur... Le département des mamans se rapprocha de la jeune fille... pendant que le département des hommes en fit autant en direction du jeune homme...

Les témoignages étaient sans aucun nuage en faveur des deux tourtereaux... L'église en informa les deux familles respectives qui en furent très ravies... Les fiançailles furent annoncées en grande pompe à l'église qui ne cacha pas sa joie et sa fierté pour le travail accompli auprès des deux jeunes qui étaient, sans conteste, le modèle même d'une éducation selon les enseignements de Jésus-Christ... des purs Produits chrétiens faits maison...

La crainte de Dieu, l'obéissance à la Parole et sa mise en pratique, le respect des Anciens et de l'autorité de l'église, l'exécution avec minutie et dextérité des tâches confiées restaient pour l'essentiel, quelques-uns des traits du comportement des deux fiancés...

Dans l'attente de la célébration du mariage, les deux fiancés ne se retrouvaient jamais seuls en dehors de l'église, pour éviter toute tentation à la fornication... Toutefois, avec l'aide de l'église et de leurs familles respectives, les Fiancés convinrent d'acheter un terrain et d'y construire leur future maison conjugale... Seul le fiancé surveillait les travaux jusqu'à la finition...

Six mois après la publication des fiançailles, le mariage coutumier eut lieu, un vendredi, auprès des parents de la fille en présence d'une grande délégation de l'église... Le lendemain, samedi matin, mariage civil à la Mairie... l'après-midi, bénédiction nuptiale à l'église dans une allégresse indescriptible...

Des cadeaux dont une voiture, un congélateur, un four à micro-ondes, un réfrigérateur, des fauteuils en cuir, une grosse offrande d'amour (en espèces), une télévision, un sac de semoule, un sac de riz, et un bidon d'huile... furent offerts aux Mariés par l'église...

Comme à l'accoutumée, à la sortie de l'église, après la cérémonie, le convoi des mariés, accompagné des klaxons, devait faire le tour de la ville... Quelques minutes après qu'il fut parti, le jeune marié s'aperçut qu'il n'avait pas sa montre, qu'il aurait oubliée dans l'église... Il résolut de repartir la prendre... Le convoi revint à l'église, mais dans la direction opposée... Le Jeune marié descendit de voiture et s'apprêtait à traverser l'avenue vers l'église... À peine fit-il quelques pas, qu'il fut happé par une voiture à vive allure... Il mourut sur place...

La jeune veuve fut inconsolable... Qui pouvait donc lui parler, elle était dans tous ses états...

Pourquoi ?
Pourquoi ?
Pourquoi ?
Pourquoi ?
Pourquoi ?
Pourquoi ? » ne cessait-elle de vociférer...

Elle ne parlait plus à qui que ce soit de l'église... Le jour des obsèques, elle fit écrire sur la tombe, l'épitaphe suivante : *« pourquoi ? »* (contenant 8 lettres)

Elle n'allait plus à l'église... elle avait abandonné la foi... et se murait chez ses parents, lorsque trois mois après le décès de son époux, une amie vint l'inviter à se rendre dans la fameuse maison conjugale qu'elle n'avait jamais vue auparavant, mais, et surtout, elle y avait fait ranger tous ses vêtements et tous ses documents importants quelques jours avant le mariage... Après avoir hésité, elle résolut de suivre les conseils de son amie...

Une surprise, qui va tout bouleverser, attendait les deux amies dans l'espace qui devait être la maison conjugale... où avait déjà emménagé le Fiancé un mois avant le mariage... En ouvrant l'un des tiroirs du meuble qui se trouvait dans le salon, l'amie de la veuve y trouva un volumineux dossier médical :
– Le défunt était en phase terminale du « Syndrome d'Immuno Déficience Acquise » (SIDA)... et c'était l'époque où la maladie n'était pas assez bien connue... tout malade n'avait aucune possibilité de guérison... tous les malades comme tous les contaminés ne survivaient point...

La jeune fille repartit sur la tombe de son époux enlever l'épitaphe « *Pourquoi ?* » (8 lettres)... qu'elle remplaça par « *Parce que* »... (8 lettres)

Elle s'humilia fortement chez elle, auprès de ses parents... Le dimanche qui suivait, elle retourna à l'église, demanda pardon à l'Assemblée en confessant la vérité de la Parole de Jésus-Christ :

Psaume 34 : 8 « L'ange de l'Éternel campe autour de ceux qui le craignent. Et il les arrache au danger. »

Elle comprit que si elle avait gardé son corps comme étant un sacerdoce royal dans lequel réside l'esprit de Dieu, pour son défunt époux ce n'était pas le cas... Elle ne le connaissait donc pas... et l'église ne le connaissait pas non plus...

Elle connaissait, avait aimé et épousé « la persona », une sorte de masque que son défunt époux portait pour répondre aux exigences de la vie en communauté... elle ignorait tout de « la personne », ce qu'il était foncièrement... et Dieu qui l'aime venait de l'arracher au danger... Non Dieu n'avait pas voulu nuire à sa nuit de noces qui lui aurait été fatale... Dieu avait décidé de retirer en urgence le fauteur de trouble.

Nos Communautés Chrétiennes Évangéliques foisonnent aujourd'hui des « persona »… et les « personnes » deviennent de plus en plus rarissimes…

Par ailleurs, l'on notera que, conventionnellement, les Membres de bien des Assemblées des Saints, de bien des Églises « de Réveil ou Réveillées », semblent exceller dans une fraternité de façade… Et les Saintes Écritures d'insister :

1 Jean 4 : 7 – 12 ; 20 « 7 – Bien-aimés, aimons-nous les uns les autres ; car l'amour est de Dieu, et quiconque aime est né de Dieu et connaît Dieu. 8– Celui qui n'aime pas n'a pas connu Dieu, car Dieu est amour. 9– L'amour de Dieu a été manifesté envers nous en ce que Dieu a envoyé son Fils unique dans le monde, afin que nous vivions par lui. 10– Et cet amour consiste, non point en ce que nous avons aimé Dieu, mais en ce qu'il nous a aimés et a envoyé son Fils comme victime expiatoire pour nos péchés. 11– Bien-aimés, si Dieu nous a ainsi aimés, nous devons aussi nous aimer les uns les autres. 12 – Personne n'a jamais vu Dieu ; si nous nous aimons les uns les autres, Dieu demeure en nous, et son amour est parfait en nous. 20– Si quelqu'un dit : J'aime Dieu, qu'il haïsse son frère, c'est un menteur ; car celui qui n'aime pas son frère qu'il voit, comment peut-il aimer Dieu qu'il ne voit pas ? »

Comment en serait-il autrement dans une entité où l'Amour du prochain est le thème essentiel et prioritaire des enseignements, exhortations et Prédications… En effet, l'hypocrisie, comportement par lequel l'on joue consciemment un personnage afin de paraître autrement que ce que l'on est réellement, dans l'intention de tirer quelque bénéfice de sa mise en scène… une forme de mensonge… Pour ce faire, la première impression qui frappe lorsque l'on entre dans une Église Chrétienne Évangélique dite « de Réveil ou Réveillée », c'est celle d'une Assemblée pleine d'amour et de solidarité qui chante,

crie, exulte… L'Église entière s'associe à tous les événements heureux et malheureux de chacun de ses membres actifs à deux conditions :
– Fréquenter le même « Bâtiment » limité par 4 murs, disons la même « Assemblée », ou la même entité, le même lieu, le même endroit…
– Être régulier et assidu aux activités de l'Église…

Mais, malheureusement, derrière cette lumière extravagante et superficielle se dresse un nuage d'hypocrisie… En effet, dans cet amas des cantiques d'amour et des « Amen », bien des chrétiens dissimulent leurs intentions véritables ou mieux « jouent » consciemment des partitions bien égoïstes et hypocrites, usant d'une forme de mensonge, se cachant par un travestissement volontaire, derrière une apparence qui ne correspond pas à ce qu'ils sont en vérité… C'est, en fin de compte, notre Frère/sœur en Christ cesse de l'être dès qu'il(elle) ne prie plus dans la même Église (au même endroit, au même lieu, dans les mêmes quatre murs…) que nous… Celui ou celle que l'on appelait « Serviteur ou Servante de Dieu » et qu'on respectait cesse de l'être dès que l'on ne fréquente plus la même entité ecclésiastique…

Bien des chrétiens ne savent pas que lorsque l'on dit et enseigne que le Seigneur Jésus-Christ revient bientôt chercher **« son église »**, il ne s'agit ni d'une Dénomination, ni d'un « Ensemble des Membres d'une Entité délimitée par 4 murs »… mais une « Église », son ÉGLISE composée de tous ceux et de toutes celles de tous pays, de tous continents, de toutes langues, de toutes pigmentations de peau qui le prient en Esprit et en Vérité, mettent en pratique ses enseignements et ses commandements…

Nous aurions tort de penser que l'église n'a pas besoin des persona qui refusent de se convertir en esprit et en vérité et qui, malheureusement, polluent la bonne ambiance qui devrait présider aux activités de la communauté…

Toujours est-il que ces persona ont besoin de l'amour de chacun de nous et, avec la persévérance et le concours non négligeable du saint-esprit, il n'est pas exclu qu'ils deviennent des personnes... Aimons-les comme Christ nous a aimés et nous aime encore et toujours, malgré nos défaillances récurrentes... C'est l'un des grands défis à relever par les intercesseurs du corps de Christ...

*****

• L'immaturité spirituelle

L'immaturité spirituelle est l'une des causes principales de l'instabilité, de la destruction, des conflits et des divisions dans la communauté chrétienne évangélique de ces temps de la fin...

En fait, le manque de maturité spirituelle se traduit chez les enfants de dieu par bien des comportements étranges et contraires aux enseignements de la bonne nouvelle, de Jésus-Christ, entre autres :

– L'infidélité, la désobéissance et l'insoumission à la Parole de Dieu ;
– La mise en avant des désirs charnels ;
– La désertion des cultes et la création des conflits sur des bases charnelles ;
– La démission, l'abandon et la perte de la foi à cause d'untel ;
– La course effrénée vers les faiseurs des miracles ;
– La confiance, non pas en Dieu, mais en l'influence maléfique des rapaces impitoyables, adeptes de l'évangile « mensonger », l'évangile de la fausse prospérité...
– Les trahisons de toutes natures contre la vérité biblique...

En d'autres termes, le « manque de maturité » reste foncièrement l'une des causes du phénomène de la construction et de la destruction de bien des églises dans lesquelles les chrétiens cherchent des « boucs émissaires » à travers untel :

« Untel a dit... c'est à cause de cela que je ne vais plus dans cette église... »
« Untel a fait... c'est pour cette raison que je n'y vais plus... »
« Untel m'a... c'est pour cette raison que je n'y vais plus... »

Untel a dit... Untel a fait... mais qu'a dit, qu'a fait Jésus-Christ ? L'église n'appartient ni à intel... ni à untel autre... mais à toutes les brebis de Jésus-Christ... l'église appartient à Jésus-Christ... l'église est « le corps de Christ »... L'Église est la maison de l'Éternel, comme le confessent les saintes écritures :

Psaume 122 : 1 « Je suis dans la joie quand on me dit : allons à la maison de l'Éternel »

Par extrapolation, « l'immaturité spirituelle » pourrait être assimilée à la *« Prostitution spirituelle »,* sachant que la Prostitution est un usage honteux, non valorisant d'une chose respectable, par corruption :

– Exemple : trafiquer son corps, le souiller (alcool, cigarette, drogue, mauvaises paroles, impudicité, mensonge, haine, ressentiment, dénigrement, calomnie, fornication, vol...), ce qui attriste assurément le saint-esprit, notre Corps étant un sacerdoce royal où réside l'esprit de dieu...

Les saintes écritures assimilent aussi « la prostitution » à l'infidélité spirituelle, une sorte d'abandon de l'Éternel... En effet, Jérusalem, la ville qui aurait dû être sainte, fut comparée à une « prostituée ».

Ésaïe 1 : 21
Jérémie 2 : 20 ; 3 : 1
Ézéchiel 16 : 15, 17, 20 ; 23 : 1 – 21
Apocalypse 17 : 1, 5, 15 ; 19 : 2

La prostitution spirituelle est une des conséquences du manque de maturité chez bien des « personnes qui se disent connaître Jésus-Christ et vouloir vivre comme lui dans la crainte de Dieu, l'obéissance et la soumission à la parole de dieu, l'amour du prochain, mais, a contrario, lesdites personnes s'évertuent à se comporter selon les convoitises de leur chair »

– Untel est-il pasteur ? untel est-il évangéliste ? untel est-il docteur de la parole ? untel est-il apôtre ? untel est-il prophète ? untel est-il responsable dans l'église ?

– Le pasteur, le docteur de la parole, l'évangéliste, le prophète, l'apôtre sont des ouvriers qui travaillent dans la grande vigne de l'Éternel… Et, comme notre dieu n'est pas un dieu de désordre, tous ces ouvriers veillent au nom du maître de la moisson qui n'est autre que Jésus-Christ lui-même.

– *Quelques précisions*

Chrétiens Charnels et chrétiens spirituels – 1 Corinthiens 3 : 1 - 8

Les « hommes charnels » sont, en fait, des personnes qui déclarent bien connaître Jésus-Christ, donc des chrétiens, mais vivent comme des personnes qui ne connaissent pas dieu, leurs fruits étant de la chair :
– Pas de crainte de Dieu ;
– Pas d'obéissance et de soumission à la Parole de Dieu ;
– Pas de mise en pratique de la Parole ;
– Pas d'amour du prochain ;
– Pas de sanctification ;
– Pas de pardon…
– Mais, des disputes, rivalités, haine, colère, ressentiment, divisions, mensonge, vol, égoïsme, égocentrisme, jalousie, alcool, cigarette, impudicité, adultère, fornication… *[1 Corinthiens 3 : 1 – 2]*

– Les « bébés spirituels » sont ces « hommes charnels » qui ne peuvent consommer que « du lait » (c.-à-d. les petites bases de la parole de Dieu) et encore, sont-ils capables d'en boire ?
– La « nourriture solide », qui ne peut être supportée par les bébés spirituels, incapables d'accepter certaines privations à cause de Jésus-Christ :
– Ne pas danser la musique du monde ? – ne pas consommer des boissons fortes ?
– Fuir loin du péché ?
– Être spirituel, c'est vivre selon l'Esprit de Christ dont le fruit « ... est l'amour, la joie, la paix, la patience, la bonté, la bénignité, la fidélité, la douceur, la tempérance » [Galates 5 : 22]

Par ailleurs, voir un chrétien, à plus forte raison un ministre de Dieu voler dans une grande surface ou tricher dans le train… ou se livrer aux convoitises du monde (alcool, impudicité, dénigrement, calomnie, ressentiment, danses du monde, fornication…) est un témoignage qui relève non seulement du charnel ou de son état de bébé spirituel, mais bien plus encore : de la disqualification au ministère à cause de son incapacité à servir Jésus-Christ… Le Conseil des anciens, après l'avoir entendu, devrait le mettre sous discipline et l'écarter de toutes responsabilités dans l'église…

Le manque de maturité spirituelle est à la fois un frein pour la croissance numérique et pour la croissance spirituelle…

En effet, à cause de leurs comportements et jugements charnels transférés sciemment dans l'église, bien des chrétiens dénigrent et calomnient tout ce qui bouge :
– Conducteurs ;
– Ministres de Dieu ;
– Serviteurs et servantes des divers départements.

Lesdits chrétiens s'octroient :
– La sagesse des hommes et non celle de dieu ;

– L'intelligence des hommes et non celle de dieu ;
– Les richesses matérielles et financières qui sont si éphémères, et finissent par quitter l'église, abandonnant leurs fonctions, leurs responsabilités, à la recherche d'une assemblée « idéale », fermant la porte à de nouvelles brebis, les décourageant par des propos mensongers, fortement inspirés de la haine, du manque de pardon, de l'esprit de division et de destruction, de vengeance aveugle… Et, par ailleurs, à cause du durcissement de leur cœur, aucun changement n'est observable chez lesdites Brebis…

La Crainte de Dieu, la Fidélité, l'Obéissance, la Soumission à la Parole de Dieu, la Mise en pratique des enseignements de Jésus-Christ, Seigneur et Sauveur, sont devenus des comportements et des actions non plus indispensables, voire incontournables, mais des pratiques condamnées par le manque de maturité spirituelle…

Bien des brebis demeurent « réfractaires aux offrandes volontaires et/ou événementielles », à la « dîme », réfractaires à la présence aux activités de l'église : cultes, veillées de prières, affermissements, formations, jntercessions, retraites, séminaires…

Par immaturité spirituelle, des actions comme : « – être présent, – arriver à l'heure, – s'accrocher à sa fonction, – se remettre en cause, – faire le point, – chercher la paix avec tout le monde, – se pardonner mutuellement, – prier et jeûner pour ses frères et sœurs, son berger, ses conducteurs, – s'acquitter de ses obligations fonctionnelles, financières, matérielles, sociales au sein de l'église de Jésus-Christ » sont devenues « si problématiques et si lointaines » qu'elles génèrent bien des conflits, des animosités, des amertumes, des colères, des haines, des divisions, des désertions, des abandons de la foi et des démissions…

La croissance spirituelle n'est possible que si et seulement si, les brebis attachent de l'importance aux affermissements et enseignements de Jésus-Christ… A contrario, en se livrant à une certaine prostitution spirituelle qui ne prend à cœur aucune responsabilité, affectionne le tourisme spirituel sans aucune motivation, s'accroche au ministre de dieu, dernier venu ou dernier intervenant, en ayant des comportements nauséabonds, bien des « *chrétiens* » demeurent, malheureusement, des bébés spirituels, avec le lait comme nourriture… Implorons la grâce et la miséricorde de Dieu afin qu'il nous donne un cœur nouveau :

Ézéchiel 11 : 19 – 20 – « 19 – Je leur donnerai un même cœur, et je mettrai en vous un esprit nouveau ; j'ôterai de leur corps le cœur de pierre, et je leur donnerai un cœur de chair, 20 – afin qu'ils suivent mes ordonnances, et qu'ils observent et pratiquent mes lois ; et ils seront mon peuple. »

Ézéchiel 36 : 26 – 27 – « 26 – Je vous donnerai un cœur nouveau, et je mettrai en vous un esprit nouveau ; j'ôterai de votre corps le cœur de pierre, et je vous donnerai un cœur de chair. 27– Je mettrai mon esprit en vous, et je ferai en sorte que vous suiviez mes ordonnances, et que vous observiez et pratiquiez mes lois. »

*****

- **La consommation des boissons fortes**

En milieu chrétien Évangélique « consommer ou ne pas consommer de l'alcool » est une véritable problématique se singularisant par deux prises de position obstinées, surprenantes diamétralement opposées.

En effet, le débat sur les boissons fortes parmi les chrétiens est une question délicate, sérieuse et très difficile qui ne laisse pas la possibilité de trouver un terrain d'entente entre les « pro-alcool » et les « anti-alcool ».

Pour les « pro-alcool », l'on est d'avis que la consommation des boissons fortes est admissible et que la Parole de Dieu n'en condamne que les excès…

Pour les « anti-alcool », l'on est d'avis que la consommation des boissons fortes n'est d'aucune utilité et que tout chrétien devrait s'en abstenir en toutes circonstances…

Toutefois, les deux camps sont d'accord sur le fait que l'excès d'alcool est condamné par les Saintes Écritures :

Proverbe 20 : 1 « Le vin est moqueur, les boissons fortes sont tumultueuses. »

Proverbe 23 : 19 – 21. « 19 — Écoute, mon fils, et sois sage ; dirige ton cœur dans la voie droite. 20– Ne sois pas parmi les buveurs de vin, parmi ceux qui font excès des viandes : 21-car l'ivrogne et celui qui se livre à des excès s'appauvrissent, et l'assouplissement fait porter des haillons. »

Ésaïe 5 : 22 « Malheur à ceux qui ont de la bravoure pour boire du vin, et de la vaillance pour mêler des liqueurs fortes. »

Luc 21 : 34 « Prenez garde à vous-mêmes, de crainte que vos cœurs ne s'appesantissent par les excès du manger et du boire, et par les soucis de la vie, et que ce jour vienne sur vous à l'improviste. »

Romains 13 : 13 « Marchons honnêtement, comme en plein jour, loin des excès et de l'ivrognerie, de la luxure et de l'impudicité, des querelles et des jalousies. »

1 Corinthiens 6 : 10 « Ni les efféminés, ni les infâmes, ni les voleurs, ni les cupides, ni les ivrognes, ni les outrageux, ni les ravisseurs, n'hériteront le royaume de Dieu. »

Galates 5 : 21 « L'envie, l'ivrognerie, les excès de table, et les choses semblables. Je vous dis d'avance, comme je l'ai déjà dit, que ceux qui commettent de telles choses n'hériteront point le royaume de Dieu. »

Éphésiens 5 : 18 « Ne vous enivrez pas de vin ; c'est de la débauche. Soyez, au contraire, remplis de l'Esprit. »

Avant d'examiner de plus près l'essentiel des arguments de chacun de ces deux camps, veillons impartialement sur la vérité biblique qui nous exhorte à n'être ni intolérant, ni « laisser-fairiste », mais juste et conforme à la parole de dieu qui n'est autre que Jésus-Christ Lui-même...

Ce qui requiert a fortiori :
– La vérité biblique, rien que la vérité biblique ;
– L'objectivité spirituelle ;
– La neutralité pédagogique ;
– La prudence ;
– La clarté.

C'est à cela que nous invitent les saintes écritures :

Colossiens 2 : 16 - 23 « 16 – Que personne donc ne vous juge au sujet du manger ou du boire, ou au sujet d'une fête, d'une nouvelle lune, ou des sabbats : 17 – c'était l'ombre des choses à venir, mais le corps est en Christ. 18– Qu'aucun homme, sous une apparence d'humilité et par un culte des anges, ne vous ravisse à son gré le prix de la course, tandis qu'il s'abandonne à ses visions et qu'il est enflé d'un vain orgueil par ses pensées charnelles, 19-sans s'attacher au chef, dont tout le corps, assisté et solidement assemblé par des jointures et des liens, tire l'accroissement que Dieu donne. 20– Si vous êtes morts avec Christ aux rudiments du monde, pourquoi, comme si vous viviez dans le monde, vous impose-t-on ces préceptes : 21-ne prends pas ! Ne goûte pas ! ne touche pas ! 22-préceptes qui vous deviennent pernicieux par l'abus, et qui ne sont fondés que sur les ordonnances et les doctrines des hommes ? 23– Ils ont, à la vérité, une apparence de sagesse, en ce qu'ils indiquent un culte volontaire, de l'humilité, et le mépris du corps, mais ils sont sans aucun mérite et contribuent à la satisfaction de la chair. »

Romains 14 : 2 - 6 et 10 - 12 « 2 – Tel croit pouvoir manger de tout : tel'autre, qui est faible, ne mange que des légumes. 3– Que celui qui mange ne méprise point celui qui ne mange pas, et que celui qui ne mange pas ne juge point celui qui mange, car Dieu l'a accueilli. 4– Qui es-tu, toi qui juges un serviteur d'autrui ? S'il se tient debout ou s'il tombe, cela regarde son maître. Mais il se tiendra debout, car le Seigneur a le pouvoir de l'affermir. 5 – Tel fait une distinction entre les jours ; tel autre les estime tous égaux. Que chacun ait en son esprit une pleine conviction. 6– Celui qui distingue entre les jours agit ainsi pour le Seigneur. Celui qui mange, c'est pour le Seigneur qu'il mange, car il rend grâces à Dieu ; celui qui ne mange pas, c'est pour le Seigneur qu'il ne mange pas, et il rend grâces à Dieu. 10– Mais toi, pourquoi juges-tu ton frère ? ou toi, pourquoi méprises-tu ton frère ? Puisque nous comparaîtrons tous devant le tribunal de Dieu. 11– Car il est écrit : Je suis vivant, dit le Seigneur, tout genou fléchira devant moi, et toute langue donnera gloire à Dieu. 12– Ainsi chacun de nous rendra compte à Dieu pour lui-même. »

Quelques arguments de chacun des deux camps (à titre indicatif)

• Les Pro-Alcool, encourageant une consommation « modérée » d'alcool, pensent avoir raison de souligner avec force que :

1 – S'il est bien vrai que Jean Baptiste ne buvait pas du vin, il n'est pas moins vrai que Jésus-Christ, Seigneur et Sauveur, en consommait.

Luc 7 : 33 - 35 « 33 – Car Jean-Baptiste est venu, ne mangeant pas de pain et ne buvant pas de vin, et vous dites : Il a un démon. 34– Le Fils de l'homme est venu, mangeant et buvant, et vous dites : C'est un mangeur et un buveur, un ami des publicains et des gens de mauvaise vie. 35– Mais la sagesse a été justifiée par tous ses enfants. »

2 – Un verre de vin à table au cours du repas, loin de nuire à l'organisme de l'homme, serait en fait, un véritable atout pour sa santé. Bien des revues médicales en font un large écho…

De ce fait, le vin aurait des vertus médicinales que même l'apôtre Paul aurait librement reconnues pour la guérison des maux d'estomac de son Fils dans la Foi en Christ, Timothée, jeune ministre de Dieu :

1 Timothée 5 : 23 « Ne continue pas à ne boire que de l'eau ; mais fais usage d'un peu de vin, à cause de ton estomac et de tes fréquentes indispositions. »

3 – Consommer du vin, premier miracle de Jésus-Christ aux noces de Cana, ne peut être un péché :

Jean 2 : 1 – 11 « 1 – Trois jours après, il y eut des noces à Cana en Galilée. La mère de Jésus était là, 2 - et Jésus fut aussi invité aux noces avec ses disciples. 3– Le vin ayant manqué, la mère de Jésus lui dit : Ils n'ont plus de vin. 4– Jésus lui répondit : Femme, qu'y a-t-il entre moi et toi ? Mon heure n'est pas encore venue. 5– Sa mère dit aux serviteurs : Faites ce qu'il vous dira. 6– Or, il y avait là six vases de pierre, destinés aux purifications des Juifs, et contenant chacun deux ou trois mesures. 7– Jésus leur dit : Remplissez d'eau ces vases. Et ils remplirent jusqu'au bord. 8– Puisez maintenant, leur dit-il, et portez-en à l'ordonnateur du repas. Et ils en portèrent. 9 — Quand l'ordonnateur du repas eut goûté l'eau changée en vin, ne sachant d'où venait ce vin, tandis que les serviteurs, qui avaient l'eau, le savaient bien ; il appela l'époux, 10-et lui dit : Tout homme sert d'abord le bon vin, puis le moins bon après qu'on s'est enivré : toi, tu as gardé le bon vin jusqu'à présent. 11– Tel fut, à Cana en Galilée, le premier des miracles que fit Jésus. Il manifesta sa gloire, et ses disciples crurent en lui. »

4 – Selon les « Pro-Alcool » bien des scènes de vie sur lesquelles s'appuierait le camp adverse (Anti-Alcool) pour prôner la noblesse de l'abstinence totale d'alcool ne seraient en fait qu'une mauvaise interprétation de la Parole de Dieu…

Ce qui signifierait que bien des cas d'abstinence rapportés dans les saintes écritures ne décriraient que des situations motivées et provisoires, entre autres :

– Le vœu de naziréat qui impliquerait non seulement l'abstinence de tout breuvage fermenté, mais aussi l'abstinence de toute consommation du jus de raisin non fermenté et tout autre produit dérivé du raisin.

La levée ou l'annulation pure et simple de ces abstinences motivées serait bien envisageable avant et en fin de vœu, si cela était faisable.

Nombres 6 : 2 - 4 « 2 – Parle aux enfants d'Israël, et tu leur diras : Lorsqu'un ou une femme se séparera des autres en faisant vœu de naziréat, pour se consacrer à l'Éternel, 3-il s'abstiendra de vin et de boisson enivrante : il ne mangera point de raisins frais ni de raisins secs. 4– Pendant tout le temps de son naziréat, il ne mangera rien de ce qui provient de la vigne, depuis les pépins jusqu'à la peau du raisin. »

5 – L'abstinence du Sacrificateur avant d'entrer dans la tente d'assignation, aurait-elle aussi un caractère temporel et ne se limiterait probablement qu'à la durée du service :

Lévitique 10 : 8 - 10 « 8 – L'Éternel parla à Aaron, et dit : 9 – Tu ne boiras ni vin, ni boisson enivrante, toi et tes fils avec toi, lorsque vous entrerez dans la tente d'assignation, de peur que vous mouriez : ce qui sera une loi perpétuelle parmi vos descendants, 10-afin que vous puissiez distinguer ce qui est saint de ce qui est profane, ce qui est impur de ce qui est pur. »

– Daniel et ses trois Compagnons qui firent une abstinence motivée et temporaire de vin et des mets de la table du Roi Nébucadnetsar, en effet, Daniel et ses Compagnons ne voulaient pas se souiller, car le vin et les mets du Roi qu'on leur avait offerts étaient probablement consacrés à divers Dieux païens. Ce qui laisserait bien présupposer que Daniel et ses Compagnons consommaient probablement du vin avant et après cette interruption motivée.

Daniel 1 : 5 – 8 « 5 – Le roi leur assigna pour chaque jour une portion des mets de sa table et du vin dont il buvait, voulant les élever pendant trois années, au bout desquelles ils seraient au service du Roi. 6– Il y avait parmi eux, d'entre les enfants de Juda, Daniel, Hanania, Mischaël et Azaria. 7– Le chef des eunuques leur donna des noms, à Daniel celui de Beltschatsar, à Hanania celui de Schadrac, à Mischaël celui de Méschac, et à Azaria celui d'Abel-Nego. 8– Daniel résolut de ne pas se souiller par les mets du roi et par le vin dont le roi buvait, et il pria le chef des eunuques de ne pas l'obliger à se souiller. »

– L'abstinence des Rois ne serait, elle aussi, que temporaire parce qu'elle ne concerne que la lucidité du Roi présidant la séance de jugement et décisions pour une justice efficace et impartiale :

Proverbe 31 : 4 - 5 « 4 - Ce n'est point aux rois, Lemuel, ce n'est point aux rois de boire de vin, ni aux princes de rechercher des liqueurs fortes, 5-de peur qu'en buvant ils n'oublient la loi, et ne méconnaissent les droits de tous les malheureux »

Les « Pro-Alcool » pensent que les « Anti-Alcool » sont des nouveaux Pharisiens infiltrés dans l'Église Moderne de Jésus-Christ pour faire le procès des chrétiens qui consomment de l'alcool… Ils en appellent fortement à la tolérance et au principe de libre arbitre…

• Les Anti-Alcool s'érigent en faux contre toute consommation d'alcool en milieu Chrétien Évangélique en s'appuyant, entre autres, sur :

1. Les Conséquences et Mésaventures de l'alcool. En effet, l'alcool est :
– Source de violence

Proverbe 4 : 17 « Car c'est le pain de la méchanceté qu'ils mangent, c'est le vin de la violence qu'ils boivent »

– Moqueur et tumultueux

Proverbe 20 : 1 « Le vin est moqueur, les boissons fortes sont tumultueuses »

– Empêche l'enrichissement

Proverbe 21 : 17 « Celui qui aime la joie reste dans l'indigence ; celui qui aime le vin et l'huile ne s'enrichit pas. »

– Est source de souffrances

Proverbe 23 : 29 - 30 « 29 - Pour qui les ah ? Pour qui les hélas ? Pour qui les disputes ? Pour qui les plaintes ? Pour qui les blessures sans raison ? Pour quoi les yeux rouges ? 30– Pour ceux qui s'attardent auprès du vin, pour ceux qui vont déguster du vin mêlé. »

– Cause des injustices

Proverbe 31 : 4 - 5 « 4 - Ce n'est point aux rois, Lemuel, ce n'est point aux rois de boire du vin, ni aux princes de rechercher des liqueurs fortes, 5-de peur qu'en buvant ils n'oublient la loi, et ne méconnaissent les droits de tous les malheureux. »

– Conduit à la négligence

Ésaïe 5 : 11 - 12 « 11 – Malheur à ceux qui de bon matin courent après les boissons enivrantes, et qui bien avant dans la nuit sont échauffés par le vin ! 12– La harpe et le luth, le tambourin, la flûte et le vin animent leurs festins ; mais ils ne prennent point garde à l'œuvre de l'Éternel, et ils ne voient point le travail de ses mains. »

– Donne des vertiges, fait chanceler et vaciller

Ésaïe 28 : 7 « Mais eux aussi, ils chancellent dans le vin, et les boissons fortes leur donnent des vertiges ; sacrificateurs et prophètes chancellent dans les boissons fortes, ils sont absorbés par le vin, ils ont des vertiges à cause des boissons fortes : ils chancellent en prophétisant, ils vacillent en rendant justice. »

– Provoque des maladies
Osée 7 : 5 « Au jour de notre roi, les Chefs se rendent malades par les excès du vin ; le roi tend la main aux moqueurs »

Liste non exhaustive des maladies associées à la consommation de l'alcool :
– La Cirrhose du foie (les femmes sont plus vulnérables que les hommes aux cirrhoses liées à l'alcool) ;
– Le cancer de l'œsophage ;
– Le cancer de la gorge ;
– Le cancer du foie (hépatome) ;
– Le cancer de l'intestin ;
– Les attaques d'apoplexie ;

– Les convulsions et différents types de paralysie ;
– Les infections de la poitrine ;
– La consommation d'alcool durant la grossesse a des effets extrêmement néfastes sur le fœtus (le syndrome d'alcoolisme fœtal).

– Exerce une influence sur les mécanismes inhibiteurs du cerveau.

En fait, dans le cerveau humain se trouve un Centre de l'Inhibition qui retient une personne de faire des choses qu'elle considère comme mauvaises…

Notons sur le sujet que lorsqu'une personne est dans un état normal, elle n'utilisera certainement pas un, langage grossier pour s'adresser à ses parents, ses amis ou à des personnes âgées ;

Exemple : si elle a besoin de se soulager, elle ne le fera normalement pas en public, elle utilisera certainement des toilettes ou un endroit bien en retrait… Mais, lorsqu'elle consomme de l'alcool, son centre d'inhibition devient lui-même inhibé – .

C'est ce qui explique le comportement anormal que l'on observe souvent chez une personne ivre…

En effet, la personne ivre fait souvent preuve d'inconduite scandaleuse : – uriner dans ses vêtements, injurier tout le monde, se battre…

– Fait endormir négligemment

Joël 1 : 5 « Réveillez-vous, ivrognes, et pleurez ! Vous tous, buveurs de vin, gémissez, parce que le moût vous est enlevé de la bouche ! »

– *Est source d'immoralité*

Habacuc 2 : 15 – 16 « 15 – Malheur à celui qui fait boire son prochain, à toi qui verses ton outre et qui l'enivres, afin de voir sa nudité ! 16 — Tu seras rassasié de honte plus que de gloire ; bois aussi toi-même, et découvre-toi ! La coupe de la droite de l'Éternel se tournera vers toi, et l'ignominie souillera ta gloire. »

– Mord et pique

Proverbe 23 : 31 - 32 « 31 – Ne regarde pas le vin qui paraît d'un beau rouge, qui fait des perles dans la coupe, et qui coule aisément 32-il finit par mordre comme un serpent, et par piquer comme un basilic. »

2. Le fait que l'alcool occupe de nos jours, une place importante chez bien des hommes et des femmes, pourtant fortement dépendants de l'alcool, qui ne cessent de prétendre qu'ils ne sont que des Consommateurs sociaux.

En effet, bien des gens prétendent qu'ils :
– Ne boivent qu'en société ;
– Ne prennent jamais plus d'un ou deux verres d'alcool ;
– Arrivent à se contrôler ;
– Ne sont jamais ivres

A contrario, on observe que chaque alcoolique n'a commencé à boire qu'en société… Il n'y a pas, en effet, un seul ivrogne qui a commencé à boire avec l'intention d'en devenir dépendant ; tout comme aucun consommateur de boissons fortes ne peut avoir bu de l'alcool pendant des années et être arrivé à si bien se contrôler qu'il n'a jamais été ivre, ne serait-ce qu'une seule fois.

3. Le fait que bien des vies, bien des Familles ont été détruites par la consommation d'alcool :

– Noé qui se découvrit

Genèse 9 : 20 - 21 « 21 – Noé commença à cultiver la terre, et planta de la vigne. 22– Il but du vin, s'enivra, et se découvrit au milieu de sa tente. »

– Loth qui commit l'inceste

Genèse 19 : 31 - 36 « 31 – L'aînée dit à la plus jeune : Notre père est vieux ; et il n'y a point d'homme dans la contrée, pour venir vers nous, selon l'usage de tous les pays. 32– Viens, faisons boire du vin à notre père, et couchons avec lui, afin que nous conservions la race de notre père. 33 – Elles firent donc boire du vin à leur père cette nuit-là ; et l'aînée alla coucher avec son père : il ne s'aperçut ni quand elle se coucha ni quand elle se leva. 34 – Le lendemain, l'aînée dit à la plus jeune : voici, j'ai couché la nuit dernière avec mon père ; faisons-lui boire du vin encore cette nuit, et va coucher avec lui, afin que nous conservions la race de notre père. 35 – Elles firent boire du vin à leur père encore cette nuit-là ; et la cadette alla coucher avec lui : il ne s'aperçut ni quand elle se coucha ni quand elle se leva. 36– Les deux filles de Lot devinrent enceintes de leur père. »

Luc 7 : 33 - 35 « 33 – Car Jean-Baptiste est venu, ne mangeant pas de pain et ne buvant pas de vin, et vous dites : Il a un démon. 34-Le Fils de l'homme est venu, mangeant et buvant, et vous dites : c'est un mangeur et un buveur, un ami des publicains et des gens de mauvaise vie. 35– Mais la sagesse a été justifiée par tous ses enfants. »

– Salomon, dans sa recherche de la folie

Ecclésiaste 2 : 3 « Je résolus en mon cœur de livrer ma chair au vin, tandis que mon cœur me conduirait avec sagesse, et de m'attacher à la folie jusqu'à ce que je visse ce qu'il est bon pour les fils de l'homme de faire sous les cieux pendant le nombre des jours de leur vie »

– Amnon assassiné par Absalom, frère de Tamar (la sœur violée par Amnon)

2 Samuel 13 : 28 « Absalom donna cet ordre à ses serviteurs : Faites attention quand le cœur d'Amnon sera égayé par le vin et que je vous dirai : Frappez Amnon ! Alors, tuez-le ; ne craignez point, n'est-ce pas moi qui vous l'ordonne ? Soyez fermes, et montrez du courage. »

– Belschatsar, avant de commettre un sacrilège

Daniel 5 : 1 - 4 « 1 – Le roi Belschatsar donna un grand festin à ses grands au nombre de mille, et il but du vin en leur présence. 2– Belschatsar, quand il eut goûté au vin, fit apporter les vases d'or et d'argent que son père Nebcadnestsar avait enlevés du temple de Jérusalem, afin que le roi et ses grands, ses femmes et ses concubines s'en servent pour boire. 3 — Alors on apporta les vases d'or qui avaient été enlevés du temple, de la maison de Dieu à Jérusalem ; et le roi et ses grands, ses femmes et ses concubines s'en servirent pour boire. 4 – Ils burent du vin, et ils louèrent les dieux d'or, d'argent, d'airain, de fer, de bois et de pierre. »

– Bien des accidents de la route trouvent leurs causes à la consommation d'alcool, comme bien des viols, des attentats à la pudeur, des adultères, des fornications

4 Le fait que le pourcentage de l'Alcool dans le Vin consommé de nos jours est devenu exagéré et hyper enivrant:.

Le vin dans la Bible
♦ Vin nouveau (0°/° d'alcool) ;

♦ Vin sans qualificatif (de 0 à 3°/° d'alcool) ;
♦ Vieux vin, peu enivrant (jusqu'à 3°/° d'alcool).

Note : Bibliquement, le « Vieux Vin » représente la « Vieille Religion ». Le Seigneur Jésus-Christ est venu pour détrôner l'ancienne religion (corrompue) et enseigner la Bonne Nouvelle (l'Évangile).

Les Israélites se complaisaient dans leur ancienne religion et ne voulaient rien changer, pas même pour l'Éternel Dieu.

C'est dans ce contexte, que Jésus-Christ se présente comme le VIN nouveau, le Bon Vin (pur, nouveau, parfait, sans corruption).

Le vieux vin, corrompu, est à rejeter

♦ Vin mêlé ou mélangé (fort, parfois mélange vin/drogue) *[Proverbes 9 : 2 ; 23 : 30]*

♦ Tout le vin nécessaire (probablement des fruits différents ou avec des aromates ajoutés) *[Néhémie 5 : 18]*

♦ Vin royal

Genèse 40 : 9 – 11 – « 9 – Le chef des échansons raconta son songe à Joseph, et lui dit : Dans mon songe, voici, il y avait un cep devant moi. 10– Ce cep avait trois sarments. Quand il eut poussé, sa fleur se développa et ses grappes donnèrent des raisins mûrs. 11– La coupe de Pharaon était dans ma main. Je pris les raisins, je les pressai dans la coupe de Pharaon, et je mis la coupe dans la main de Pharaon. »

Le descriptif de la boisson de Pharaon

Proverbe 31 : 4 – 5 « 4 – Ce n'est point aux rois, Lemuel, ce n'est point aux rois de boire du vin, ni aux princes de rechercher des liqueurs fortes 5 – De peur qu'en buvant ils n'oublient la loi, et ne méconnaissent les droits de tous les malheureux. »

Par définition, toute boisson alcoolique est considérée comme « toxique » en ce qu'elle contient une substance nocive pour les organes vivants. Aussi, à cause de l'alcool qu'il contient, le Vin est une boisson intoxicante… Alors, les Vins qu'aurait connus le Seigneur Jésus-Christ à son époque seraient des boissons de fermentation naturelle comportant de 0 à 3 degrés d'alcool.

En effet, à l'époque du Seigneur Jésus-Christ, les Israélites n'ayant pas les moyens technologiques leur permettant d'arrêter la fermentation naturelle, ne pouvait donc empêcher la production d'alcool… C'est dire que, consciemment ou inconsciemment, les Israélites savaient du moins que le raisin fermenterait… Toutefois, le mot « Vin » qu'ils utilisaient pour le désigner n'avait, selon leur entendement, aucune connotation alcoolique… Alors, ils ajoutaient de l'eau pour diminuer l'effet potentiel de cet alcool involontaire qui pouvait devenir, contre toute attente, enivrant… La fermentation étant naturelle, le « Vin » ne pouvait rester « Vin » pour toujours : il devenait à son tour du vinaigre.

La Boisson Forte (enivrante) c'est du vin travaillé dans le seul but d'augmenter le degré d'alcool… Une boisson qui a un niveau d'alcool volontairement exagéré (bien au-delà de 3°/°)

Dans le contexte biblique, nous devons entendre par « vin » toute boisson allant « du jus de raisin au vin léger », c'est-à-dire est une boisson de 0 à 3°/° d'alcool.

Le « Vin dans la Bible », boisson de 0 à 3°/° d'alcool, est bien différent du « vin d'aujourd'hui », boisson bien au-delà de 3°/° d'alcool.

La Recherche de la Maîtrise de l'augmentation du niveau d'Alcool dans le Vin avait commencé avec les moines catholiques au Moyen Âge qui fabriquaient du vin pour leurs besoins dits « religieux ».

En effet, bien des expériences qu'ils avaient faites les avaient conduits à la maîtrise du perfectionnement du vin et de l'augmentation de son niveau d'alcool.

L'Invention de la Distillation vers l'année 100 après Jésus-Christ a fortement contribué à la Maîtrise de l'augmentation du niveau d'alcool à plus de 50°/°.

Depuis, les boissons fortes, les boissons supra-fortes de distillation ont envahi le marché moderne de la consommation... Le vin d'aujourd'hui (bien au-delà de 3°/° d'alcool) n'a plus rien à voir avec le vin dans la Bible (0 à 3°/° d'alcool).

5. La mauvaise interprétation du miracle de Cana et de la recommandation de l'apôtre Paul à Timothée :

♦ *Le miracle au mariage de Cana, en Galilée [Jean 2 : 1 – 11]*

Que pouvait signifier « bon vin » à l'époque ? En tout cas, cela n'a rien avoir avec du « bon beaujolais, du bon Bordeaux... » dont raffolent aujourd'hui tous ceux qui sont pour un Évangile pro-alcool.

Comment les Israélites de l'époque de Jésus-Christ avaient-ils compris l'adjectif « bon » ? Quelles étaient leurs dispositions culturelles à propos du vin et de l'alcool ?

Selon les dispositions culturelles de l'époque, la fermentation était-elle perçue comme :
– Une bonne chose, dans le sens où le meilleur vin serait celui le plus fermenté ?

– Une mauvaise chose indésirable, dans le sens où le meilleur vin serait celui le plus frais ?

Est-il besoin de rappeler qu'il existait, dans l'Antiquité, diverses méthodes de conservation du raisin et du moût ?

En effet, on faisait bouillir le moût pour le transformer en sirop ou en miel de raisin. Toutefois, on s'efforçait d'en empêcher la fermentation afin d'avoir un liquide riche en sucre.

À l'époque du seigneur Jésus-Christ, à Cana ou à un autre endroit, le rôle de l'ordonnateur qui présidait au festin consistait, entre autres, à :
– Déterminer dans quelle proportion l'eau devait être mélangée au vin (conservé assez épais jusqu'au moment de la consommation) ;
– Estimer la quantité susceptible d'être consommée par chaque Invité.

De ce fait, nous ne pouvons penser un seul instant que le vin créé par Jésus-Christ à Cana en Galilée soit « avancé en fermentation ».

Non, le Seigneur Jésus-Christ ne pouvait pas créer « un vin avancé en fermentation », une chose imparfaite, une chose qui aurait nui aux convives des noces de Cana, un vin de plus de 3°/° d'alcool.

Aux noces de Cana en Galilée, le Seigneur Jésus-Christ ne pouvait créer « qu'un vin parfait », exempt de « corruption ».

Aux noces de Cana en Galilée, le Seigneur Jésus-Christ a créé un vin semblable à celui qu'il devait boire dans le royaume : Un vin nouveau.

Matthieu 26 : 29 « Je vous le dis, je ne boirai plus désormais de ce fruit de la vigne, jusqu'au jour où j'en boirai du nouveau avec vous dans le royaume de mon Père »

Ce vin n'est pas seulement du vin nouveau, mais aussi et surtout du « vin parfait », d'une perfection tellement indescriptible que les Saintes Écritures l'appellent « le bon vin »... C'est un vin qui ne contient pas d'alcool (du moins pas plus de 3°/° d'alcool).

Et ce n'est pas tout... En effet, en utilisant, non pas le terme indéfini « vin », mais le terme *révélateur du « fruit de la vigne »* qui renvoie à la boisson du pharaon, le seigneur fait bien allusion au vin royal, car *Jésus-Christ est bien le Roi des Juifs. (Matthieu 27 : 29 ; Marc 15 : 12 ; Luc 23 : 3 ; Jean 19 : 19)*

Par ailleurs, la fermentation étant « la Corruption de ce qui est bon » (elle fait partie de la mort et de ses conséquences), le Seigneur Jésus-Christ ne pouvait pas créer une Chose corrompue, un vin « avancé en fermentation », un Vin corrompu (plus de 3°/° d'alcool) et l'offrir aux Invités des noces de Cana.

♦ *La Recommandation de l'Apôtre Paul à Timothée*

1 Timothée 5 : 23 « Ne continue pas à ne boire que de l'eau ; mais fais usage d'un peu de vin, à cause de ton estomac et de tes fréquentes indispositions. »

L'apôtre Paul utilise ici une formule qui avoisine celle d'une prescription par un médecin :

« Prendre un peu de vin pour l'estomac »

Ce qui laisse supposer que la consommation d'un « peu de vin » se terminerait dès que le mal d'estomac serait guéri...

En fait, Timothée, le fils dans la foi de l'apôtre Paul, ne buvait probablement que de l'eau et sa santé en aurait souffert. C'est donc en remède à ce mal d'estomac que l'apôtre lui donne une recette médicale : « boire un peu de vin ».

L'apôtre Paul a conseillé à Timothée de ne pas continuer son régime d'eau seulement, mais qu'il boive (parfois, aussi) un jus provenant du fruit de la vigne, entre autres, pour soigner son mal d'estomac... Cette prescription de l'apôtre Paul à Timothée prendrait fin dès que le mal d'estomac serait guéri...

Ce qui ne voudrait aucunement nous faire dire que l'apôtre Paul conseille à son Fils dans la Foi en Christ, Timothée qui est ministre de Dieu de :
– Boire du vin avec modération ;
– Boire un peu de vin à chaque repas.

En vérité, l'apôtre Paul ne pouvait pas conseiller à Timothée de consommer un peu de vin par simple plaisir ou par snobisme ou par pure fantaisie, ce qui aurait été en contradiction doctrinale avec ses enseignements aux ministres de Dieu :

1 Timothée 3 : 2 - 3 « 2 – Il faut donc que l'évêque soit irréprochable, mari d'une seule femme, sobre, modéré, réglé dans sa conduite, hospitalier, propre à l'enseignement. 3– Il faut qu'il ne soit ni adonné au vin, ni violent, mais indulgent, pacifique, désintéressé. »

1 Timothée 3 : 8 « Les Diacres aussi doivent être honnêtes, éloignés de la duplicité, des excès du vin, d'un gain sordide. »

En fait, selon la suggestion médicale de l'apôtre Paul, son Père dans la Foi en Christ, le jeune ministre de Dieu, Timothée, aurait droit de boire un peu de vin pendant la durée de sa maladie.

6. Quelques exemples bibliques des personnes qui ne buvaient pas de l'alcool :

♦ *Les Récabites*

Jérémie 35 : 5 ; 6 ;8 ;14 « 5 – Je mis devant les fils de la maison des Récabites des coupes pleines de vin, et des calices, et je leur dis : Buvez du vin ! 6 – Mais ils répondirent : Nous ne buvons pas de vin ; car Jonadab, fils de Récab, notre père, nous a donné cet ordre : Vous ne boirez jamais de vin, ni vous, ni vos fils 8 – Nous obéissons à tout ce que nous a prescrit Jonadab, fils de Récab, notre père : nous ne buvons pas de vin pendant toute notre vie, nous, nos femmes, nos fils et nos filles ; 14 – On a observé les paroles de Jonadab, fils de Récab, qui a ordonné à ses fils de ne pas boire du vin, et ils n'en ont point bu jusqu'à ce jour, parce qu'ils ont obéi à l'ordre de leur père. Et moi, je vous ai parlé, je vous ai parlé dès le matin, et vous ne m'avez pas écouté. »

♦ *Jean Baptiste*

Luc 1 : 15 « Car il sera grand devant le Seigneur. Il ne boira ni vin ni liqueur enivrante, et il sera rempli de l'Esprit saint dès le sein de sa mère. »

♦ *Les Israélites dans le désert pendant quarante années*

Deutéronome 29 : 6 « Vous n'avez point mangé de pain, et vous n'avez bu ni vin ni liqueur forte, afin que vous connussiez que je suis l'Éternel, votre Dieu. »

♦ *Tous ceux qui servent l'Éternel Dieu*

Nombres 6 : 2 – 3 – « 2 – Parle aux enfants d'Israël, et tu leur diras : Lorsqu'un homme ou une femme se séparera des autres en faisant vœu de naziréat, pour se consacrer à l'Éternel 3-il s'abstiendra de vin et de boisson enivrante ; il ne boira ni vinaigre fait avec du vin ni vinaigre fait avec une boisson enivrante ; il ne boira d'aucune liqueur tirée des raisins, et il ne mangera point de raisins frais ni des raisins secs. »

Lévitique 10 : 9 – 11 – « 9-tu ne boiras ni vin, ni boisson enivrante, toi et tes fils avec toi, lorsque vous entrerez dans la tente d'assignation, de peur que ne mouriez : ce sera une loi perpétuelle parmi vos descendants, 10-afin que vous puissiez distinguer ce qui est saint de ce qui est profane, ce qui est impur de ce qui est pur, 11-et enseigner aux enfants d'Israël toutes les lois que l'Éternel leur a données par Moïse. »
Ezéchiel 44 : 21 « Aucun sacrificateur ne boira du vin lorsqu'il entrera dans le parvis intérieur. »

7-bien des versets bibliques qui en appellent à la responsabilité spirituelle et personnelle du chrétien, « temple de dieu – temple du Saint-Esprit » à ne pas se détruire ni se souiller par des pratiques désagréables à Jésus-Christ.
1 Corinthiens 3 : 16 – 17 « 16 – Ne savez-vous pas que vous êtes le temple de Dieu, et que l'Esprit de Dieu habite en vous ? 17– Si quelqu'un détruit le temple de Dieu, Dieu le détruira ; car le temple de Dieu est saint, et c'est ce que vous êtes. »
1 Corinthiens 6 : 19 – 20 « 19 – Ne savez-vous pas que votre corps est le temple du Saint-Esprit qui est en vous, que vous avez reçu de Dieu, et que vous ne vous appartenez point à vous-mêmes ? 20– Car vous avez été rachetés à un grand prix. Glorifiez donc Dieu dans votre corps et dans votre esprit, qui appartiennent à Dieu. »
Et les saintes écritures de déclarer, entre autres :
Romains 14 : 13 – 21 –« 13 — Ne nous jugeons donc plus les uns les autres ; mais pensez plutôt à ne rien faire qui soit pour votre frère une pierre d'achoppement ou une occasion de chute. 14– Je sais et je suis persuadé par le Seigneur Jésus que rien n'est impur en soi, et qu'une chose n'est impure que pour celui qui la croit impure. 15– Mais si, pour un aliment, ton frère est attristé, tu ne marches plus selon

l'amour : ne cause pas, par ton aliment, la perte de celui pour lequel Christ est mort. 16– Que votre privilège ne soit pas un sujet de calomnie. 17– Car le royaume de Dieu, ce n'est pas le manger et le boire, mais la justice, la paix et la joie, par le Saint-Esprit. 18– Celui qui sert Christ de cette manière est agréable à Dieu et approuvé des hommes. 19– Ainsi donc, recherchons ce qui contribue à la paix et à l'édification mutuelle. 20– Pour un aliment, ne détruis pas l'œuvre de Dieu. À la vérité, toutes choses sont pures ; mais il est mal à l'homme, quand il mange, de devenir une pierre d'achoppement. 21– Il est bien de ne pas manger de viande, de ne pas boire de vin, et de s'abstenir de ce qui peut être pour ton frère une occasion de chute, de scandale ou de faiblesse. »

Deutéronome 30 : 19 « J'en prends aujourd'hui à témoin contre vous le ciel et la terre : j'ai mis devant toi la vie et la mort, la bénédiction et la malédiction. Choisis la vie, afin que tu vives, toi et ta postérité ».

Matthieu 5 : 29 – 30 « 29 — Si ton œil droit est pour toi une occasion de chute, arrache-le et jette-le loin de toi ; car il est avantageux pour toi qu'un seul de tes membres périsse, et que ton corps entier ne soit pas jeté dans la géhenne. 30– Et si ta main droite est pour toi une occasion de chute, coupe-la et jette-la loin de toi ; car il est avantageux pour toi qu'un seul de tes membres périsse, et que ton corps entier n'aille pas dans la géhenne. »

♦ Mais, de soi-même, l'on ne peut rien, seul le travail du Saint-Esprit dans notre vie est capable de nous convaincre de tel ou tel abus, de tel ou tel excès.

Notre foi en Christ est un puissant atout dans notre recherche de persévérance et d'espérance.

Tout en ayant une vie de prière, d'écoute, de lecture et de méditation de la Parole de Dieu, efforçons-nous de ne pas attrister le

Saint-Esprit, mais de le laisser nous tailler selon ses dimensions. Nous ne sommes pas des Incapables, mais nous pouvons travailler dans le ministère de Christ.

Chaque membre à part entière du ministère de Christ, en tant que « ouvrier dans la vigne du Seigneur », doit remplir aussi et surtout la fonction spirituelle de la sentinelle dont parlent les saintes écritures. Christ n'a pas fixé le prix d'une âme, c'est dire qu'elle n'a pas de prix devant lui, tellement que son amour pour nos âmes l'a conduit avec joie et abnégation à la croix de Golgotha :

Ézéchiel 3 : 17 – 21 " 17 – Fils de l'homme, je t'établis comme sentinelle sur la maison d'Israël. Tu écouteras la parole qui sortira de ma bouche, et tu les avertiras de ma part. 18– Quand je dirai au méchant : Tu mourras ! si tu ne l'avertis pas, si tu ne parles pas pour détourner le méchant de sa mauvaise voie et pour lui sauver la vie, ce méchant mourra dans son iniquité, et je te redemanderai son sang. 19– Mais si tu avertis le méchant, et qu'il ne se détourne pas de sa méchanceté et de sa mauvaise voie, il mourra dans son iniquité, et toi, tu sauveras ton âme. 20– Si un juste se détourne de sa justice et fait ce qui est mal, je mettrai un piège devant lui, et il mourra dans son péché, on ne parlera plus de la justice qu'il a pratiquée, et je te demanderai son sang. 21– Mais si tu avertis le juste de ne pas pécher, et qu'il ne pèche pas, il vivra, parce qu'il s'est laissé avertir, et toi, tu sauveras ton âme. »

À celui qui est « déjà appelé » dans le ministère comme ouvrier, quelle que soit sa tâche, il est important et urgent de noter :

1 Corinthiens 9 : 23 - 27 « 23 – Je fais tout à cause de l'Évangile, afin d'y avoir part. 24– Ne savez-vous pas que ceux qui courent dans le stade courent tous, mais qu'un seul remporte le prix ? Courez de manière à le remporter. 25 – Tous ceux qui combattent s'imposent toute espèce d'abstinences, et ils le font pour obtenir une couronne corruptible ; mais nous, faisons-le pour une couronne incorruptible. 26 – Moi donc, je cours, non pas comme à l'aventure ; je frappe, non pas comme battant l'air. 27– Mais je traite durement mon corps et je le tiens assujetti, de peur d'être moi-même rejeté, après avoir prêché aux autres. »

1 Pierre 2 : 9 « Vous, au contraire, vous êtes une race élue, un sacerdoce royal, une nation sainte, un peuple acquis, afin que vous annonciez les vertus de celui qui vous a appelés des ténèbres à son admirable lumière. »

1 Pierre 1 : 14 - 17 « 14 – Comme des enfants obéissants, ne vous conformez pas aux convoitises que vous aviez autrefois, quand vous étiez dans l'ignorance. 15– Mais, puisque celui qui vous a appelés est saint, vous aussi soyez saints dans toute votre conduite, selon qu'il est écrit : 16 – Vous serez saints, car je suis saint. 17– Et si vous invoquez comme Père celui qui juge selon l'œuvre de chacun, sans acception de personne, conduisez-vous avec crainte pendant le temps de votre pèlerinage. »

C'est dire que l'on ne doit plus se conformer aux convoitises du monde, car l'on est une race élue, un sacerdoce royal, une nation sainte, le temple du Saint-Esprit qui habite en soi…

En tant que membre à part entière de cette nouvelle race Élue, chacun est appelé individuellement, selon la grâce accordée par le seigneur, à servir Christ, à faire *« donc les fonctions d'Ambassadeurs pour Christ… » [2 Corinthiens 5 : 20]*, à offrir son corps comme un sacrifice vivant, saint, agréable à Dieu, à ne pas se conformer au siècle présent, mais être transformé par le renouvellement de l'intelligence, afin que l'on discerne quelle est la volonté de Dieu, ce qui est bon, agréable et parfait. *[Romains 12 : 1 – 2]*

La Conversion de Saul, l'apôtre Paul, est un témoignage riche d'enseignements. En effet, lorsque sur le chemin de Damas, Saul, qui respirait encore la menace et le meurtre contre les disciples du Seigneur *[Actes 9 : 1 – 6]*, eut la révélation intérieure que Jésus-Christ était vivant, il se soumit entièrement à Christ qu'il servit jusqu'à sa mort. Paul devint une nouvelle créature, les choses anciennes étaient passées et toutes choses étaient devenues nouvelles *[2 Corinthiens 5 : 17]*.

Sa vie durant, l'apôtre Paul exerçant les fonctions d'ambassadeurs pour Christ pouvait confesser à juste titre :

Philippiens 3 : 7 – 8 " 7 - Mais ces choses qui étaient pour moi des gains, je les ai regardées comme une perte, à cause de Christ. 8– Et même je regarde toutes choses comme une perte, à cause de l'excellence de la connaissance de Jésus-Christ mon Seigneur, pour lequel j'ai renoncé à tout, et je les regarde comme de la boue, afin de gagner Christ. »

Chaque membre de l'église de Jésus-Christ, devait demander, sans cesse l'assistance du Saint-Esprit, pour nous convaincre de nous abstenir de bien des convoitises. Ce comportement nous mettra en compagnie de bien des saints dans l'église du Christ Crucifié… Veillons et prions sans cesse, afin que nous ayons la force d'échapper à toutes ces choses *[Luc 21 : 36]*… Veillons et prions, afin que nous ne tombions pas dans la tentation ; l'esprit est bien disposé, mais la chair est faible *[Matthieu 26 : 41 ; Marc 14 : 38]*

Sans vouloir s'incruster dans cet autre débat sur « l'alcoolisme maladie ou dépendance », il apparaît très révélateur de conclure prospectivement cette modeste contribution au débat initial sur « la consommation ou non de l'alcool en milieu chrétien », en soulignant :
Si l'alcool est une maladie, c'est bien la seule maladie qui :
♦ Est vendue en bouteilles ;

- ◆ Fait objet de publicité ;
- ◆ Possède un permis de propagation ;
- ◆ Rapporte de l'argent à l'État ;
- ◆ Provoque des morts violentes sur les routes ;
- ◆ Détruit des familles entières ;
- ◆ Conduit au crime ;
- ◆ Suscite l'inceste, le viol, le mensonge…
- ◆ N'a aucune cause virale ou bactérienne ;
- ◆ Engendre bien des autres maladies.

Et si l'on regardait d'une part, ce que donne au Pro-Alcool, la consommation des boissons fortes, et de l'autre part ce qu'elle lui prend :

1-Ce que les Boissons fortes semblent apporter au Consommateur, entre autres :
- – Un courage illusoire et éphémère ;
- – Une force illusoire et éphémère ;
- – Un plaisir imaginaire et éphémère ;
- – Des maladies, ordonnances et souffrances ;
- – Des risques d'accident ;
- – Une folie pour des jeux du hasard ;
- – Des convoitises diverses ;
- – De l'instabilité, du vagabondage ;
- – Du mensonge, de l'infidélité et de la débauche ;
- – Une illusion des solutions aux problèmes ;
- – Le désintérêt pour la Parole de Dieu ;
- – L'évitement de participer aux Cultes et Activités de l'Église ;
- – La fuite des responsabilités aussi bien dans le foyer conjugal qu'à l'église.

2-Ce que les boissons fortes prennent réellement au consommateur, entre autres :
- – L'honneur et la respectabilité ;

- La santé ;
- La fiabilité ;
- Le respect de la parole donnée ;
- Les économies financières ;
- La paix familiale.

C'est fort de tout ce qui précède que la Parole de Christ nous invite à lire :

1 Corinthiens 6 : 12 « Tout m'est permis, mais tout n'est pas utile ; tout m'est permis, mais je ne me laisserai asservir par quoi que ce soit. »

1 Corinthiens 10 : 23 « Tout est permis, mais tout n'est pas utile ; tout est permis, mais tout n'édifie pas »

*****

- **L'adoration et la louange**

Tout don spirituel octroyé à un(e) fils/(fille) de dieu par le seigneur Jésus-Christ, implique, entre autres, une double responsabilité au récipiendaire :

♦ L'utiliser à bon escient pour la gloire de dieu ;
♦ Le faire fructifier par la prière, le jeûne et la sanctification pour un meilleur rendement.

Ce qui pourrait bien justifier l'Importance que dieu accorde au don ou « ministère » de l'adoration et de la louange dans l'assemblée des saints…

Déjà, dans l'ancienne alliance, les saintes écritures soulignent ouvertement cette importance… et le roi David s'en préoccupait

fortement par le temps qu'il y affectait, et le nombre des personnes qui en étaient chargées, entre autres :
- 4000 lévites mis à part pour louer dieu avec les Instruments :

1 Chroniques 23 : 5 « Quatre mille comme portiers, et quatre mille chargés de louer l'Éternel avec les instruments... »

- Des chantres exercés au chant de Dieu :

1 Chroniques 25 : 7 « Ils étaient au nombre de deux cent quatre-vingt-huit, y compris leurs frères exercés au chant de l'Éternel, tous ceux qui étaient habiles. »

De nos jours, par la pratique des réunions de culte d'action de grâce, d'intercession et autres, il semble bien légitime de parler de l'existence, dans la grande majorité des églises chrétiennes évangéliques, au moins d'une équipe assermentée, disons un « ministère local » lisible de l'adoration et de la louange avec un ou plusieurs responsable(s), des instrumentistes et des chantres formés, conscients, nés de nouveau...

Ce ministère local de l'adoration et de la louange, quoique bien en sus des cinq ministères selon *Éphésiens 4 : 11* ... étant devenu si lisible et si important requiert une attention particulière.... C'est une petite avancée à souligner, le chemin étant encore si long, sinueux et jonché d'embûches...

En effet, on relève du côté de la direction de bien des églises chrétiennes évangéliques, entre autres :
- Très peu d'intérêt pour le « ministère » local de l'adoration et de la louange ;
- Une pauvreté notoire des cantiques interprétés ;
- Une mauvaise qualité de musique écoutée ;
- Le rôle négatif et destructeur de bien des musiques du monde ;
- L'absence de volonté et de vision de consacrer du temps et de l'argent pour la Formation des Instrumentistes et des choristes.

L'évidence de la nécessité et de l'urgence pour nos églises chrétiennes évangéliques de reconnaître et d'établir un tel « ministère local » devient sans aucun doute...

Par ailleurs, sous l'ancienne alliance, les musiciens du temple étaient des lévites, entièrement consacrés au service du sanctuaire... Ne possédant pas de patrimoine héréditaire particulier comme les autres tribus d'Israël, ces lévites-musiciens, étaient entièrement pris en charge socialement, financièrement, spirituellement par le temple...

De nos jours, nos églises chrétiennes évangéliques sont-elles prêtes à reconnaître un ministère musical local à plein temps en leur sein et en assurer la charge financière, spirituelle et sociale ? C'est une dimension souhaitable, mais qui semble encore difficile à réaliser compte tenu des réalités sociales et financières (surtout)...

Dans l'hypothèse où une église attacherait une importance particulière à cette évidence, qu'il y aurait alors, en son sein, un *« ministère local de l'adoration et de la louange »*... Ce qui reviendrait à n'y faire évoluer que des filles et fils de dieu :
♦ Vivant de manière exemplaire pour toute l'assemblée des saints ;
♦ S'acquittant avec humilité, abnégation, dextérité et minutie de leur mission ;
♦ Confessant qu'aimer dieu et sa parole est aussi important qu'aimer la musique ;
♦ Ayant un cœur brûlant d'amour pour les perdus, cherchant à les toucher et à contribuer à leur développement dans le Christ ;
♦ Étant des personnes équilibrées, patientes, stables sur le plan affectif et émotionnel, dont l'enthousiasme serait un solide bon sens et une bonne humeur infaillible ;
♦ Ayant :
– Une vue biblique de la place de la musique, en accord avec les Responsables et les membres de l'église ;
– Des dons d'animation (même un minimum) qui se développeraient dans les formations appropriées ;

– Un bon contact avec les autres et une maturité spirituelle, psychologique et sociale.

♦ Étant prêts à collaborer avec les autres, donc capables de travailler en équipe sous l'autorité du berger, des anciens, du collège pastoral, du comité musical…

Le talent constituant souvent une « porte large et ouverte » pour une « vie d'artiste »… bien des exigences de la fonction de chantre ou d'instrumentiste dans une église imposent souvent un rythme de vie différent de celui des autres personnes, entre autres :
♦ Vie de jeûne et prière, intercession, veillées, lecture et méditation de la parole de dieu…
♦ Tenue vestimentaire décente ;
♦ Disposition, assiduité, exactitude, longues répétitions ;
♦ Vie de certaines privations (alcool, cigarette, débauche, fornication, impudicité, soirées festives démesurées du monde…) ;
♦ Mise en avant des contraintes de sa Foi en Christ avant sa virtuosité artistique ;
♦ Se réclamer d'abord chrétien avant d'être artiste ;
♦ Ne pas s'ouvrir aux tentations et aux pratiques du monde ;
♦ Avoir un souci majeur : une conversion totale en Christ qui demeure à l'état optionnel selon les opportunités ;
♦ Consciemment ou inconsciemment, le défi à relever reste celui d'apporter le témoignage d'une Vie Transformée ;
♦ Éviter que le succès n'incite à se mettre au-dessus des règles morales et spirituelles élémentaires et à se distinguer par un libertinage inquiétant…

Quant au musicien chrétien qui se revendique d'abord et avant tout, artiste et bien après chrétien, il ne deviendra chrétien artiste que si et seulement si :
♦ Il ne cherche plus à se singulariser par :
– Une vulgarité notoire ;

– Un accoutrement fantaisiste ;
– Des convoitises du monde ;
– Un style de vie trop proche des besoins et des plaisirs du monde.

♦ Mais par :
– Sa foi en Christ qui fait de lui un chrétien mettant à la disposition de son dieu le talent qu'il a reçu et s'efforce, en équipe avec les autres artistes de servir ses frères, ses sœurs et l'église entière ;
– Son humilité en s'efforçant de mettre à sa juste place le travail d'artiste qui demeure hermétiquement ancré dans la parole de dieu.

Par définition, le chrétien musicien est un artiste engagé, c'est-à-dire qui, entre autres :

♦ Détermine les priorités dans sa vie et est capable de dire « non » à d'autres choses qui bouleversent ses priorités ;
♦ Ne se préoccupe pas si les autres vont être là aussi, ou s'il va être seul aux répétitions, au culte ;
♦ Sait que d'autres artistes engagés vont venir aussi ;
♦ S'acquitte de sa tâche de façon à donner le meilleur de lui-même, parce que c'est ce qu'il est ;
♦ Est présent pratiquement toujours, pour les réunions de culte, d'intercession, de veillée de prière ;
♦ Donne le meilleur de lui-même quand les autres ne donnent que moins d'un quart de leurs capacités ;
♦ A une attitude habituellement positive ;
♦ Ne comprend pas en général les artistes qui n'ont pas le même engagement que lui ;
♦ Encourage ses collègues par son exemple ;
♦ N'a pas besoin de dire un mot, sa vie est un témoignage ;
♦ Prévient le dirigeant de la chorale avant le temps quand il devra s'absenter ;

♦ Rien ne l'arrête : ni la météo, ni la fatigue, ni les horaires chargés, ni les problèmes mineurs de santé, ni les mauvaises attitudes de ses collègues ou de ses dirigeants ;
♦ Veut utiliser le talent qu'il a reçu pour la gloire de Christ, pour le bien de l'église, pour le bénéfice de la chorale ;
♦ Jeûne, prie et intercède pour une meilleure participation à l'œuvre de dieu ;
♦ Ne ménage aucun effort pour le succès de la chorale ;
♦ N'hésite pas à se sacrifier pour les autres chrétiens artistes et l'église entière… C'est la joie de s'engager à tout risquer de :
– Se faire étiqueter comme fanatique de Jésus-Christ ;
– Se faire accuser d'être le favori ou « le chouchou » des dirigeants ;
– Se culpabiliser quand il doit s'absenter, même pour de bonnes raisons ;
– Prendre des décisions qui sont parfois impopulaires auprès de la famille, des amis…

L'engagement est un mode de vie. Bien des personnes ont peur de s'engager parce qu'elles ne veulent pas échouer ou parce qu'elles ne peuvent pas ou ne savent pas mettre leurs priorités ou dire non… Il y a trop de risques pour une personne non engagée pour qu'elle prenne la décision de s'engager. Elle participe quand cela lui convient. Untel membre manque de personnalité ; il est peu fiable et exposé à la versatilité.

La Louange

Louer Dieu, c'est :
♦ Le déclarer digne d'admiration et de très grande estime ;
♦ L'honorer ;
♦ Proclamer la grandeur de sa personne ;
♦ Parler de son caractère, des choses qu'il a faites.

On peut louer dieu par :
- Le chant et la musique ;
- D'autres moyens comme la prière ;

La louange, c'est aussi un sacrifice que nous offrons, parmi tant d'autres, à Dieu :
- Notre repentance *[Psaume 51 : 18 – 19]*
- La louange de nos lèvres *[Hébreux 13 : 15]*
- Notre argent *[Philippiens 4 : 18 ; Hébreux 13 : 16]*
- Nos corps ;
- Nos vies toutes entières *[Romains 12 : 1 – 2]* (conversion à Dieu : *[Romains 15 : 16]*

La musique peut nous instruire et nous encourager mutuellement *[Éphésiens 5 : 19 ; Colossiens 3 : 16 ; Psaume 37]*

L'adoration

L'adoration ne peut pas seulement consister à suivre un programme d'église à travers la réunion chrétienne. En fait, Jésus-Christ regarde continuellement et minutieusement au cœur des adorateurs pour voir si ce qui lui est offert est sincère, spirituel et authentique, et non pas une sorte de tradition qui est interprétée pour des raisons égoïstes, égocentriques, voire tout simplement pour impressionner l'assemblée.

Ésaïe 29 : 13 « Le Seigneur dit : Quand ce peuple s'approche de moi, il m'honore de la bouche et des lèvres ; mais son cœur est éloigné de moi, et la crainte qu'il a de moi n'est qu'un précepte de tradition. »

De nos jours, on observe avec regret, une mauvaise planification et une gestion d'horaire dans les vies personnelles des chrétiens qui ne cessent de causer un problème récurrent qui les empêche de remercier dieu adéquatement pour ce qu'il ne cesse de faire pour eux… En effet, leurs vies vont si vite, et leurs horaires sont si serrés, que ralentir suffisamment pour se concentrer sur Christ et le louer pour tout ce qu'il ne cesse d'accomplir dans leurs vies devient presque impossible... À cette Vérité s'ajoute celle selon laquelle les cultes évangéliques ne permettent pas d'avoir une période concentrée d'adoration à cause de toutes les articulations du déroulement des rubriques de la réunion...

Il y a une vérité indubitable selon laquelle chaque Enfant de dieu a un besoin important d'intimité quotidienne avec Christ. L'Adoration est un Moment d'Intimité avec Christ à travers un cantique, une prière, une méditation de la Parole.

L'adoration au ciel

La vision de christ pour l'adoration au ciel peut se trouver à travers bien des passages dans les saintes écritures, mais spécifiquement, de façon très pointue dans *l'Apocalypse 4 et 5*... En effet, dans *l'Apocalypse 4 et 5,* les saintes écritures mettent l'accent sur dieu, sur son trône, comme un souverain universel, dégageant de l'éclat et du pouvoir, entouré d'êtres célestes adorant sans cesse... Aux côtés de Dieu, le père se trouve Jésus-Christ, le fils, vu à la fois comme un lion conquérant et un agneau sacrificiel. Il est adoré avec le Père, non seulement par les êtres qui entourent le trône, mais aussi par une chorale céleste sans nombre et par toutes les créatures à travers l'univers. C'est une grande vision de l'adoration. Selon cette vision, la véritable adoration commence avec dieu, avec une véritable Image de sa nature et de son activité. Ce n'est pas quelque chose que nous pouvons accomplir par nos efforts humains. Plutôt, c'est une réponse à la révélation que l'Éternel Dieu fait sur lui-même... Alors, quand ils chantent un cantique d'adoration [ou de louange], les choristes devraient se demander :

♦ S'ils aident l'assemblée entière des saints à répondre au dieu vivant, majestueux et gracieux ;

♦ Si le temps d'adoration a rappelé à l'assemblée des saints qui est Christ et ce qu'il a fait ? Les textes des cantiques sélectionnés ont-ils proclamé la gloire de l'Éternel Dieu ? de Jésus-Christ ? du Saint-Esprit…
♦ Les Cantiques contiennent-ils cette Révélation ?

Plus d'une fois, dans *[Apocalypse 4 et 5],* les adorateurs offrent leurs louanges et leurs remerciements à dieu… L'adoration consiste à donner de la valeur à Dieu, inclut le fait de reconnaître la valeur sans égale de Christ et de lui donner tout ce que nous sommes.

Place de la louange et de l'adoration

Dans nos églises évangéliques d'aujourd'hui, un débat oppose, d'une part, ceux qui pensent que la louange et l'adoration, par le chant et la prière, doivent être le centre du culte, et de l'autre part, ceux qui pensent que c'est la prédication qui devrait avoir ce rôle central, alors le cantique ne serait qu'une entracte introductive aux différentes articulations des rubriques de la réunion quotidienne et/ou hebdomadaire. Ce débat nous paraît creux, stérile, faux, sans intérêt, rébarbatif et récurrent. Et pour causes :

♦ L'enseignement et la prédication contribuent fortement à la croissance spirituelle de chaque chrétien et de l'église entière *[Éphésiens 4 : 11 – 16]* ;
♦ La prédication et les enseignements nous permettent à mieux connaître Jésus-Christ ;
♦ L'on ne peut adorer ou louer Christ sans savoir ce qu'il est, et ce qu'il ne cesse de faire pour nous ;
♦ Le chant, à travers la profondeur de ses paroles, nous exhorte, nous enseigne, nous édifie et nous fortifie, tout comme les saintes écritures octroient une place non négligeable à la musique et au chant [adoration, louange].

En effet, l'adoration et la louange dureront éternellement comme l'amour, alors que nous n'aurons plus besoin d'enseignement [ou de prédication] lorsque nous occuperons la place que Christ nous a préparée dans la maison dont Il nous a parlé *[Jean 14 : 2]*

Dans l'église, il est donc important. d'équilibrer :
– Temps d'adoration ;
– Temps de louange ;
– Temps d'enseignement [et/ou de prédication].

Et par ailleurs, il est bon de savoir que :

♦ Les psaumes sont un livre biblique entier, composé de chants [cantiques] :
exemple : – le *[Psaume 150]* invite à louer dieu par les instruments
♦ *1 Chroniques 16 nous* édifie sur la place et l'importance des chantres dans le service du temple
♦ *Jean 4 : 23* nous édifie sur l'intérêt de l'Éternel Dieu pour les vrais adorateurs aussi bien par les prières, les méditations que par les cantiques
♦ *Actes des Apôtres 2 : 47* signale la présence de la louange dans l'église primitive
♦ *1 Corinthiens 14 : 26* nous édifie sur la présence de cantiques dans les réunions
♦ *Éphésiens 5 : 19 et Colossiens 3 : 16* nous exhorte à chanter pour louer dieu et pour nous instruire mutuellement
♦ *Hébreux 13 : 15* nous exhorte à offrir sans cesse la louange de nos lèvres à dieu
♦ Le livre de la révélation de Jésus-Christ, Apocalypse, ne tarit pas d'éloges sur les exemples de louange céleste :

– *Apocalypse 4 ; 5 ; 7 ; 14 ; 19*
– *Apocalypse 5 : 9 et 15 : 3* les fidèles chantent et disent des louanges

– *Apocalypse 5 : 8 et 14 : 2* où la louange céleste est accompagnée de harpes...

Éviter d'établir de normes strictes et formelles sur le sujet. Ce qui nous ferait l'économie d'un faux débat.

Principes généraux

♦ Se réunir avec ordre *[1 Corinthiens 14 : 40]*
♦ Seul Jésus-Christ doit être adoré *[Matthieu 4 : 10]*.
♦ Fuir et s'éloigner de tout vedettariat, de toute ambition, de tout désir d'être mis en avant
♦ Toujours vérifier si l'adoration et la louange sont sincères, spirituelles et en vérité *[Jean 4 : 23 – 24]*
♦ Toujours examiner les motivations du choix des cantiques, des musiques, des tenues vestimentaires [scène et hors scène] : sont-elles en harmonie avec la parole de dieu ou au contraire, elles sont initiées par l'orgueil
♦ Ne pas se détourner de l'essentiel :
♦ Adorer, louer Christ ;
♦ Fixer son regard sur lui, sur la croix, sur sa parole

Parole [chant] et instrument de musique

♦Veiller strictement à ce que les paroles des cantiques dominent le son des instruments de musique et se fassent entendre clairement
♦qu'elles ne soient pas submergées par le son des instruments.
♦Les dirigeants de l'église, le président de culte, le responsable de la chorale, les choristes et les musiciens s'attacheront à éviter que la musique couvre les paroles et le chant de l'assemblée des saints... Il est non seulement désagréable de ne plus s'entendre chanter, mais aussi, et surtout évident qu'a contrario, l'assemblée devienne dissipée, passive, voire muette et désintéressée...

Forme musicale

Les saintes écritures notent une diversité de sortes de :
♦ Chants : psaumes, cantiques spirituels *[Éphésiens 5 : 19]*
♦ Accompagnements : grand groupe instrumental *[PS. 150 ; 1 Chroniques 16 : 5 – 6])*
♦ Chant avec un seul instrument *[Psaume 43 : 4]*

Aujourd'hui, dans bien des églises chrétiennes, évangéliques, dites « églises de réveil ou églises réveillées », on observe une diversité musicale importante :

♦ Chant a cappella *[chant ou partie d'un chant à une ou plusieurs voix, exécuté(e) sans accompagnement musical]*;
♦ Chant à quatre voix ;
♦ Accompagnement au synthé ou autre instrument ;
♦ Accompagnement par un groupe musical plus important ;
♦ Mimiques ;
♦ Danses ;
♦ Théâtre…

Composition et interprétation d'un répertoire nouveau de cantiques

La faculté de composer un cantique nouveau est une grâce de dieu et un « plus » important dans le ministère local de l'adoration et de la louange…

Pour le principe, toute composition nouvelle doit obtenir l'aval du collège pastoral (ou du conseil d'administration) avant sa présentation aux répétitions… Tout comme chaque nouveau répertoire doit faire l'objet d'un long moment de jeûne et de prière avant de le proposer à l'assemblée…

Il faut avouer que « composer » un cantique nouveau est un art difficile, surtout si une grande place n'est pas laissée au saint-esprit dans l'inspiration et la transcription. Quoiqu'il advienne, la qualité essentielle du compositeur doit être de ne pas être susceptible au rejet, car même ceux qui semblent être les plus grands auteurs écrivent de mauvais cantiques. À défaut d'être géniales ou appréciées, les compositions pourront néanmoins être modelées selon les règles de l'art. Un Cantique est formé de trois éléments essentiels :

♦ Des paroles intéressantes ou triangle des paroles : **Chantabilité, Vocabulaire, Rimes.**

1 – Chantabilité : La première qualité des paroles, avant même d'évoquer des images et des sentiments, est la « chantabilité » c'est-à-dire l'aisance de pouvoir bien chanter, bien articuler un ensemble de mots constituant une parole. En effet, plus un mot est long, plus il est difficile à chanter. Pour ce faire, éviter les mots trop longs – et au-delà des syllabes et des mots, les couplets et refrains doivent ressembler à de « vraies » paroles. Il est conseillé de se laisser guider par les exemples de compositions reconnues.

2 – Vocabulaire : éviter les mots difficiles à prononcer – rarement utilisés – qui n'évoquent aucun sentiment artistique. Il est préférable de personnaliser les paroles en employant : je, tu, nous et vous – au lieu d'utiliser la troisième personne. De même, la charge émotionnelle du présent est supérieure à celle de l'emploi du passé ou du futur. Les adverbes doivent être utilisés de façon sporadique. Privilégier la forme active plutôt que la forme passive.

3 – Rimes : elles ne sont pas indispensables, car, elles peuvent même gâcher la chanson si elles sont forcées ou prévisibles, lorsque le seul but de la phrase est de placer la rime voulue à la fin.

♦ Une musique prenante ou **Triangle de la Musique : Mélodie, Accompagnement, Minutage.**

– Mélodie : une mélodie est en principe facile à trouver ; cependant, il n'est pas facile de trouver une mélodie qui fait l'unanimité, celle que d'autres vont aimer. Il est vivement conseillé d'enregistrer (pour exploitation le moment opportun) toute mélodie qui arrive de façon inopinée ou tenir un Journal de bord et y inscrire chaque mélodie inspirée.

– Accompagnement : il reste tributaire du style envisagé. La mélodie doit pouvoir s'harmoniser de plusieurs façons différentes.

– Minutage : normalement, un antique dure de 2 à 5 minutes ; ce qui n'exclut pas l'exception « africaine » avec des cantiques qui peuvent durer plus longtemps. De toutes les façons, si un cantique n'accroche pas l'assemblée durant la première minute, l'attention s'en détourne rapidement. C'est pour cela qu'il est vivement conseillé d'avoir fait entendre l'essentiel du cantique durant cette 1re minute. En d'autres termes, il faut tenter de chanter le refrain assez rapidement. Toutefois, les chansons racontant une histoire sont intéressantes, si on arrive à captiver l'attention de l'assemblée jusqu'à la conclusion de la narration.

♦ Une structure qui enclenche l'émotion ou triangle de la forme : **Éléments principaux, Éléments secondaires, Succession des Éléments :**

– Éléments principaux : introduction, couplet, refrain ;
– Éléments secondaires : Solo instrumental et/ou vocal, Pont (c'est-à-dire second thème, très court dans le cantique), Modulation…
– Succession des Éléments : Introduction, Couplet, Refrain, Solo instrumental et/ou vocal, Pont, Modulation Méthodologie de Composition… Un Cantique n'est pas une prédication.

De ce fait, il est conseillé de :
– Ne pas tout dire dans un seul texte ;
– Se contenter plutôt de graviter autour d'un thème en apportant le message sous plusieurs facettes différentes… la répétition étant aussi une forme de poésie…

– Résumer en quelques mots, le message du cantique, le titre devant présenter deux qualités essentielles :
– La concision ;
– La simplicité.

La composition est un processus... Le premier pas est l'inspiration, l'idée ou le message à transmettre. Il faut penser à un thème général qui intéresse un auditoire suffisamment large. Se faire un plan général est une bonne façon de ne pas se faire prendre dans une impasse... Quant au cheminement de la création, peu importe que l'on commence par l'écriture des paroles ou par la recherche de la mélodie ou par l'écriture de la musique, aucun procédé n'est meilleur que l'autre. Cependant, certains principes restent vivement conseillés pour une meilleure harmonie de la composition :

♦ Si, en premier l'on écrit la musique, l'on doit garder la mélodie à sa plus simple expression (l'enregistrer de préférence). Et, une fois les paroles écrites, améliorer la mélodie et les paroles...

♦ Si, par contre, en premier, l'on écrit les paroles, ne pas écrire tout le cantique en entier, commencer seulement par le refrain...

♦ Le refrain doit toujours être en relation directe avec le titre : il forme le cœur du cantique ; l'écrire si possible en premier... Le refrain contient le « slogan » du cantique : d'où l'attention particulière à la première ligne du refrain (qui doit donner le goût d'entendre la suite) et aussi à la dernière...

♦ Il est plus facile de faire graviter un cantique autour d'un titre que de le résumer en trois ou quatre mots...

Le cantique doit être simple et universel, pour laisser la possibilité aux auditeurs de créer leurs propres images... Les paroles doivent faire appel aux sens et évoquer des sentiments pour que les gens puissent y avoir accès... Trop de poésie peut laisser les gens dans l'incompréhension... Quant au choix définitif, les bases étant posées et comprises, chacun peut laisser libre cours à son style. L'important est d'en avoir conscience et de le faire dans le but de créer l'effet escompté. Quoiqu'il advienne, les paroles doivent avoir une importance capitale... Combien de cantiques aux paroles contestables sont chantés soit par habitude, soit par amour de la nouveauté ou d'une musique qui plaît !

Le collège pastoral, le conseil d'administration, l'assemblée des saints et la chorale doivent faire preuve de discernement dans ce domaine...

Au-delà des dissensions formelles, musicales et poétiques, les Paroles de nos cantiques doivent :
♦ Glorifier Christ ;
♦ Nous éduquer ;
♦ Nous enseigner ;
♦ Nous instruire ;
♦ Nous fortifier ;
♦ Nous encourager...

Par ailleurs, nous devons nous en tenir à l'équilibre entre les Cantiques anciens et les cantiques nouveaux en évitant la programmation systématique d'un certain répertoire. Seule la parole de dieu est inspirée et aucun répertoire, aussi spirituel soit-il, n'est indispensable...

À l'image du Roi David, les chrétiens artistes d'aujourd'hui peuvent s'encourager à composer des cantiques pour adorer et/ou louer Dieu, et pour l'éducation spirituelle de l'assemblée des saints...

Le Chant est un moyen puissant pour :
♦ Encourager et stimuler la foi en christ ;
♦ Adorer et louer christ...

Terminons ce point en insistant sur les évidences suivantes :

♦ En restant trop conservatrice dans le domaine de la chanson, la chorale et l'église courent le risque d'être accusées de vouloir écarter les nouveautés

♦ A contrario, ne programmer que les cantiques nouveaux, c'est courir le risque de vouloir écarter les cantiques anciens.

♦ Le juste milieu dans le choix et la programmation reste le meilleur conseil sur le sujet.

L'équipe de la chorale

La chorale est une équipe de louange et d'adoration devant stimuler l'assemblée des saints à établir une connexion spirituelle et véridique avec le seigneur Jésus-Christ. De ce fait, la chorale joue un rôle tellement important dans l'expérience de l'adoration et de la louange que chaque choriste ou chaque musicien du groupe devient un point de contact pour un ou plusieurs membres de l'église, de la parenté à l'amitié, voire à la simple estime. Aussi, lorsque, dans la salle de culte, un chrétien se met en connexion avec ledit parent ou ledit ami, membre de la chorale, il est conduit aussi à vivre spirituellement cette symbiose fusionnelle par association consciente ou inconsciente au cours de l'exécution d'un cantique connu et populaire. Le résultat de cette symbiose devient visible et encourageant : l'église entière et toute la chorale forment alors un seul et unique groupe gigantesque de vrais adorateurs et de vrais louangeurs demandés par dieu et qui ne cessent de se régaler.

Jean 4 : 23 – 24 « 23 – Mais l'heure vient, et elle est déjà venue, où les vrais adorateurs adoreront le Père en esprit et en vérité ; car ce sont là les adorateurs que le Père demande. 24 – Dieu est Esprit, et il faut que ceux qui l'adorent l'adorent en esprit et en vérité. »

C'est ce à quoi une chorale peut rêver et se préparer au cours de ses répétitions et de ses moments de jeûne et prière. En quoi faisant ?

♦ En gardant une certaine unité dans la Foi et dans l'œuvre de Christ ;
♦ En étant attentif à l'appel de dieu ;
♦ En étant attentif au Saint-Esprit ;
♦ En formant une véritable équipe soudée, solidaire, respectueuse de la hiérarchie ;
♦ En ayant la crainte de dieu.

En fait, s'il est bien vrai que ce n'est pas donner à n'importe qui de bien chanter ou de faire partie de la chorale, certains étant meilleurs que d'autres, il n'est pas moins vrai que, nonobstant ce handicap naturel, qu'il n'est pas impossible qu'avec la prière et la pratique, tous ceux qui ont le désir de glorifier le Seigneur Jésus-Christ en chantant pourraient bien devenir de bons chanteurs et laisser libre-cours à leur appel qui ne se détecte, en principe, qu'après plusieurs essais. Tout reste, alors, fonction de la Sagesse spirituelle du responsable du groupe, chasseur de nouveaux talents pour la chorale de l'Église et surtout du Temps qu'il passe dans le Jeûne et la Prière pour l'avancement de l'œuvre de Christ…

Notons que, dans une église chrétienne évangélique, le groupe musical le plus important n'est pas la chorale comme l'on pouvait s'y attendre, mais l'ensemble de l'assemblée des saints… En effet, dans l'histoire de l'église, on a longtemps tergiversé entre le chant d'une élite des artistes chrétiens et celui de l'assemblée entière des saints…

Les saintes écritures donnent une plus grande place au chant de l'ensemble de l'église :

Éphésiens 5 : 19 « Entretenez-vous par des psaumes, par des hymnes, et par des cantiques spirituels, chantant et célébrant de tout votre cœur les louanges du Seigneur. »

Colossiens 3 : 16 « Que la parole de Christ habite parmi vous abondamment ; instruisez-vous et exhortez-vous les uns les autres en toute sagesse, par des psaumes, par des hymnes, par des cantiques spirituels, chantant à Dieu dans vos cœurs sous l'inspiration de la grâce. »

{Note – Pour s'enseigner, s'exhorter, il faut que tout le monde y participe – ainsi que pour le chant qui est un cantique d'ensemble... *Matthieu 26 : 30 « Après avoir chanté les cantiques, ils se rendirent à la montagne des oliviers »}* Le Seigneur Jésus-Christ n'a pas chanté seul, mais avec ses disciples (Cantique d'Ensemble)...

En effet, l'adoration et la louange étant ouvertes à tous les chrétiens, il est essentiel que, d'un seul élan et d'un seul cœur, tous les membres de l'assemblée des saints (doués musicalement ou non) élèvent leurs voix dans un cantique unifié envers le Seigneur Jésus-Christ.

Ce qui ne voudrait aucunement négliger l'importance de la contribution des choristes et musiciens doués et entraînés. Toutefois, les musiciens doués et entraînés ne peuvent être porteurs d'une contribution importante, puissante et spirituelle dans la vie de l'église que si et seulement s'ils sont suffisamment enseignés à prendre à cœur leur place et leur rôle, s'ils sont vraiment mis au défi d'exercer leur ministère local avec excellence pour un accès à un niveau supérieur dans l'exécution de l'adoration et de la louange.

L'assemblée entière des saints étant le groupe musical primaire de l'église, la fonction essentielle de la chorale se singularise à aider l'église à mieux chanter et à lui apporter un appui sonore et acoustique. Quoiqu'il advienne, les choristes, loin de se laisser gagner par la tentation et l'ambition de la performance ou de l'élite, s'efforceront d'utiliser à bon escient et avec abnégation leurs dons pour embellir, épanouir, supporter, fortifier et améliorer leur ministère local et leurs prestations. Il est important pour les chrétiens membres de la chorale de bien comprendre leur rôle qui ne doit pas être une performance, mais bien une fonction qui requiert d'eux des qualités, entre autres :

♦ Offrir leurs « *... corps comme un sacrifice vivant, saint, agréable à Dieu...* » *[Romains 12 : 1]*

♦ Puiser leurs sacrifices de louange et d'adoration de leur cœur volontaire et engagé

♦ Offrir une adoration acceptable *[Psaumes 4 : 4 – 5 ; 51 : 7]*

♦ Se préparer spirituellement (jeûne et prière, séminaire, retraite...)

♦ Avoir soif de se former : révélation, implication, méditation, exhortation, enseignement (ponctualité, assiduité, respect, hiérarchie, discipline, obéissance, prière, référence...)

♦ S'entraîner suffisamment : répétition, chant, instrument, direction...

♦ Bien comprendre leur mission :

♦ Être un exemple fiable pour les membres de l'église, en tous lieux et en toutes circonstances.

♦ Veiller à la fonction essentielle : aider l'église dans l'adoration et la louange

Sacerdoce du chrétien artiste : Le chrétien artiste n'a pas de vie privée ; tout en lui et tout de lui doivent être un exemple de vie chrétienne, selon la parole de dieu véhiculée par l'évangélisation et l'exhortation qu'il fait à travers les textes des cantiques qu'il compose et/ou qu'il chante...

Pour ce faire, le chrétien artiste, récipiendaire d'un sacerdoce qui aspire avec humilité à la perfection, est un modèle à imiter pour toute l'Église dans sa manière de :

♦ Marcher ;
♦ Manger ;
♦ Rire ;
♦ Regarder ;
♦ Contempler ;

- Danser ;
- Parler ;
- Accueillir ;
- Discuter ;
- Prier ;
- Intercéder ;
- Jeûner ;
- S'habiller ;
- Se coiffer ;
- Réfléchir ;
- Craindre Dieu ;
- Respecter la hiérarchie ;
- Obéir à la Parole de Dieu ;
- En référer toujours au collège pastoral, au conseil d'administration et à l'église…

En principe, le chrétien artiste devrait avoir une vie foncièrement spirituelle, une vie source d'inspiration pour tous les membres du corps de Christ, « assemblée des saints »…

Aujourd'hui, quelles observations pouvons-nous faire sur la vie des chrétiens artistes et/ou des artistes chrétiens qui agrémentent nos cultes évangéliques ?

Artiste «chrétien ? » « branché » : longs cheveux et/ou Boucles d'Oreilles

Beaucoup d'entre nous se disent « chrétiens », mais refusent de mettre en pratique « la parole de dieu » qui n'est autre que Jésus-Christ lui-même… Beaucoup d'entre nous croient être libres, mais en vérité, ils vivent dans des conditions « hors norme », car seul Jésus-Christ est la vérité qui rend « libre »…

Jean 8 : 32 « Vous connaîtrez la vérité, et la vérité vous affranchira »

Dans les saintes écritures, il y a des principes auxquels nous devons nous référer, entre autres :

1 Corinthiens 11 : 14 - 15 " 14 – La nature elle-même ne nous enseigne-t-elle pas que c'est une honte pour l'homme de porter de longs cheveux, 15 – mais que c'est une gloire pour la femme d'en porter, parce que la chevelure lui a été donnée comme voile ? »

Ce principe s'applique aussi au port des boucles d'oreilles...

Historiquement et par habitude, ce sont les femmes qui portent des boucles d'oreilles (c'est pour cela que dans bien des pays, les femmes se font percer 1 fois chaque oreille).

Malheureusement, nous observons aujourd'hui, parmi les chrétiens, que bien des hommes optent pour un mode de vie « hors norme » en choisissant de se faire percer les oreilles. Et les femmes dites chrétiennes ne se percent plus 1 fois chaque oreille, mais plusieurs fois la joue, le nez, la langue, la bouche, les lèvres... À cela s'ajoutent des tatouages...

Aujourd'hui, on parle de mode... Quelle mode ?

Est-ce une mode chrétienne ou une mode du monde... Nous chrétiens, sommes dans le monde, mais nous ne sommes plus du monde... Les saintes écritures nous exhortent à sortir du monde :

Apocalypse 18 : 4 « Et j'entendis du ciel une autre voix qui disait : Sortez du milieu d'elle, mon peuple, afin que vous ne participiez point à ses péchés, et que vous n'ayez point de part à ses fléaux. »

Le perçage d'oreilles pour les hommes chrétiens, le perçage du nez, de la langue pour les femmes chrétiennes… c'est une forme de refus d'affranchissement de l'esclavage, c'est faire le choix de vouloir demeurer « esclave », comme l'on peut le lire dans les saintes écritures :

Deutéronome 15 : 16 – 17 « 16 – Si ton esclave te dit : Je ne veux pas sortir de chez toi, parce qu'il t'aime, toi et ta maison, et qu'il se trouve bien chez toi, 17-alors tu prendras un poinçon et tu lui perceras l'oreille contre la porte, et il sera pour toujours ton esclave. Tu feras de même pour ta servante. »

Exode 21 : 5 – 6 : « 5 – Si l'esclave dit : J'aime mon maître, ma femme et mes enfants, je ne veux pas sortir libre, 6-alors son maître le conduira devant Dieu, et le fera approcher de la porte ou du poteau, et son maître lui percera l'oreille avec un poinçon, et l'esclave sera pour toujours à son service. »

Vouloir demeurer « esclave » en se perçant le nez, la langue… en se faisant tatouer, en se faisant des *« locks »* (mèches de cheveux emmêlées naturellement, se formant seules si les cheveux sont laissés à pousser sans l'utilisation de brosses, peignes, rasoirs, ni ciseaux, tout comme elles peuvent être faites sur des tresses à l'aide d'un peigne, d'un crochet ou en les crêpant avec les mains)… c'est le « rastafarien », de « *rastafari* », Prénom de naissance donné à Haïlé Sélassié 1[er,] Empereur d'Éthiopie de 1930 à 1974 (considéré par ignorance et manque notoire de vraie révélation divine, comme la Réincarnation de Jésus-Christ…)

En effet, pour celui ou pour celle qui écoute la parole de dieu, pour celui ou pour celle qui connaît la parole de dieu, une autre forme de chaînes et de malédictions que l'on se met soi-même c'est le refus catégorique de mettre en pratique la parole de dieu…

Le refus d'obéir à la parole de dieu sous une forme ou sous une autre, c'est aussi le cas de bien des sœurs dites à tort « chrétiennes » qui ne se voient « très belles de figure » que dans les habits des hommes… Ne soyons pas surpris que bien de nos sœurs en Christ n'acceptent pas l'autorité de l'homme, chef de la femme, chef de la cellule familiale :

Deutéronome 22 : 5 « Une femme ne portera point un habillement d'homme, et un homme ne mettra point des vêtements de femme ; car quiconque fait ces choses est en abomination à l'Éternel, ton Dieu. »

Refuser d'obéir à la parole de dieu, c'est s'attirer la malédiction :

1 Samuel 15 : 22 « … voici l'obéissance, mieux vaut que les sacrifices… »

« Porter des chaînettes aux pieds, au ventre… pour les filles » ou « mettre des mini-jupes, des vêtements moulants »… des bagues sur chaque doigt des 2 mains… sont des signes de prostitution…

La conduite du chrétien choriste aussi bien sur le plan spirituel que social, familial… ayant un impact très important sur la vie de l'église entière, il lui est vivement conseillé de faire le vrai choix de séparation avec le monde, entre autres :

– Choisir entre :

♦ L'organisation des fêtes, anniversaires, mariages… selon les enseignements de Christ (Sons musicaux chrétiens, boissons non alcoolisées, danses et tenues vestimentaires adaptées) et l'organisation des fêtes, anniversaires, mariages selon les convoitises du monde (sons musicaux et danses du monde, boissons alcoolisées, tenues vestimentaires provocatrices…)

♦ La vie pleine d'amour pour Christ et pour son prochain et la vie des haines, colères, moqueries, critiques acerbes…

– C'est dire, comme le médecin libéral (peut ne pas porter une blouse pour toutes consultations) qui se différencie du médecin en milieu hospitalier (a l'obligation de mettre une blouse pour toutes consultations…), le chrétien artiste doit faire, une bonne fois pour toutes, le bon choix de quitter définitivement le monde avec ses convoitises, ses modes, ses pratiques et habitudes…

En effet, comme l'enseignent les saintes écritures

1 Corinthiens 6 : 12 « Tout m'est permis, mais tout n'est pas utile ; tout m'est permis, mais je ne me laisserai pas asservir par quoi que ce soit. »

1 Corinthiens 10 : 23 « Tout est permis, mais tout n'est pas utile ; tout est permis, mais tout n'édifie pas. »

Le faux débat sur la mode du monde et la tenue vestimentaire en milieu chrétien nous semble archaïque et récurrent. La vraie mode en milieu chrétien et celle du Seigneur Jésus-Christ : port d'un vêtement décent… Et les Saintes Écritures de renchérir :

Apocalypse 22 : 10 – 13 « 10 – Et il me dit : Ne scelle pas les paroles de la prophétie de ce livre. Car le temps est proche. 11– Que celui qui est injuste soit encore injuste, que celui qui est souillé se souille encore ; et le juste pratique la justice, et que celui qui est saint se sanctifie encore 12-voici, je viens bientôt, et ma rétribution est avec moi, pour rendre à chacun selon ce qu'est son œuvre. 13– Je suis l'alpha et l'oméga, le premier et le dernier, le commencement et la fin. »

*****

• La traversée victorieuse du désert

Exode 13 : 17 – 18 « 17 – Lorsque Pharaon laissa aller le peuple, Dieu ne le conduisit point par le chemin du pays des Philistins, quoique le plus proche ; car Dieu dit : Le peuple pourrait se repentir en voyant la guerre, et retourner en Égypte. 18– Mais Dieu fit faire au peuple un détour par le chemin du désert, vers la mer Rouge. Les enfants d'Israël montèrent en armes hors du pays d'Égypte. »

Après 430 ans d'esclavage, Dieu décide d'affranchir son peuple en le faisant sortir d'Égypte et en le dirigeant vers la terre promise, « Canaan », là où coulent le lait et le miel…

Pourquoi l'Éternel Dieu a fait le choix d'un détour par le chemin du désert, vers la mer Rouge ?

En effet, il aurait pu le conduire par le chemin du pays des Philistins (à 4 ou 5 jours de marche), itinéraire le plus court, mais il choisit de le faire passer par le chemin de la mer rouge…

Serait-ce pour éviter la guerre contre les Philistins ?

Non, pas pour cette raison, car la guerre contre les Philistins aura quand même lieu, mais bien plus tard… Et avec l'aide de dieu, cette guerre sera bien gagnée par le peuple élu de dieu !

Pour quelles raisons donc Dieu fit-il faire à son peuple un détour par le chemin du désert, vers la mer Rouge ?

Que soit dit en passant, le détour par le chemin du désert dura en tout 40 ans !

Que Dieu ait choisi de faire passer son peuple par le chemin du désert est un événement « surprenant »… Qu'il ait choisi une voie sans issue, « la mer rouge », ne relève que de la puissance même de son nom, lui, le dieu de l'impossible.

Rien ne peut aller contre la volonté de Dieu… « La mer rouge » est un obstacle impossible à l'homme, mais possible à dieu. Moïse et le peuple israélite, par la grâce de Dieu, ont traversé la mer rouge, alors que les armées du pharaon se sont englouties dans les eaux.

Le choix du passage par la mer rouge est une façon de faire éclater la gloire de dieu ! L'obstacle de la mer Rouge, la fougue des armées du pharaon contre les enfants d'Israël, des situations parmi tant d'autres pour démontrer la puissance de dieu, la gloire de dieu qui dit aux enfants d'Israël :

Exode 14 : 14 « L'Éternel combattra pour vous ; et vous, gardez le silence. »

La grandeur de la puissance de dieu !

▶ L'étendue de l'océan ! la terre ! le ciel ! quel architecte est au-dessus de Dieu ?
▶ L'avion, oiseau fait des mains d'homme, qui vole embarquant des centaines des passagers ! Dieu en reste initiateur et réalisateur!

▶ Une femme enceinte… 9 mois passés, c'est un beau bébé qui pleure, qui rit… quelques décennies plus tard, ce petit bout devient un homme ! Une femme ! Dieu seul reste initiateur et réalisateur de telles métamorphoses !

Pourquoi Dieu a fait le choix d'un détour par le chemin du désert à son peuple ?

▶ Pour le briser spirituellement, lui parler, le former, l'éprouver, l'enseigner, le faire grandir…

C'est par la « traversée du désert » Dieu qui sonde nos cœurs vérifie la grandeur de l'amour que nous lui portons et le degré de notre fidélité à son égard, à sa parole !

La traversée spirituelle du désert est un moment de difficultés, d'échecs, d'incompréhensions, de doutes, de mise à l'épreuve de la foi chrétienne, de la confiance en Dieu dans un moment de manque de réussite, de brisement… une forme d'école de la vie chrétienne, un chemin important, un passage obligé vers le Christ…

Les saintes écritures parlent d'un homme fidèle nommé « Job », à qui Dieu avait tout donné. Job resta intègre, même lorsqu'il fut éprouvé :

Job 2 : 7 – 10 « 7 – … Satan frappa Job d'un ulcère malin, depuis la plante du pied jusqu'au sommet de la tête. 8– Et Job prit un tesson pour se gratter et s'assit sur la cendre. 9– Sa femme lui dit : Tu demeures ferme dans ton intégrité ! Maudis Dieu, et meurs ! 10– Mais Job lui répondit : Tu parles comme une femme insensée. Quoi ! nous recevons de Dieu le bien, et nous ne recevrions pas aussi le mal ! En tout cela, Job ne pécha point par ses lèvres. »

Dieu fit traverser le désert à Job qui avait tout perdu *Job 1 : 13 – 22* sauf son intégrité, sa soif de dieu, sa fidélité à dieu…

Job fut comblé : Dieu lui donna le double de ce qu'il avait perdu *Job 42 : 12 – 13*

Contrairement à l'intégrité de Job, bien des chrétiens ne déclarent « aimer dieu » que lorsque tout va bien dans leur vie, lorsqu'ils ne manquent de rien, obtiennent tout ce dont ils ont besoin…

Mais, lorsque Dieu leur fait traverser le « désert », leur confiance devient minime, illisible, voire inexistante et tendancieuse…

Selon leur entendement, cela ne peut pas venir de Dieu... Et les saintes écritures de nous exhorter à cet effet :

Lamentations de Jérémie 3 : 37 - 38 « 37 – Qui dira qu'une chose arrive, sans que le Seigneur l'ait ordonnée ? 38– N'est-ce pas de la volonté du Très-Haut que viennent les maux et les biens ? »

Quelques « Déserts » fréquents dans la vie chrétienne :

- **Le désert de Beer-Schebah** *[Genèse 21 : 5 – 16]*

Agar avait perdu l'appui d'Abraham. L'eau de son outre était épuisée, son pain était épuisé. Elle abandonna son enfant pour ne pas le voir mourir.

C'est aussi dans le désert de Beer-Schebah que le grand prophète Élie se réfugia lorsqu'il fut pourchassé par le roi Achab et la reine Jézabel après qu'il eut confondu et égorgé les 450 prophètes de Baal et les 450 prophètes d'Astarté... Épuisé, le prophète Élie *« ... s'assit sous un genêt et demanda la mort en disant : C'est assez ! Maintenant, Éternel, prends mon âme, car je ne suis pas meilleur que mes pères » [1 Rois 19 : 3]*

Le comportement d'Agar, mère d'Ismaël, et celui du prophète Élie symbolisent encore de nos jours, entre autres :

- ▶ le découragement ;
- ▶ le désespoir ;
- ▶ la détresse.

Le « désert de Beer-Schebah », c'est, entre autres, la situation où :
- ▶ toutes les ressources naturelles disparaissent ;
- ▶ l'on est épuisé physiquement, spirituellement, moralement ;
- ▶ l'on est dans le désespoir total.

Le « désert de Beer-Schebah » c'est la situation où l'on se dit : « d'où me viendra le secours ? »

Agar a oublié que Yawhé-Jireh est un dieu de l'impossible, un dieu qui appelle à l'existence ce qui n'existe pas, un dieu pourvoyeur.

Le secours ne viendra que de Dieu,

Psaume 147 : 3 « Il guérit ceux qui ont le cœur brisé, et il panse leurs blessures »

Le secours ne vient que de Dieu, comme on peut lire la suite de l'histoire d'Agar et celle du prophète Élie :

Genèse 21 : 17 - 19 (le secours à Agar et à Ismaël son enfant)

1 Rois 19 : 5 – 6 (le secours à Élie)

Et les saintes écritures de renchérir :

Psaume 34 : 8 « L'ange de l'Éternel campe autour de ceux qui le craignent et il les arrache au danger. »

Philippiens 4 : 13 « Je puis tout par celui qui me fortifie. »

Jésus-Christ est toujours là, ne l'oublions pas. Nous pouvons entendre sa voix, nous pouvons écouter sa voix. Ainsi, Il ouvrira nos yeux comme il a ouvert les yeux d'Agar pour qu'elle voie le puits d'eau près d'elle et qu'elle en puise pour se désaltérer.

- **Le Désert de Schur** *[Exode 15 : 22 – 25]*

À « Mara », parce qu'il lui manque de l'eau à boire, l'amertume cachée dans le cœur du peuple d'Israël se fait jour, et il commence à

murmurer... Les temps difficiles révèlent les choses que l'on a au plus profond de soi, à savoir, entre autres :
- ▶ la haine ;
- ▶ la rancune ;
- ▶ l'amertume ;
- ▶ les murmures.

Mais, lorsque Moïse jeta le morceau de bois dans l'eau, le peuple d'Israël a bu de l'eau douce...

Le morceau de bois symbolise la croix de Christ. Eh oui, pendant les temps difficiles, il y a la croix de Jésus-Christ qui apporte la paix, la parole de dieu.
Cette croix, ce morceau de bois :
- ▶ change nos vies ;
- ▶ guérit nos maladies dues au manque du pardon.

Le désert de Schur symbolise la haine, la rancune, l'amertume, les murmures... tant de choses qui se trouvent au fond de nous et qui sont révélées en nous par les temps difficiles. Ces choses ne disparaissent définitivement que si et seulement si nous serrons la parole de Dieu dans notre cœur afin de ne pas pécher, afin de pardonner en tout instant comme Christ ne cesse de nous pardonner nos offenses, nos égarements, nos mensonges, nos adultères, nos jalousies...

- **Le Désert de Sin** *[Exode 16 : 1 – 3]*

Malgré le miracle de *Mara*, le peuple d'Israël a continué à murmurer... aujourd'hui, le désert de **Sin**, c'est la rencontre des problèmes financiers, problèmes physiques... Si nous n'avons pas confiance en dieu pour les problèmes matériels qui surgissent dans notre vie, comment pouvons-nous avoir confiance en dieu pour la vie éternelle ? (le salut)... Dieu intervient dans les choses matérielles, physiques et financières parce qu'il est un dieu qui prend soin de nous. Il veut que nous lui fassions confiance.

- **Le Désert de Sinaï** *[Exode 32 : 1 – 6]*

Parce que Moïse tardait à redescendre de la montagne, la présence de dieu semblait lointaine et le peuple d'Israël a fait un veau d'or... Il y a manque notoire de confiance, loin, très loin de la foi du juste : *« ... le juste vivra par la foi ». [Romains 1 : 17]*

Le Peuple est impatient, manque de persévérance à l'inverse de Job qui est resté patient et intègre... Le désert de Sinaï, c'est :
▶ Le manque de persévérance ;
▶ Le manque de patience ;
▶ La découverte ou le retour aux idoles, aux expédients, aux marabouts (voyance, fétiches, carte, sorcellerie, horoscope, boule de cristal... produits.) ;
▶ L'endurcissement de nos cœurs empêchant ainsi le travail du Saint-Esprit.

Le désert, comme chemin Choisi par l'Éternel Dieu pour faire passer le Peuple d'Israël, Peuple élu, devrait, de nos jours encore, être pour chacun de nous un passage important et obligé dans les étapes du cheminement vers la Maturité spirituelle...

En effet, en nous faisant traverser le Désert, Jésus-Christ veut nous parler dans la Vérité de sa Présence en inoculant dans nos vies :
▶ Le brisement spirituel ;
▶ L'écoute et la crainte de Dieu ;
▶ L'amour du prochain et le pardon...

En fait, quand nous aurons désherbé, labouré et préparé le terrain de nos cœurs, Christ fera refleurir nos Déserts et nous apportera les solutions appropriées au moment opportun...

Deutéronome 8 : 14 – 15 « 14 – Prends garde que ton cœur ne s'enfle, et que tu n'oublies l'Éternel, ton Dieu, qui t'a fait sortir du pays d'Égypte, de la maison de servitude, 15-qui t'a fait marcher dans ce grand et affreux désert, où il y a des serpents brûlants et des scorpions, dans des lieux arides et sans eau, et qui a fait jaillir pour toi de l'eau du rocher le plus dur. »

*****

- **L'Église des Temps de la Fin, l'Église de Laodicée**

Apocalypse 3 : 14 – 22 « 14 – Écrit à l'ange de l'Église de Laodicée : Voici ce que dit l'Amen, le témoin fidèle et véritable, le commencement de la création de Dieu : 15 – Je connais tes œuvres. Je sais que tu n'es ni froid ni bouillant. Puisses-tu être froid ou bouillon ? 16– Ainsi, parce que tu es tiède, et que tu n'es ni froid ni bouillant, je te vomirai de ma bouche. 17– Parce que tu dis : Je suis riche, je me suis enrichi, et je n'ai besoin de rien, et parce que tu ne sais pas que tu es malheureux, misérable, pauvre, aveugle et nu. 18– Je te conseille d'acheter de moi de l'or éprouvé par le feu, afin que tu deviennes riche, et des vêtements blancs, afin que tu sois vêtu et que la honte de ta nudité ne paraisse pas, et un collyre pour oindre tes yeux, afin que tu voies. 19– Moi, je reprends et je châtie tous ceux que j'aime. Aie donc un zèle, et repens-toi. 20– Voici, je me tiens à la porte, et je frappe. Si quelqu'un entend ma voix et ouvre la porte, j'entrerai chez lui, je souperai avec lui, et lui avec moi. 21– Celui qui vaincra, je le ferai asseoir avec moi sur mon trône, comme moi j'ai vaincu et me suis assis avec mon Père sur son trône. 22– Que celui qui a des oreilles entende ce que l'Esprit dit aux Églises ! »

Cette lettre, comme les six autres adressées aux sept églises de la province romaine d'Asie, est porteuse d'un message prophétique particulier au ministre de Jésus-Christ, le berger ou l'ange de l'église, et à l'ensemble des chrétiens, à une période donnée de l'histoire de la vie chrétienne…

C'est en Asie mineure, dans la petite île de Patmos (16 km de long sur 9 km de large) où il fut banni à cause de la Parole de dieu et du témoignage de Jésus-Christ que l'apôtre Jean avait reçu tout le contenu du livre de la révélation de Jésus-Christ ou l'Apocalypse :

Apocalypse 1 : 9 – 11 « 9 – Moi Jean, votre frère, et qui ai part avec vous à la tribulation et au royaume et à la persévérance en Jésus, j'étais dans l'île appelée Patmos, à cause de la parole de Dieu et du témoignage de Jésus. 10– Je fus ravi en esprit au jour du Seigneur, et j'entendis derrière moi une voix forte, comme le son d'une trompette, 11-qui disait : Ce que tu vois, écris-le dans un livre, et envoie-le aux sept Églises, à Éphèse, à Smyrne, à Pergame, à Thyatire, à Sardes, à Philadelphie, et à Laodicée. »

C'est bien le seigneur Jésus-Christ lui-même qui est l'auteur de chacune de ces sept lettres, révélées par lui-même à l'apôtre Jean…
La lettre à l'église de Laodicée, la dernière donc, a une importance certaine dans la révélation faite par le seigneur Jésus-Christ sur la vie chrétienne au temps de la fin.

En effet, le message prophétique adressé à l'église de Laodicée, la septième église, ne peut faire l'économie de son impact sur l'église chrétienne évangélique actuelle…Et l'apôtre Pierre de renchérir :

1 Pierre 4 : 7 – 16 « 7 – La fin de toutes choses est proche. Soyez donc sages et sobres, pour vaquer à la prière. 8– Avant tout, ayez les uns pour les autres une ardente charité, car la charité couvre une multitude de péchés. 9– Exercez l'hospitalité les uns envers les autres, sans murmures. 10– Comme de bons dispensateurs des diverses grâces de Dieu, que chacun de vous mette au service des autres le don qu'il a reçu. 11– Si quelqu'un parle, que ce soit comme annonçant les oracles de Dieu ; si quelqu'un remplit un ministère, qu'il le remplisse selon la force que Dieu communique, afin qu'en toutes choses Dieu soit glorifié par Jésus-Christ, à qui appartiennent la gloire et la puissance, aux siècles des siècles. Amen ! 12 – Bien-aimés, ne soyez pas surpris, comme d'une chose étrange qui vous arrive, de la fournaise qui est au milieu de vous pour vous éprouver. 13 – Réjouissez-vous, au contraire, de la part que vous avez aux souffrances de Christ, afin que vous soyez aussi dans la joie et dans l'allégresse lorsque sa gloire apparaîtra. 14 – Si vous êtes outragés pour le nom de Christ, vous êtes heureux, parce que l'Esprit de gloire, l'Esprit de Dieu, repose sur vous. 15 – Que nul de vous, en effet, ne souffre comme meurtrier, ou voleur, ou malfaiteur, ou comme s'ingérant dans les affaires d'autrui. 16 – Mais si quelqu'un souffre comme chrétien, qu'il n'en ait point honte, et que plutôt il glorifie Dieu à cause de ce nom. »

Cette exhortation de l'apôtre Pierre sur le temps de la fin m'interpellant à juste titre, me permet d'extrapoler sur l'émergence de la boue nauséabonde qui mine, de nos jours, l'église de Jésus-Christ, entre autres :

- ▶ Chez les Brebis (enfants de dieu) :
- La séduction ;
- La distraction ;
- La prostitution spirituelle ;
- Le découragement ;
- Le fanatisme aveugle ;
- L'idolâtrie ;
- L'apostasie ;
- La trahison ;
- Les querelles ;
- Les colères ;
- Les murmures…

- ▶ Chez les ministres de Jésus-Christ et conducteurs :

- Les dénigrements ;
- Les calomnies ;
- Les divisions ;
- L'autosuffisance ;
- L'orgueil ;
- La recherche du profit par le mensonge;
- Les complots et les guerres fratricides…

À tous ces maux qui ne visent que la destruction de l'église, la vraie communauté chrétienne évangélique devrait opposer :
- L'unité ;
- L'abnégation ;
- la charité et le pardon ;
- La mise en pratique de la parole de dieu ;
- L'importance de la prière ;
- L'intercession ;
- La crainte de dieu ;
- La sanctification ;
- La foi en christ ;
- La sagesse d'en-haut ;
- La lecture et la méditation de la parole ;
- L'assiduité et la persévérance aux enseignements ;
- La participation à toutes les activités de l'église…

Deux petites précisions avant d'essayer de rentrer en possession du contenu de la prophétie de la dernière lettre du seigneur aux chrétiens de l'église de Laodicée, l'église des temps de la fin :

– Laodicée était une ville riche qui comptait en son sein, une banque, un commerce important de laine, une école de médecine. Elle fabriquait aussi un collyre renommé pour l'amélioration de la vue. À cause de ses richesses matérielles, la ville de Laodicée était « orgueilleuse, autosuffisante, éloignée de la parole de Jésus-Christ, donc pauvre et aveugle spirituellement. »

– Dépourvue des sources d'eau suffisantes, la ville de Laodicée s'approvisionnait aux eaux thermales de la ville voisine, Hiéropolis. En fait, les eaux bouillantes étaient acheminées de Hiéropolis à Laodicée par une canalisation faite de pierres. La conséquence de ce moyen de transfert est que les eaux, bouillantes au départ, arrivaient tièdes à Laodicée…

De ce fait, ces eaux, excellentes pour les bains thérapeutiques, devenaient « imbuvables » pour les hommes…

Après ces deux informations essentielles, essayons d'examiner *[Apocalypse 3 : 14 - 22])*, l'adresse du Seigneur Jésus-Christ à l'église de Laodicée, église du temps de la fin

▶ 1 – Le Seigneur Jésus-Christ ne trouve rien de positif dans l'église du temps de la fin dont le principal point négatif est sa tiédeur spirituelle… *elle n'est ni froide ni bouillante… elle est tiède spirituellement parce que :*
– Envahie par le matérialisme,
– Tournée vers les richesses du monde : l'irresponsabilité, le mensonge, le vol, l'hypocrisie, la fornication, les commérages, l'alcool, l'orgueil, l'autosuffisance, le ressentiment, la rancune…

Jésus-Christ revient bientôt, mais la communauté chrétienne évangélique de réveil ou réveillée, de nos jours, ne trouve pas la motivation nécessaire pour se préparer à cet événement, chacun demeure dans la distraction, à l'exemple de ces réponses subliminales de bien des frères et soeurs invités aux activités de l'église:

Participer ?

À la réunion d'intercession ?
– Ce n'est pas mon problème, je n'ai pas envie…je suis retenu par quelque chose…

À la veillée de prière ?
– Ce n'est pas notre affaire ; d'ailleurs, j'ai beaucoup à faire à la maison.
– Je sens trop de fatigue, je dois récupérer...

Au culte d'actions de grâce ?
– Ce n'est pas possible, j'ai a un truc très, très important à faire...

Quoi ?

Obéir à la Parole de Dieu ?
– Je ne suis pas disposé, trop de problèmes à solutionner ...

Être fidèle dans les offrandes pour l'œuvre de Dieu ?
– Qu'est-ce à dire ?
– L'on ne pourrait pas avec toutes ces factures, et déjà les huissiers qui menacent.

Participer à la dîme ?
– Ce n'est pas à l'ordre du jour, l'on ne peut pas avec tous ces problèmes ?

Lire la bible ? méditer la parole de Dieu ?
– Pas de temps, l'on a beaucoup à faire

Jeûner et prier ?
– Et quoi encore ? l'on n'a pas le temps de se priver de si belles sauces...

Pardonner ?
– Ah ! ça jamais, jusqu'à la mort...

Intégrer la chorale ?

– Très amusant, mais l'on pas le temps et l'on ne sait ni chanter, ni jouer d'un instrument...

Intégrer le protocole ?
– Rester planté comme un poteau accueillir les gens ! ce n'est pas pour moi.
▶ 2 – Alors, le Seigneur Jésus-Christ *délivre une Ordonnance spirituelle* à l'église des temps de la fin *sur 5 (cinq) prescriptions :*

V. 18 :

1e prescription : *de l'or éprouvé par le feu,* ce qui symbolise la foi en Jésus-Christ, éprouvée par le feu de l'adversité et le combat contre le péché...

Colossiens 1 : 26 – 27 « 26-le mystère caché de tout temps et dans tous les âges, mais révélé maintenant à ses saints, 27-à qui Dieu a voulu faire connaître quelle est la glorieuse richesse de ce mystère parmi les païens, savoir : Christ en vous, l'espérance de la gloire. »

2e prescription : *des vêtements blancs* qui symbolisent la justice de Jésus-Christ qui nous lave nos péchés. En effet, le vêtement blanc qui couvre notre nudité est la justice de Jésus-Christ.

3e prescription : *du collyre pour oindre les yeux* : ce qui symbolise le saint-esprit, Révélateur de notre véritable condition spirituelle

V. 19 :

4e prescription : *le zèle de la repentance* : L'église des temps de la fin doit se réveiller et se repentir, car le retour de Jésus-Christ est imminent... Nous risquons de ne pas être prêts pour cet événement capital de notre vie chrétienne... le zèle et la repentance composant étroitement avec la place de la Parole de Dieu dans notre vie de tous les jours.

V. 20 :

5ᵉ prescription : *l'ouverture de son cœur à Jésus-Christ et le confesser comme seigneur et sauveur :* Jésus-Christ nous invite à le laisser entrer dans notre cœur, afin qu'il puisse y agir comme nous le conseille les saintes écritures :

Hébreux 3 : 7 – 8 « 7 – C'est pourquoi, selon ce que dit le Saint-Esprit : Aujourd'hui, si vous entendez sa voix, 8 – n'endurcissez pas vos cœurs, comme lors de la révolte, le jour de la tentation dans le désert. »

Cette bonne nouvelle de Jésus-Christ, portons-la à notre frère, à notre sœur, à notre collègue, à notre ami, à notre camarade de classe…

N'ayons pas honte de parler de Jésus-Christ autour de nous, dans nos familles respectives, notre quartier, notre cage d'escalier, notre lieu de travail, notre établissement scolaire ou universitaire…

Ne soyons pas, ne soyons plus des chrétiens à temps partiel, des chrétiens occasionnels, des chrétiens spécialistes de l'absentéisme récurrent, soyons des vrais adorateurs permanents afin d'ouvrir droit aux promesses du seigneur Jésus-Christ, entre autres :

Apocalypse 3 : 20 – 23 « 20 – Voici, je me tiens à la porte, et je frappe. Si quelqu'un entend ma voix et ouvre la porte, j'entrerai chez lui, je souperai avec lui, et lui avec moi. 21– Celui qui vaincra, je le ferai asseoir avec moi sur mon trône, comme moi j'ai vaincu et me suis assis avec mon Père sur son trône. 22– Que celui qui a des oreilles entende ce que l'Esprit dit aux Églises. »

Zacharie 1 : 3 « Dis-leur donc : Ainsi parle l'Éternel des armées : Revenez à moi dit l'Éternel des armées et je reviendrai à vous dit l'Éternel des armées »

Matthieu 25 : 13 « Veillez donc puisque vous ne savez ni le jour ni l'heure. »

- **À propos de l'infiltration étrangère au sein de l'assemblée des saints**

Par « étrangère », entendons « Satanique », « non conforme » à la vie en communauté chrétienne évangélique…

2 Pierre 2 : 9 – 20 « 9 – Le Seigneur sait délivrer de l'épreuve les hommes pieux, et réserver les injustes pour être punis au jour du jugement, 10-ceux surtout qui vont après la chair dans un désir d'impureté et qui méprisent l'autorité. Audacieux et arrogants. Ils ne craignent pas d'injurier les gloires, 11-tandis que les anges, supérieurs en force et en puissance, ne portent pas contre elles de jugement injurieux devant le Seigneur. 12– Mais eux, semblables à des brutes qui s'abandonnent à leurs penchants naturels et qui nées pour être prises et détruites, ils parlent d'une manière injurieuse de ce qu'ils ignorent, et ils périront par leur propre corruption, 13-recevant ainsi le salaire de leur iniquité. Ils trouvent leurs délices à se livrer au plaisir en plein jour ; hommes tarés et souillés, ils se délectent dans leurs tromperies, en faisant bonne chère avec vous. 14– Ils ont les yeux pleins d'adultère et insatiables de péché ; ils amorcent les âmes mal affermies ; ils ont le cœur exercé à la cupidité ; ce sont des enfants de malédiction. 15– Après avoir quitté le droit chemin, ils se sont égarés en suivant la voie de Balaam, fils de Bosor, qui aima le salaire de l'iniquité, 16-mais qui fut repris pour sa transgression : une ânesse muette, faisant entendre une voix d'homme, arrêta la démence du prophète. 17– Ces gens-là sont des fontaines sans eau, des nuées que chasse un tourbillon : l'obscurité des ténèbres leur est réservée. 18– Avec des discours enflés de vanité, ils amorcent par les convoitises de la chair, par les dissolutions, ceux qui viennent à peine d'échapper aux hommes qui vivent dans l'égarement ; 19-ils leur promettent la liberté, quand ils sont eux-mêmes esclaves de la corruption, car chacun est esclave de ce qui a triomphé de lui. 20– En effet, si, après s'être retirés des souillures du monde, par la connaissance du Seigneur et Sauveur Jésus-Christ, ils s'y engagent de nouveau et sont vaincus, leur dernière condition est pire que la première. 21– Car mieux valait pour eux n'avoir pas connu la voie de la justice, que de se détourner, après l'avoir connue, du saint commandement qui leur avait été donné. 22– Il leur est arrivé ce que dit un proverbe vrai : Le chien est retourné à ce qu'il avait vomi, et la truie lavée s'est vautrée dans le bourbier. »

L'apôtre Pierre pose ici l'une des problématiques de la vraie conversion, non pas celle des disciples jeunes dans la foi en christ, mais d'une petite minorité illisible des chrétiens pourtant perçus comme « expérimentés, affermis », et ayant un certain charisme qui les fait apprécier des autres, surtout de nouveaux convertis et de nouveaux adhérents à l'église…

En abordant ce sujet, il est important de prendre toutes les précautions possibles de ne pas faire des amalgames en catégorisant tous les chrétiens « expérimentés » comme faisant partie des infiltrés, la dénonciation relevant en vérité et en exclusivité du Saint-Esprit qui en fait un signalement dans l'église de prière, intercession, amour, crainte de dieu, vie de consécration et partage… Le repérage d'un élément infiltré relève d'une prudence et d'une confirmation par le Saint-Esprit…

Dans mes débuts avec Christ, je faisais partie d'une église qui avait le défaut de détecter de « faux sorciers »… En effet, au cours d'une veillée de prière que mon épouse, madame Diké et moi n'avions pas pu rejoindre avant minuit, le berger avait demandé, en notre absence, que les participants fassent une prière d'autorité contre nous qui aurions été bloqués à domicile, selon le saint-esprit qui lui aurait révélé notre sorcellerie contre l'avancement de l'œuvre de Dieu…

L'église était en train de chasser et envoyer dans les lieux arides au nom tout puissant de Jéus-Christ les esprits sorciers des trois absents bloqués chez eux que nous étions (madame Diké, mon épouse et moi), lorsque que nous entrâmes dans la salle de veillée. Grand choc pour le berger, le modérateur et toute l'église qui pensaient que nous n'y serions pas cette nuit-là, compte tenu du retard du fait que d'habitude nous arrivions toujours avant tout le monde. Nous les surpris donc surpris en flagrant délit de diffamation spirituelle... Les Frères et Sœurs qui nous avaient aperçus s'étaient arrêtés net, pendant que l'église s'évertuait à nous chasser et nous envoyer dans les lieux arides... À la fin de la veillée vers 06 h du matin, nous rentrâmes chez nous... Cet incident avait fortement écorché ma foi...

Toujours est-il que madame Diké, mon Épouse et moi ayant placé notre foi, non pas sur le berger, mais sur Jésus-Christ, avions continué de fréquenter cette assemblée pendant quelques années encore... L'incident était clos après que nous avions échangé avec le berger au cours d'un séminaire sur la démonologie. Le berger s'était excusé de sa maladresse « consciente » parce qu'il pensait que j'avais l'intention de lui prendre la direction de l'assemblée; alors pour me discréditer, il avait profité de mon absence pour me faire passer pour un suspect, un sorcier auprès de l'église...

Comme quoi la dénonciation des infiltrés est une mission foncièrement spirituelle, délicate, qu'il ne faut oser qu'après avoir sondé l'esprit de discernement...

Une minorité de ces chrétiens révélés par le Saint-Esprit comme étant « faux » sont généralement parmi les « expérimentés/affirmis » qui semblent avoir une foi et une vie spirituelle avec, pourtant, un masque dangereux contre l'église :
– À première vue, ils sont gentils, abordables ;
– S'appuyant sur leur intelligence humaine, ils semblent maîtriser les choses de dieu ;
– Ils sont capables de belles prières et de bien des paroles susceptibles d'attirer l'admiration des autres ;

365

– Leur fonds de commerce spirituel semble assez bien fourni en connaissances de Jésus-Christ, en exploits théologiques et en expériences si attrayantes, mais réalisées dans des églises lointaines (difficiles à vérifier) ;
– Ils ne respectent ni la vision ni l'autorité de l'église ;
– La repentance ne fait pas partie de leur vie ;
– La vérité, selon la parole de dieu, ne fait pas partie de leur vie ;
– Le mensonge et l'hypocrisie sont leurs recettes de séduction ;
– Ils semblent tout savoir ;
– Ils sont audacieux, arrogants, diviseurs, enflés d'orgueil et de vanité ;
– Ils vont vers les chrétiens non encore affermis qu'ils gardent en esclavage dans leurs grands airs de « connaisseurs infaillibles » ;
– Tout en eux semble apporter quelque chose de spécial dans la relation avec Christ, un véritable modèle à imiter, tellement que ces faux « Chrétiens expérimentés/affermis » ont une Verve Oratoire qui ne laisse personne indifférente ;
– Mais au fond d'eux-mêmes, ces faux frères qui semblent si « expérimentés/affermis » avec un charisme irréprochable, ne sont que des « imposteurs » qui conduisent les chrétiens mal affermis dans la perdition.

[2 Pierre 2 : 17] les appelle « des fontaines sans eau, des nuées » et [Jude 12] parle « des nuées sans eau »

En principe, « la nuée » annonce « la pluie » et l'on met toute son espérance dans la présence de la nuée... Mais ici, cette nuée est sans eau... quelle déception, une nuée sans eau ! qu'est-ce à dire ?

En leur for intérieur, ces personnes infiltrées savent que :
– Leur vie est contraire aux enseignements de Christ ;
– Elles vivent dans un « faux semblant » ;
– Elles ne sont pas fiables ;
– Que l'église et les enfants de Dieu devraient s'en méfier...

C'est un danger pour les chrétiens et pour l'église qui doivent les démasquer rapidement, les mettre hors d'état de nuire... Cela n'est possible que si, et seulement si, l'église est capable de vérifier, examiner chaque jour, pour voir si ce qu'on lui enseigne est conforme aux saintes écritures, comme le faisaient les chrétiens de Bérée *[Actes 17 : 11]*.

En fait, les infiltrations des personnes à double carapace dans les milieux des gens qui s'adonnent à l'Éternel Dieu, milieux où il y a la crainte de dieu, étaient déjà perceptibles dans l'ancien testament, tout juste après que l'Éternel Dieu avait sorti le Peuple d'Israël de l'Égypte :
Exode 14 [Passage de la mer rouge]
Exode 16 [Murmures dans le désert de Sin]
Exode 17 [Murmures à Rephidim... le Rocher d'Horeb]
Exode 32 [Le Veau d'Or]

En effet, les Infiltrés ont toujours été à l'origine des murmures, des convoitises, des incartades, des divisions, des rébellions, voire de la destruction de l'Église...

C'est dire que, dès que l'église parle par exemple de projet, les infiltrés s'érigent en faux pour désinformer les chrétiens, les décourager, les garder « dans l'immobilisme » dans le seul but de ne pas faire avancer l'œuvre de Jésus-Christ...

Sur le sujet, l'évangéliste Luc, , ami de l'apôtre Paul, nous rapporte un témoignage riche en enseignements :

[Actes 4 : 32 – Actes 5 : 11] « Actes 4 : 32 – La multitude de ceux qui avaient cru n'était qu'un cœur et qu'une âme. Nul ne disait que ses biens lui appartinssent en propre, mais tout était commun entre eux. 4 : 33 – Les apôtres rendaient avec beaucoup de force témoignage de la résurrection du Seigneur Jésus. Et une grande grâce reposait sur

eux tous. 4 : 34 – Car il n'y avait parmi eux aucun indigent : tous ceux qui possédaient des champs ou des maisons les vendaient, apportaient le prix de ce qu'ils avaient vendu, 4 : 35 – Et le déposaient aux pieds des apôtres ; et l'on faisait des distributions à chacun selon qu'il en avait besoin. 4 : 36 - Joseph, surnommé par les apôtres, Barnabas, ce qui signifie fils d'exhortation, Lévite, originaire de Chypre, 4 : 37- vendit un champ qu'il possédait, apporta l'argent, et le déposa aux pieds des apôtres. 5 : 1 – Mais un homme nommé Ananias, avec Saphira sa femme, vendit une propriété, 5 : 2 — et retint une partie du prix, sa femme le sachant ; puis il apporta le reste, et le déposa aux pieds des apôtres. 5 : 3 – Pierre lui dit : Ananias, pourquoi Satan a-t-il rempli ton cœur, au point que tu mentes au Saint-Esprit, et que tu aies retenu une partie du prix du champ ? 5 : 4 – S'il n'eût pas été vendu, ne te restait-il pas ? Et, après qu'il a été vendu, le prix n'était-il pas à ta disposition ? Comment as-tu pu mettre en ton cœur un pareil dessein ? Ce n'est pas à des hommes que tu as menti, mais à Dieu. 5 : 5 – Ananias, entendant ces paroles, tomba, et expira. Une grande crainte saisit tous les auditeurs. 5 : 6 – Les jeunes gens, s'étant levés, l'enveloppèrent, l'emportèrent, et l'ensevelirent. 5 : 7 – Environ trois heures plus tard, sa femme entra, sans savoir ce qui était arrivé. 5 : 8 – Pierre lui adressa la parole : Dis-moi, est-ce à un tel prix que vous avez vendu le champ ? Oui, répondit-elle, c'est à ce prix-là. 5 : 9 – Alors Pierre lui dit : Comment vous êtes-vous accordés pour tenter l'Esprit du Seigneur ? Voici, ceux qui ont enseveli ton mari sont à la porte, et ils t'emporteront. 5 : 10 – Au même instant, elle tomba aux pieds de l'apôtre, et expira. Les jeunes gens, étant entrés, la trouvèrent morte ; ils l'emportèrent, et l'ensevelirent auprès de son mari. 5 : 11 – Une grande crainte s'empara de toute l'assemblée et de tous ceux qui apprirent ces choses. »

Ces événements avaient eu lieu tout au début de l'installation de la 1re Église de Jésus-Christ sous le contrôle du Saint-Esprit.

Quelques observations :

– Barnabas, Ananias et sa femme Saphira appartenaient à la même communauté chrétienne ;
– Ils assistaient, tous probablement, à la célébration du nom de Jésus-Christ ;
– Ils avaient adhéré, tous certainement, au même projet de la communauté ;
– Avaient-ils tous le même niveau de conversion ?
– Le nom de Jésus-Christ avait-il la même résonance chez tous les trois ?
– Avaient-ils tous les trois la même crainte de Dieu ?
– Pourquoi ce projet de vendre tous ses biens et mettre tout ensemble ?
– Étaient-ils tous les trois obligés de vendre leurs biens et déposer tout le prix ?
– Pouvaient-ils en retirer une partie du prix et déposer l'autre partie aux pieds des apôtres ? (oui, à condition de dire le vrai prix) ;
– Pouvaient-ils tout garder et ne rien déposer ? (oui, à condition de dire le prix et dire qu'on l'avait gardé pour telle ou telle raison).

Barnabas tient parole, il est fiable. C'est un bon modèle.

Ananias et Saphira sont foudroyés parce qu'ils ont menti sur le prix de vente de leur propriété.

Ils avaient le droit de retirer un peu du prix et dire le vrai prix et le montant retiré. Malheureusement, aujourd'hui encore, bien des chrétiens, dont nous faisons partie, sont comme Ananias et Saphira (que dire du montant exact de nos ressources – nos dîmes impayées, nos participations aux offrandes non honorées – nos libéralités inexistantes...)

Si Barnabas était converti en esprit et en vérité, Ananias et Saphira, comme beaucoup d'entre nous, ne l'étaient pas du tout. La Conversion reste un Problème sérieux et vrai qui mine le Chrétien...

L'Infiltration Satanique est un État des Lieux, un Constat, une Résultante, un Positionnement, un Comportement, une sorte d'Escroquerie spirituelle qui se traduit par deux attitudes contradictoires malicieusement « dissimulées ».

En effet, un Infiltré dans une église est « quelqu'un d'assez habile » qui ne cesse de déclarer « appartenir entièrement » à la communauté tout en cherchant « en son for intérieur » de dissimuler tant bien que mal son intention de détruire cette même église.

Il s'agit bien d'une personne qui se dit « chrétienne » et appartenir à une église, dans le seul but de nuire à l'avancement de l'œuvre de Dieu. Cette personne peut ne pas avoir une verve oratoire, mais les idées qu'elle émet séduisent et, contre toute attente, la mise en pratique desdites idées ne favorise ni la croissance spirituelle ni la croissance numérique. Alors, on se trouve dans un véritable « labyrinthe » spirituel cheminant inexorablement vers un « aquarium » plus ou moins sectaire et statique.

Toutefois, deux possibilités sont envisageables :
– La 1re : l'infiltré prend conscience de son état de nuisance et se repent sincèrement ; le changement devient possible et l'implication sincère dans l'œuvre de Christ est possible ;
– La 2e : l'infiltré persiste dans son état de nuisance et se plaît dans son rôle, seul le Saint-Esprit peut l'en dissuader et le ramener si possible vers Jésus-Christ.

C'est dire que bien des problèmes d'incompréhension, de maladie, de querelles, de jalousie, de haine, de murmure, d'échec que rencontrent les enfants de dieu dans leur quotidien sont l'œuvre de Satan…

Par sa nature même, Satan s'emploie à maintenir sous son influence un nombre important des personnes qu'il recrute sous certains critères bien établis.

Le danger pour ces personnes, sous influence Satanique, se définit par le fait qu'elles nuisent aussi bien à elles-mêmes qu'aux autres.
En effet, les saintes écritures nous enseignent que Satan, cet être rusé et malin, avait été créé *parfait en beauté et en sagesse (Ézéchiel 28 : 12 – 13),* avait été *cet ange qui couvrait le trône de Dieu [Ézéchiel 28 : 14],* mais, l'orgueil et la vanité ayant envahi ses pensées, *« l'ange de lumière »* s'imaginait déjà être capable de prendre la place de Dieu *[Ésaïe 14 : 12 – 15].*

Près d'un tiers des anges accompagnèrent le diable, Satan - *« L'Ange de Lumière »* dans sa rébellion *(Apocalypse 12 : 9)* qui le conduisit :
– À la corruption *(Ézéchiel 28 : 15 – 17)* ;
– Aux actions violentes *(Ézéchiel 28 : 16)* ;
– À la propagation du mensonge, de la haine et du meurtre *(Jean 8 : 44)* ;
– À la destruction *(Apocalypse 9 : 11)* ;
– À la séduction *(Apocalypse 12 : 9).*

Toute action d'infiltration Satanique s'érige en faux contre le plan parfait de Dieu, créateur de l'homme à son image et à sa ressemblance *[Genèse 1: 26]* afin que l'homme bénéficie des projets de paix et non de malheur que Dieu a formés sur lui *[jérémie 29: 11]*

Ce Plan si merveilleux de dieu n'était pas du goût de Satan qui s'attaqua outrageusement contre la 1re cellule familiale des enfants de dieu en :
– séduisant Adam et Eve *(Genèse 3 : 1 – 12)*
– injectant de la haine et de la méchanceté dans le cœur de Caïn qui perpétra le 1er assassinat de l'histoire des enfants de dieu, en la

personne de son jeune frère Abel pour une histoire d'offrandes *[Genèse 4 : 1 – 10]*

Par ailleurs, Satan suffisamment conscient de l'importance de l'église chrétienne et de sa mission d'évangélisation, d'enseignement et d'affermissement dans le monde des convertis et des non – convertis ne peut s'empêcher de les infiltrer aux fins de les détruire parce qu'elles sont des entités du Seigneur Jésus-Christ.

En effet, Satan sait que c'est un grand danger pour lui de laisser l'église :
• Prêcher l'évangile de Jésus-Christ ;
• Avertir le monde d'un jugement certain ;
• Paître le troupeau que Jésus-Christ a sorti du monde.

Pour ce faire, le diable, Satan ne ménage aucun effort pour combattre l'église chrétienne évangélique. Comment opère-t-il ?

Choix d'un terrain favorable : une église sans vie de prière et non affermie et le cœur de tout disciple de Christ qui se dit chrétien », mais qui :
– Demeure dans la distraction spirituelle ;
– Ne trouve jamais le temps de prier ;
– N'attache aucune importance à la sanctification et à la crainte de Dieu ;
– Se plaît dans l'idolâtrie, l'impudicité, l'adultère, la fornication, le mensonge ;
– Ne semble pas réellement converti ;
– Est facilement influençable en pensées et en actes ;
– Manque de personnalité et de maturité.

Deux de ses modes opératoires :

1 – Le déguisement

Aujourd'hui encore, dans bien des assemblées chrétiennes évangéliques, il n'est pas rare d'observer que bien des infiltrés (frères et sœurs) prétendent être des chrétiens, membres à part entière du corps de Christ en revendiquant parfois une certaine importance au sein de cette assemblée des saints… Malheureusement, leurs actes sont en forte contradiction avec leurs déclarations et leurs prétentions, à telle enseigne qu'ils sont, en vérité, des simulateurs (faux chrétiens, faux membres, faux dirigeants, faux ministres de dieu)

Sur ce point, les saintes écritures nous :

– Parlent avec raison « de faux apôtres, des ouvriers trompeurs déguisés en apôtres de Christ » *[2 Corinthiens 11 : 13]*
– Expliquent que *« … cela n'est pas étonnant, puisque Satan lui-même se déguise en ange de lumière. Il n'est donc pas étrange que ses ministres aussi se déguisent en ministres de justice. Leur fin sera leurs œuvres »* *[2 Corinthiens 11 : 14 – 15]*… Ces faux ministres de Christ prêchent non pas « … *Christ Crucifié…* »*[1 Corinthiens 1 : 23]*, mais un autre évangile *[2 Corinthiens 11 : 4]* qui fait partie du plan de Satan, dans le seul but de détruire la vraie église de Jésus-Christ dont l'acte de naissance fait suite à l'effusion du Saint-Esprit, le Jour de la Pentecôte.

– Avertissent sur l'infiltration même de ces faux ministres, ces faux disciples qui se disent « chrétiens, convertis », mais qui sont en vérité des agents de Satan, des instruments au service de Satan, pour la destruction de l'Église :

Actes 20 : 29 – 30 « 29 – Je sais qu'il s'introduira parmi vous, après mon départ, des loups cruels qui n'épargneront pas le troupeau, 30-et qu'il s'élèvera du milieu de vous des hommes qui enseigneront des choses pernicieuses, pour entraîner les disciples après eux »

2 – La création des situations conflictuelles dans l'église :

Satan aime propager des rumeurs et des mensonges

Proverbe 26 : 20 *« Faute de bois, le feu s'éteint ; et quand il n'y a point de rapporteur, la querelle s'apaise »*

L'infiltré, instrument aux mains de Satan, aime écouter, susciter, propager des rumeurs, des commérages, s'en régale (s'en délecte), ce qui échauffe des querelles, des disputes et de mauvais sentiments.

Le vrai chrétien converti ne prête pas l'oreille aux rumeurs et il ne les transmet pas.

Satan, le père du mensonge, meurtrier dès le commencement, n'ayant pas de vérité en lui *[Jean 8 : 44]*, se sert des chrétiens qui ont tendance à déformer la vérité pour atteindre ses objectifs au sein de l'église en :

– Créant la zizanie par des propos mensongers, tendancieux et fallacieux ;

– Incitant à la haine par des rumeurs, des mensonges montés de toutes pièces ;

– Endurcissant le cœur des chrétiens aux fins de ne pas pardonner ;

– Inventant des histoires et en les faisant passer pour vérités ;

– Aimant injecter le venin de la rébellion, des querelles et de l'orgueil ;

– Aimant entretenir un climat d'insatiabilité et d'instabilité, voire de prostitution spirituelle permanente ;

– Usant de la séduction pour détourner les chrétiens du jeûne et prière, de la persévérance et de la foi en christ afin de laisser une grande place au découragement, à l'amertume, et à l'apostasie ;

– Suscitant des accusations injustifiées et sans fondement entre chrétiens, des quiproquos qui fâchent et divisent sans aucun discernement, sans aucune miséricorde.

Une église chrétienne évangélique infiltrée par Satan est une assemblée qui fonctionne selon la carte de visite de l'ange de lumière qui se singularise, entre autres, par un fonds de commerce riche en :
– Ruse ;
– Malice ;
– Mensonge ;
– Rumeur ;
– Commérage ;
– Rébellion ;
– Désobéissance ;
– Diversion ;
– Échecs divers ;
– Orgueil ;
– Convoitise charnelle ;
– Vantardise ;
– Absence de sanctification ;
– Absence de repentance ;
– Absence de miséricorde et de pardon ;
– Vie sous le soleil, vie sans dieu, vie de débauche ;
– Absence d'amour ;
– Abondance de haine et de mépris ;
– Absence de vie de prière et de jeûne.

Loin de penser que l'ange de lumière peut être d'une utilité positive pour les chrétiens et l'église, chaque enfant de dieu doit prendre conscience que Satan n'infiltre une assemblée des saints que pour la détruire à petit feu...

Il est donc urgent et important que le vrai chrétien se lève, prie, jeûne et intercède pour l'avancement de l'œuvre de Jésus-Christ.

En effet, la victoire sur Satan et tous ses bataillons du mal n'est possible que si et seulement si chaque disciple (ayant reçu Jésus-Christ et cru en son nom, et à qui le seigneur a donné le pouvoir de devenir enfant de Dieu, lequel est né, non du sang, ni de la volonté de la chair, ni de la volonté de l'homme, mais de Dieu) prenne à cœur sa mission *d'Ambassadeur pour Christ [2 Corinthiens 5 : 20]* en ayant la révélation intérieure que Jésus-Christ est vivant et qu'il campe autour de ceux qui le craignent et il les arrache au danger…

*****

Conclusion

Déclic insolite aurait permis, très modestement, d'examiner, entre autres, cinq tableaux essentiels :

1 – La richesse éducative, sociologique et pédagogique de la tradition Koongo/Laari en République du Congo-Brazzaville avec une prédominance apparente de la matrilinéarité qui semble privilégier l'autorité de la femme, mère et épouse sur celle de l'homme, père et époux…

Mais, en réalité, c'est un leurre, la société traditionnelle Koongo/Laari étant foncièrement phallocratique, la mère n'exerce cette autorité de façade que par le biais d'un homme, son oncle ou son frère-aîné…

Quant à l'homme, époux et père, il demeure le chef du foyer conjugal… Ce qui relève bien des fortes dysharmonies…

2 – La problématique récurrente du primat entre l'inné et l'acquis, avec extrapolation sur le hasard, la chance, la malchance, la destinée et la grâce de dieu…

3 – La prédestination et la rencontre avec Jésus-Christ qui débouchent sur le baptême et le ministère avec quelques-unes de leurs facettes…

4 – Le ministère évangélique faisant suite à la volonté parfaite de dieu depuis l'appel par Jésus-Christ, vérifié et confirmé, les

formations en interne dans l'église, les formations en institut biblique, la pratique et la responsabilité, la consécration et la reconnaissance…

5 – L'examen méticuleux de quelques pratiques et comportements observables de nos jours dans bien des églises évangéliques dites « de réveil ou réveillées », des carences notoires et des abominations, conséquences de la circulation, en libre-service, de bien des serviteurs improvisés, imbus de leur personnalité, macabres, accrocs à la fornication, la tromperie, la ruse, le mensonge, le vol, l'escroquerie, le dénigrement, la calomnie, les coups d'état, véritables dangers ambulants dont les pensées perverses deviennent des miracles, des prophéties de sorcellerie, de détournement des mariages et des abus sur de jeunes filles innocentes…

La pratique et la vie des pasteurs, apôtres, docteurs, prophètes et évangélistes ne cessent d'alimenter bien des faits divers, désobligeants… des monstruosités, des dérives sectaires adulant le conducteur et reléguant le seigneur Jésus-Christ loin derrière toutes pensées, toutes prières, toutes décisions…

Aussi, loin d'être des humbles serviteurs de dieu, ils sont devenus d'éminents chefs spirituels suprêmes ne se déplaçant parfois que sous escorte des motards et des gardes du corps…

Et les saintes écritures de nous rappeler que Jésus-Christ revient bientôt :

Apocalypse 22 : 11 - 13 « 11 – Que celui qui est injuste soit encore injuste, que celui qui est souillé se souille encore ; et que le juste pratique encore la justice, et que celui qui est saint, se sanctifie encore.12-Voici, je viens bientôt, et ma rétribution est avec moi, pour rendre à chacun selon ce qu'est son œuvre .13 – Je suis l'alpha et l'oméga, le premier et le dernier, le commencement et la fin. »
Job 33 : 14 « Dieu parle cependant, tantôt d'une manière, tantôt d'une autre, et l'on n'y prend point garde. »

Déclic Insolite est une modeste contribution, une petite pierre pour la pérennisation spirituelle et morale de l'église que Jésus-Christ a bâtie sur Pierre *[Matthieu 16 : 18]* c'est-à-dire la Parole, rien que la vraie et infalsifiable Parole de Dieu…

La pratique agissante et dynamique de l'évangile (en tant que saintes écritures, livre des enseignements et des commandements de Jésus-Christ) par les chrétiens de Bérée *[Actes des Apôtres 17 : 11]*, qui consiste à vérifier la vérité et la conformité biblique de ce qu'on leur disait, est à promouvoir et à perpétuer pour que les disciples n'acceptent plus toutes ces billevesées qui ont cours de nos jours dans bien des églises…

Et Jésus-Christ de renchérir :

Jean 8 : 32 « Vous connaîtrez la vérité, et la vérité vous affranchira. »

Chercher à connaître la vérité, un comportement noble qui ne permettrait plus aux chrétiens, disciples de Jésus-Christ, de dire « amen » (c'est la vérité) à n'importe quoi monté de toutes pièces par les apôtres, les docteurs, les évangélistes, les pasteurs et les prophètes sans scrupules…

C'est là un combat pour Jésus-Christ, à gagner, en milieu évangélique « de réveil ou réveillé », contre le manque de dynamisme et de curiosité à rechercher, vérifier dans les saintes écritures l'exactitude et la vérité de ce qu'on dit et enseigne. Ce qui devrait, a fortiori, interpeller :
1. chaque servante de dieu intègre, chaque serviteur de dieu intègre…
2. Chaque fille de dieu intègre, chaque fils de dieu intègre…
3. Chaque faux serviteur de dieu, imposteur, récidiviste ayant une trop grande estime de soi, s'obstinant dans sa volonté de réinscrire l'évangile selon ses intérêts égoïstes et machiavéliques…

L'évangile, ou bonne nouvelle de Jésus-Christ, ne devrait reconquérir sa noble place et son énorme puissance que si et seulement si, il n'est ni tronqué, ni écorché, ni falsifié, mais fidèle aux enseignements et aux commandements de notre Seigneur et Sauveur…

Les faux messages sur la fausse prospérité, la lubrification des engins et des cuisses, et que sais-je encore, ne sont pas de l'évangile de Jésus-Christ… oui, Jésus-Christ, la seule référence du disciple et du prédicateur… Jésus-Christ, la seule inspiration…

Et l'apôtre Paul d'insister dans son adresse à l'église de Corinthe :

1 Corinthiens 2 : 2 – 5. « *2 – Car je n'ai pas eu la pensée de savoir parmi vous autre chose que Jésus-Christ, et Jésus-Christ crucifié. 3– Moi-même j'étais auprès de vous dans un état de faiblesse, de crainte, et de grand tremblement ; 4-et ma parole et ma prédication ne reposaient pas sur les discours persuasifs de la sagesse, mais sur une démonstration d'Esprit et de puissance, 5-afin que votre foi fût fondée, non sur la sagesse des hommes, mais sur la puissance de Dieu.* »

Les saintes écritures nous enseignent que l'humilité précède la gloire *[Proverbe 15 : 33]*… ministres intègres de Jésus-Christ, ne rougissons point de notre fidélité à la parole de dieu, gardons le cap, ainsi, avec Jésus-Christ, nous sommes plus que vainqueurs *[Romains 8 : 37]*…

La grande vigne du seigneur ayant tant besoin des ouvrières et ouvriers intègres, levons-nous et bâtissons humblement la vraie église de Jésus-Christ…

Sœurs et frères en christ, éloignons-nous de toute église qui contemple, avec une idolâtrie exubérante, des leaders orgueilleux, auto-suffisants, hors de la sainte doctrine.

Et si nous avions une foi agissante comme celle des dynamiques, vigilants et prudents chrétiens de Bérée, l'église de Jésus-Christ, deviendrait, assurément, sainte et saine, capable de déceler les imposteurs et s'en éloigner promptement, afin que toute gloire revienne à l'agneau de dieu.

« ... Dans son palais tout s'écrie: Gloire ! » [Psaume 29:9]

Bibliographie

– Citations et références bibliques : – *La Sainte Bible*, – Ancien et Nouveau Testaments, Textes originaux hébreux et grecs traduits par Louis Segond – Docteur en Théologie (Version 1910 – Édition revue et corrigée, Alliance biblique Universelle, 2005) ;
– Jules-Marcel Nicole (1995) – *Précis de Prédication chrétienne*, IBN Éditions ;
– Jules-Marcel Nicole (2002) – *Précis de Doctrine chrétienne*, Édition de l'Institut Biblique de Nogent ;
– Daniel Péléka-Mvouza (1989) – Thèse de Doctorat – « Éducation Traditionnelle et Proverbes en Milieu Lari au Congo-Brazzaville » (Université Paris V-René Descartes – Sciences humaines – Sorbonne) ;
– Paul Daniel Péléka-Mvouza (2022) – *Itinéraire d'un Moindre Serviteur Évangélique de Jésus-Christ*, Presses de l'Imprimerie BARRÉ 89 100 Collemiers ;
– Jacques Tchiloemba (2009) – *Rétablir l'Église : La Clé pour le Réveil du XXe Siècle* – Imprimerie Messages SAS – Toulouse ;
– Guy Rémi Pambou (2011) – *Combat spirituel biblique* – Éditions l'Oasis ;
– Guy Rémi Pambou (2020) – *L'Évangile Sans Compromis* – Éditions l'Oasis ;
– Dr Jérémie Kinouani (2009) – *La Guérison Divine*-Mérignac, COPY MÉDIA ;
– Dr Jérémie Kinouani (2009) – *Dieu, Les Hommes et le Pouvoir – Le Rôle de l'Église dans la Nation* – Éditions Afrique Développement Chrétien, Toulouse.

Remerciements

Je témoigne ma profonde gratitude ;

▶ À Jésus-Christ qui :
– M'a sauvé de l'obscurantisme spirituel et de la tradition religieuse ;
– M'a ramené à la vie grâce à ses enseignements et ses commandements ;
– Guide inexorablement mes pas sur le chemin de l'amour de Dieu et de mon prochain, la crainte et la fuite du péché, la fidélité à la Parole de Dieu.

▶ À Angèle, ma tendre, fidèle, méticuleuse et charmante épouse, servante émérite de l'Éternel Dieu dont :
– La persévérance et la détermination ;
– La foi indestructible en Jésus-Christ ;
– La sincérité et l'assiduité dans les prières ;
– Les méditations et l'obéissance à la parole de Dieu ;
– Les journées de jeûne et de prière ;
– L'abnégation, l'effacement et l'humilité ;
– La présence à mes côtés et l'amour indélébile depuis plus d'un demi-siècle, et encore, et toujours, ont foncièrement contribué à :
– Ma conversion et ma foi en Jésus-Christ ;
– Mon appel et l'exercice de mon ministère pastoral…

Que toute la Gloire revienne à Jésus-Christ, Seigneur et Sauveur…

Table des matières

Première partie : Richesse éducative traditionnelle en milieu « Koongo/Laari » Pool, Congo-Brazzaville 15

Deuxième partie : Destinée... Prédestinée... Hasard... Chance Malchance... Grâce de Dieu 101

Troisième partie : Prédestination – Rencontre avec Jésus-Christ ... 123

Quatrième partie : Ministère chrétien évangélique 161

Cinquième partie : Pratiques et/ou événements susceptibles d'influer sur l'efficacité et la renommée du ministère 203

Imprimé en France
Achevé d'imprimer en octobre 2023
Dépôt légal : août 2023

Pour

Le Lys Bleu Éditions
40, rue du Louvre
75001 Paris